HEART
心 視野

HEART
心 | 視野

What We Want
我們想要什麼？

一個心理師與促成改變的十二場談話，
看見內在渴望，擺脫失序人生

Charlotte Fox Weber
夏洛特・福克斯・韋伯 著　蔡孟璇 譯

獻給我的家人

> 躲藏是一種喜悅,沒被找到則是一種災難。
>
> ——唐諾・溫尼考特(D. W. Winnicott)

作者的話

本書收錄的故事都是改編自我工作中遇見的真人真事。為了保密，我修改了可辨識的細節。我從案主身上學習到很多，而且至今仍不斷在學習。我所合作過的人讓我對生活與人類的經驗有了更深的認識。

我採用的措辭有時較獨特，也希望能體現敏感度。我盡量使用學術味淡一些的術語，也自己創造了一些詞彙。這些表達方式在本書以**粗體字**呈現，並在書末的〈附錄〉部分會詳細解釋它們的意義。

| 目錄 |

作者的話 —— 5

前言 —— 10

Chapter 1 愛人與被愛 To Love and Be Loved —— 13

渴望愛會曝露自己脆弱的一面，還要冒著被拒絕與羞辱的風險，那都是我們曾經歷或想像過的恐懼。表達對愛的渴望，需要莫大的勇氣。

Chapter 2 欲望 Desire —— 39

欲望是可能性、能量、動機，欲望是行動的背景。欲望為我們點亮前方的道路，塑造我們的經驗，並推動我們前進。

Chapter 3 了解 Understanding —— 61

這是關於一個討好者與自我、與成名的渴望之間的內在衝突。她正在發現自己是誰，以及她真正想要的是什麼。

Chapter 4

權力 Power —— 97

從童年開始，每當我們感到渺小脆弱，總會幻想自己無所不能。權力的關鍵是掌控、擁有影響力與權威，重要的是在世界上證明自己的重要性。

Chapter 5

關注 Attention —— 127

渴望被關注一直是人性的一個基本面，但是當這種渴望變成強迫性、依賴的，並以誇張的自我理想為基礎時，它便永遠無法獲得滿足。

Chapter 6

自由 Freedom —— 151

無論我們的性別、族裔、性傾向、種族、文化、年齡層為何——我們都可能被我們的關係吞沒，以至於忘記如何成為自由的。

Chapter 7

創造 To Create —— 171

創造力的特徵是靈活性。如果我們缺乏信心、充滿不安全感，新的創造性事物可能會讓我們覺得承受極大風險。

Chapter
8

歸屬感 To Belong —— 205

沒有歸屬感或不再有歸屬感的危機，或許會促使人們尋求心理治療，不過在最初不一定會被認出或陳述出來，而是以疏離感表現出來。

Chapter
9

獲勝 To Win —— 227

當一段關係裡的競爭變成敵對的，往往會生出痛苦的剝奪感，以及無法滿足的渴望。但我們一貫的做法不是承認真正的需求，反而是進行攻擊。

Chapter
10

連結 To Connect —— 247

連結意味著參與共同的經歷，它的重點是相互參與。我看見你，聽見你，你也看見我，聽見我。

Chapter 11 我們不該想要的事物（以及我們應該想要的事物） What We Shouldn't Want (And What We Should) —— 279

有些幻想是更難放下的。如果你想要的人不可得或無法觸及的，你或許會更加渴望他們。

Chapter 12 控制 Control —— 319

「所有人的心中，都存在對時間的恐懼。」我們知道自己會死，但接受這一事實又是另外一回事，而時間不斷提醒著我們。

後記 —— 353

〈附錄〉字彙解釋 —— 357

參考文獻 —— 387

致謝 —— 392

前言

我曾有多年的時間投入心理治療，等待著治療師詢問我最大的願望*是什麼，但從來沒有人問過這個問題。我讓許多小小的**欲望**與巨大的阻礙分散了自己的注意力，一方面追求那些對我重要的事，同時又以無數種方式在限制我自己。我老是惦記著種種負擔，而非各種可能性。

「問我想要什麼！什麼能讓我整個人活過來？」

我請求得到允許。羞恥與驕傲反覆出現。雖然我渴望海闊天空，卻有種狹隘感阻止我全然投入我的生活。終於，我厭倦了等待和受困的感覺，開始在自己成為心理治療師時提出這些問題。與成千上萬來自各行各業的人合作時，我對探索深層渴望這件事所帶來的興奮心情感到震撼。無論多麼黑暗，慢慢過濾出我們想要什麼，能驅策我們前進及有所展望。了解自己的渴望能讓我們回歸自心，那是一張讓你成長高飛的跳板。

我們都有欲求，也都有內心的矛盾。有些渴望我們會表現出來，有些我們則隱藏起來，甚至連自己都無法察覺。深層的渴望讓我們感到恐懼，也讓我們感到興奮。我們害怕失敗，卻也對成功感到焦慮。認識並理解自心的渴望能幫助我們面對自己，不再退縮，激勵我們過一個更完滿、更喜悅的生活。

What We Want 我們想要什麼？ 10

我們表現和隱藏欲望的方式是經過社會化的。我們假裝以正確的方式想要一些適當的事物。我們會放逐那些不該擁有的欲望，並將心中的祕密渴望放進一種心理儲藏設備裡，也就是我們**未曾活過的人生**。

我們不但對他人保守祕密，也對自己保守祕密。當我們能夠坦露並談論這些被放逐的渴求時，著實是一大突破。面對我們的祕密渴望是心理治療的一個重要部分，我們必須面對令人痛苦的懊悔和懸而未解的幻想；從過去以來一直縈繞心頭，至今仍困擾我們的事。有時我們所揭露的祕密是自己已經知道的事——婚外情、上癮症、執念等，但有時，我們的祕密是連自己都還不曾聽聞的未知故事。

祕密渴望牽涉到我們所有的「應該」——我們應該想要什麼，或應該做些什麼來得到它。我們陷入困境，是因為害怕失敗，而且對自己的渴望感到矛盾。取悅他人和完美主義，都可能讓我們不敢大膽嘗試新的體驗，我們在逃避中原地踏步。我們用藥物和酒精麻痺自己。我們想要那些覺得不該要的東西，不想要那些認為應該要的東西。我們只是在演戲，將一部分的自己藏起來。

我們總是對自己的真實感受產生矛盾心理，太努力去按照劇本過生活。《我們想要什麼？》一書

＊作者註：為了簡化，我會交互使用「欲望／欲求」（desires）、「願望／想要的東西／需求」（wants）、「渴求」（longs）、「渴望」（yearnings）等字眼。

鼓勵你去認識並接受自己的欲望，它提供你另一種方式，避免我們一再遭到羞恥感的糾纏，讓它打壓我們的祕密渴望。擺脫困境的最佳方式就是去了解我們的欲望，認識它們的意義並釐清自己的優先順序。

我們會在幻想世界裡想像自己的人生是何模樣。總有一天，我們會做自己真正想做的事。要是某件事變得不同，或我們做出不同的選擇，人生就會是我們想要的模樣。然而，「要是」和「總有一天」的幻想一直在玩弄我們，用對過去和想像之未來的驚鴻一瞥引誘我們全心去兌現當下人生的種種可能性。本書的故事描述的是各個不同年齡層和處於不同人生階段的人，在面對自己潛在渴望時內心的掙扎過程。透過直面自己的渴望與真相，他們才能開始找出解決之道。

《我們想要什麼？》一書將幫助你進入內心深處，接受你對他人、對自己所隱藏的東西，並幫助你在度過這寶貴的一生時，能透過覺察，朝著找到自己真正渴望的道路前進。

Chapter

1

愛人與被愛

To Love and Be Loved

渴望愛會曝露自己脆弱的一面，

還要冒著被拒絕與羞辱的風險，

那都是我們曾經歷或想像過的恐懼。

表達對愛的渴望，需要莫大的勇氣。

我們想要去愛，也想要被愛。這件事可以輕鬆簡單，也可以令人瘋狂、極其複雜。我們常常在追求愛，緊抓著幻想不放，發現它不可得，要求它，懼怕它，破壞它，將它推開，渴求它。我們讓別人心碎，甚至讓自己心碎。生活有時令人心碎不已，但是愛讓生活變得美好。

我們都有一些關於愛的故事，那些是你如何相信愛的故事。你或許不曾直接說出口，但它們是你內心對於愛的劇本，而且經常是未完待續的狀態，它們塑造著你想要的愛的模樣、你給予的愛的模樣。你從自身經驗、從文化中學到愛，從愛你的人，辜負你的人，拒絕你、教育你、珍惜你的人身上學到愛。你依然持續在學習中，只要你活著，都能持續學習。有時愛人簡直是地獄。你從陌生人身上，從挫折、書本、電影、別人的故事和大自然那裡學到愛。有時愛就像一場救贖。你也許愛著又恨著同一個人，也如此對待自己。

持續更新我們愛的故事十分有益，其中包含了偶然事件、人物，以及奧祕。世界在改變，我們也在改變，對愛抱持開放心態能讓我們對細節保持彈性。我們在尋找真愛的路上，最大的障礙之一就是預設立場，認為愛的樣貌非得是某種樣子。

我們對自己述說的愛的故事，會直抵我們內心深處，它們塑造了我們對人類整體，對他人、我們自己以及生活本身的信念。我們的故事通常是既痛苦又愉快的。我們對愛的信念，既可能提升生活，也可能限縮生活。心理治療能幫助人們說出自己的故事，修改它，並去了解其中有意義的部分。想想自己對愛的體驗，你是否也記得曾有不被愛的感覺？你是如何認識愛並感受愛的？

What We Want　　我們想要什麼？　14

有無數的方式可以愛人與被愛。愛既能帶來希望，也能帶來失望，我們也許信任它，也許懷疑它。我們可以很惡劣地對待那些我們愛的人，而愛我們的人也可能傷害我們。愛可以讓人感到安全，也可以讓人感到恐懼。我們可能徹底關閉心扉拒絕愛，或與它保持一定的距離。否認是一種方式，轉移又是另一種方式。

我們經常會害怕真正去愛自己，覺得這會讓我們變成自大狂，或擔心將來發現自己是錯的時，會顯得很蠢。我們以為需要從別人那裡證明自己是招人喜愛的，才能完全愛自己。身為心理治療師，我能採取的最佳對策之一就是陪你一起面對自己，接納那些你不愛的部分。認為自己必須時時刻刻招人喜愛的想法是有問題的。我們必須了解，我們也會去愛那些讓我們失望、背叛我們、傷害我們的人。

人們總是和我談論愛，他們來治療時，都想要在愛這件事情上尋求協助。他們對於自己被愛或不被愛、被誤解，感到失望、害怕的情況沮喪不已。但是很多時候，愛的渴望並非那麼直接。無論如何，愛的問題總是會進入治療領域。我們的焦慮，我們的恐懼、我們的熱情——這種種基本感受都與愛有關，只是愛的不同變化。愛是多數故事的情節與意義。我的工作就是處理各種關係的複雜問題——包括我們與他人的關係、與自己和世界的關係。「愛自己」是我們在治療裡很喜歡的概念之一，但若仔細查看，會發現它充滿挑戰。對有些人來說，這件事十分容易，但是對許多人來說，卻可能是內在最核心的難題。

15　Chapter 1　愛人與被愛　　　　　　　　　To Love and Be Loved

在治療過程裡，有些個案主並不願意表達他們對愛的渴求，因為他們認為愛不太可能發生，而他們從治療學習的一部分，就是如何透過各種方法拋開自己對愛的種種假設。我們常常害怕犯錯，完美主義像個暴君，將我們囚禁在一個焦慮、冰冷的心理狀態，阻礙我們去追求世間的各種關係與體驗。我們對愛既渴望又畏懼。**拒絕的簾幕**──也就是害怕遭到拒絕的心態，讓愛的樣貌變得真實而可得。不前。若我們能承認自己的基本欲望，便能從迷思中過濾出事實，讓愛的樣貌變得真實而可得。這可能意味著安住於自己不確定的心，或明白自己已經擁有些什麼。

愛爾蘭作家蕭伯納（George Bernard Shaw）──我發現他比許多心理治療教科書更具啟發性──說過，「有時是我們緊抓著煩惱不放，而非煩惱死纏著我們不休。」面對我們極大的欲望時，我們總是有藉口避免去思考自己真正的欲望與需求。愛也不例外。我們會描述自己無法去做某件事的理由，讓我們退縮的問題。我們會發現，說出我們不想要什麼，比承認我們真的想要什麼更容易。渴望愛會曝露出自己脆弱的一面，還要冒著被拒絕與羞辱的風險，那都是我們曾經歷或想像過的恐懼。表達出對愛的渴望，需要莫大的勇氣。

想要愛與被愛是一件如此簡單而根本的事。它也可能感覺像是地獄般痛苦。泰莎在生命的最後一刻，與愛面對面了。她對我述說了她的故事，一個關於愛與生活的故事。

泰莎的真相

我們都想要愛與被愛，但這實在該死的太難了。

我第一次執行心理治療工作是在倫敦一間繁忙的醫院裡，當時我的身分是團隊的一員，這個團隊專門針對重症患者及病患家屬進行特定時限的心理治療，過程幾乎沒有隱私，場地佈置也是臨時湊合的，我們工作的地點包括床邊、儲物間和走廊。當時我堅定地抱持樂觀態度，相信無論情況或環境如何，治療一定能帶來幫助——我至今依然如此相信。有許許多多的方法能改善我們的生活。

我們團隊收到的第一份轉介通知來自一位病房護士。一名男子用我難以辨識的老派手寫筆跡，寫著他六十多歲、胰臟癌晚期的妻子想要和某人談一談。這件事應該盡快安排。

我抵達開放的病房，脖子上掛著一個新的識別症，標示著我是專業人士。我對自己的身分感到自豪——那是我第一次被描述為一名心理治療師，因此我有時在工作前甚或工作後都仍戴著它。護士領著我走進一間住著成排病患的房間，來到一位氣質特別優雅的女士床邊。

泰莎病了，但仍散發出一股溫柔的生命力和女性特質。她的頭髮梳理整齊，嘴唇塗著口紅，背後放著幾張靠墊坐在床上，床上放著《金融時報》（Financial Times）雜誌，床頭櫃上擺著一疊書和卡片。病房通常散發著疾病和混亂的氛圍，但她的周圍卻自成一個井然有序的空間。一位氣質脫俗的男士坐在她床邊，一看見我便趕緊起身，向我介紹自己，「大衛，她的丈夫。」他從容不迫地表示自己會暫時告退，一個小時後再回來。

泰莎與我四目交接，她說：「靠近一點。」

我在床邊的一張椅子坐下來，椅子依然散發著她先生留下的餘溫。我不自覺地心跳加速。我將簾子圍著我們拉起來，創造一點私密空間，至少是一種象徵性的治療架構。我告訴她我們有五十分鐘的時間，我試圖傳達出某種權威和專業感。近看可以發現，泰莎的手有青紫色的瘀青，我可以看出她竭力隱藏自己的脆弱。

「我不能浪費時間，我真的可以和你談話嗎？」她的言辭透露出神智清晰的態度，讓我不由得挺直身子。我給予肯定的答覆，「當然，那就是我在這裡的原因。」

「我的意思是真心話，開誠佈公。沒有人讓我這麼做。我想你已經準備好了。護士、醫生、還有我的家人，都試圖轉移我的注意力，讓我覺得舒服些。如果我敢提到正在發生的事，他們就會突然焦躁起來，急忙改變話題。我不想改變話題，我想要面對這件事。」

「告訴我你想要面對什麼。」我說。

「我的死亡。我的人生，我想直視它。我一輩子都在逃避，這是我最後一次正視它的機會了。」

我仔細聆聽她說的每一個字和說話的口氣。人們初次見面時描述事情的方式，或許會在未來為你帶來啟發。我熱切地寫下了她的一些陳述，並保留了零碎的片段，但我堅持與她盡可能保持眼神接觸，讓彼此一同體驗這段治療過程。我所能做的，就是看見真實的她，因此我不斷讓自己回到當下，與她同在。

「我感覺自己一天天枯萎。我想把自己整理好。簡潔明瞭一向是我的優點。所以，有兩件事我一定要討論。我以前從來沒有接受過心理治療。它主要是一場對話，我可以暢所欲言，發現一些真相，或許發現意義，然後看看可能發生什麼事，我說的對嗎？」

「對，對。」我說，點頭表示贊同。確實簡潔明瞭！

「但是，拜託你，讓我們首先就一件事達成協議。我相信我對你的第一印象，這沒有太多的根據，但我覺得自己可以對你說出真心話。所以，讓我們確實做好這件事吧，我不想讓它變成一次性的對話。我不是那種一夜風流的人。讓我們彼此約定，你會再回來，會持續探訪我，直到我無法再和你談話為止。」

「我們可以約定好，做更多次治療。」我說。

「說得更明白一點：你會持續過來，直到我辦不到為止。如果我要說出我的想法，就必須知

道自己可以信賴這個過程、信賴你，無論發生什麼事，無論我還剩多少時間，對嗎？」

「是的，好。」這次的工作安排有十二次會談的嚴格限制，我完全不知道泰莎的時間還有多少，但我能不同意嗎？她掌控了局面，考慮到她的情況，這似乎沒問題。於是我們基於安全、和諧與信賴的原則，建立起一個治療同盟。

「好的。」她抬起頭看著我的臉，微微靠向前，彷彿終於找到了自己的空間。

「我會自相矛盾，別阻止我，雖然我說過簡潔明瞭是我的長處，但我現在要暢所欲言，想說什麼就說什麼，趁我們還有一些時間的時候。」她的聲音權威感十足，還帶著一絲的淘氣。

「儘管說吧。」若她想要我提示她，也許我會問她問題，引導她進入討論，一如傳統上初次會談的方式，但那不是泰莎想要的，也不是她需要的。

「我的第一個『問題』（Issue）──諮商師都這麼說吧？在我那個年代，Issue 指的是出版品，可不是情緒──是一件讓我後悔的事。我想告訴你我在後悔什麼，但是夏洛特，請你不要勸我放下這念頭。我只是需要把它說出來。」

我同意了。

「我希望自己在兒子還小時，能多花點時間和他們依偎、擁抱。我有兩個兒子，現在都長大成人了。現在我被困在這張床上，那卻是我最渴望的一件事。我並不那麼懷念人生中的一切──那些晚餐、旅行、衣服鞋子、珠寶等等。我可以放下全部那些東西。我喜歡塗上口紅、擁有美麗

What We Want　　　　　　　我們想要什麼？　　20

的東西，但是現在那些對我來說不重要了。現在，當我想到自己原本可以多花點時間和他們摟摟抱抱，我就一陣心痛。我將他們兩個都送到寄宿學校，當時他們年紀還小，其實還沒準備好，尤其是我們的大兒子。他根本不想去，還求我不要逼他去。當時，將他們送到那裡似乎是個正確的做法，原因很多。大衛和我每隔幾年就搬到不同國家。搬家理由講起來或許很索然無味，我就不說了。重點是，如果我當時肯聽他說，或許我們至少會有更多機會依偎、摟抱，彼此更親密。依偎、擁抱，我想不出還有什麼其他更好的東西……我只想抱抱孩子們，一起在我們老家，溫暖又親密。你似乎還很年輕，還不到有小孩的年紀。你有小孩嗎？」

「沒有，還沒。」我隨即如此回答，儘管心裡知道我當時的主管也許不贊成我這樣毫無防備的坦露。

「嗯，你也許會有，如果你有孩子，請多抱抱他們。其他事也要做，但是依偎、擁抱很重要，這是讓我感到驚訝的一件事……我活過一輩子竟然沒有了解到它的重要性。『依偎、摟抱』——這個詞聽起來甚至都有點蠢，但非常重要。那是最要緊的，我現在才恍然大悟。」

我對上她帶著教育意味的目光，覺得有必要做出我正在汲取她的人生教訓的表示。她侃侃而談，開始回憶起自己人生中的一些美妙時刻。我繼續和往常一般專心聆聽，想要確實吸收她的聲音、她的訊息、她的故事。

她的先生大衛是位職業外交官，曾派駐亞洲和非洲，他們住過六個國家。

21　Chapter 1 ｜愛人與被愛　　　　　　　　To Love and Be Loved

「你可以想像，我們到哪裡都受到邀請，擁有高貴的住宅，最多采多姿的活動和派對，也見到許多很優秀的人士，一些很有魅力的人物。也有一些真的非常沉悶乏味的人。」

她描述了她所主辦的晚宴，她穿的洋裝，還有她為私人聚會烹飪的料理，「那些菜不特別，但可靠，而且總是加太多胡椒。太多胡椒了！泰莎！大家都這麼說，但我熱愛胡椒，而且我也夠嗆辣，所以我總是置之不理。我對此毫無悔意，而且，天啊，我好懷念家人用充滿愛意的方式取笑我。現在我生病了，沒人再那樣逗我了。」

她告訴我自己有多愛點蠟燭。「大衛以前總是笑我點那麼多蠟燭。他會說我不該如此大費周章，小題大作。他的口氣是很溫柔的。別那麼麻煩了，泰莎。沒人會注意到的。但那是好的麻煩呀，你看，我就注意到了。有些小題大作是值得的，因為我們想讓自己沉醉。是的，就是這樣，現在我已經說了──我用那些小小、漂亮的事物讓自己沉醉。我非常喜歡這麼做。夏洛特，要特別重視讓自己沉醉這件事，那是愛自己的一部分，也是熱愛生活的一部分。」

她曾想要當一名編輯。「我熱愛檢查細節，看看有什麼可以改進之處。我應該會表現得很好。而且無論措辭的表達有多含糊，我總是能掌握話裡的意圖，或許只除了我自己之外吧。」但她對自己沒有工作這點並無不滿。她到處移動，也在其他方面付出許多努力，而且樂在其中。她要我想像她生活裡的其他時刻是什麼樣子。「雖然現在你見到我這個樣子，但想像我有一頭蓬鬆頭髮的模樣。我一直喜歡蓬鬆的髮型，才不管當時流行什麼。你知道，一九六○年代流行的是賈

姬頭（Jackie O hair）。」她懷念自己健康的身體，還有她在健康時所做的選擇和自我表達方式。

當她回憶起自己的社交生活，和朋友一起度過的無數時光時，她納悶著如何度過那些時光的，在一起的每一刻都在做些什麼。她想應該是在喝酒，聊著書、人、劇場、電影、藝術、政治等什麼都聊，但是細節她其實想不起來。不過，其實她可以接受自己對這一部分的記憶模糊，因為她知道自己曾擁有過「美好的舊時光」。她不需要擔心別人對她的看法。「仔細想想，那些喜歡我的朋友，我知道他們喜歡我，我也非常喜歡他們，那些連結讓我的生活更豐富。但我卻為了那些我根本不在乎的人煩惱，簡直浪費時間，」她說。「浪費一點時間總是難免，那就是人生。」

「孩子們堅持說那完全不是問題。他們從來沒有真的抱怨過什麼。其實他們現在正在前往倫敦的路上，我明天就會見到他們。」

「那太好了。」我就只說了這句平淡的感想，喃喃說了些鼓勵的話，表示她說的每一個字我都認真在聽。我很投入，沒有太多說話的必要。我在那裡陪著她，她想要的是我的傾聽而已。

「我只是和那兩個男孩沒那麼親密，但我確實很愛他們，非常非常愛，他們可能也單純因為我是他們的母親而愛我，但我希望自己能去感受這份愛，**更多**地表現這份愛。你知道，他們兩個都結婚了，三十多歲的年紀，都還沒有自己的孩子，或許有一天會有吧。有趣的是我還在稱他們為『男孩們』。」她發出一陣可愛的笑聲。「我覺得自己不太了解他們，彼此之間有距離。如

果我當初沒有送他們去寄宿學校，或許就不會這樣了吧。如果我當初多花點時間和他們依偎、摟抱，告訴他們我愛他們就好了。」她的笑聲停住，臉上瞬間籠罩著一股悲傷。這個轉變十分迅速，她睜大雙眼，看起來像一個突然受到驚嚇的孩子。

「你明天見到他們時，會告訴他們剛剛說的這些話嗎？」我忍不住問。我的問題又將她推回到對話模式。我發現即便我以為自己當時夠坦誠，也願意面對一切，我有時仍是以自己的方式在逃避，無法單純地與悲傷同在，好好坐著傾聽並支持她，不試圖介入。眼睜睜看著痛苦而什麼都不做，是件很難的事。

「或許吧，但我懷疑我辦不到。我們到時就知道，這讓我想起我必須討論的第二件事。」

「請說吧。」

「我知道我先生在巴西有個私生子，是他多年前和一名女子外遇生下的。一個女兒。她現在應該二十歲左右。大衛不知道我知道，但我知道。我感覺得出來，這些年他一直為此感到內疚、羞愧。他轉帳過幾次錢給那個女人，他以為我不知道那個帳戶的存在，但我就是這樣發現的。大衛身為職業外交官，醜聞可能毀了他，他處理得很乾淨俐落，也很隱祕，但他也很聰明。」

我問她對這一切有什麼感覺。

「你或許不相信我，但事實是，我不知道。我從來沒問過自己對此有什麼感覺……」

我確實相信她。

「你知道，他可能因為自己做的事而對我更好。也許我沒有當面質問他，是因為這是讓我更舒適的方式⋯⋯這些年他在我面前一直是最好的樣子⋯⋯」

她說大衛如果知道他傷害了我，還有孩子們，一定會非常難過。「這太難以承受了。」我察覺到這個祕密的細節，她對家庭互動的種種擔憂和處理方式，以及她想避免任何人受傷的想法，讓她一直心事重重，以致於沒有餘力對這個私生子有任何自己的感受。我問她，告訴我這件事後，她的感覺如何。

「我需要對某個人說出來。這件事其實非常重要。老實說，至少對我自己來說，這很要緊。倘若我不大聲說出來，就無法好好為生命畫下句點。所以現在你知道了，傾訴的過程把我內心的一些東西釋放掉了。如果我們置身在大自然，甚至會更好，我不喜歡待在這裡、這個地方。懷念腳踩著泥土和濕軟草地的感覺。來想像我們在那樣的地方吧，在一個長滿了青草的泥濘丘陵地，屁股都弄濕了，呼吸著清新涼爽的空氣。這是我唯一的逃避方式，我唯一會去假裝的事。至於其他事，我會誠實面對。」

她想逃脫並想像自己置身大自然的渴望也感覺很誠實。

那天離開病房時，我在護理站與她先生擦身而過，他正努力為泰莎安排一間私人病房。我可以聽見他很有禮貌地在說服護理長，我走出去時他暫停和對方的討論並攔住我。他似乎很緊張。

「在你走之前，我不會向你打聽內容。我想尊重這個過程的隱密性，但是請告訴我，泰莎和

25　Chapter 1　愛人與被愛　　　　　　　　　To Love and Be Loved

你談話了嗎?她需要說話,她若可以說的話我會很感激。」

「是的。」我說,一時對這模糊不明的界限感到手無足措。我不想冒犯他,但也不想和他有太多交集。我可以感覺到她信任我能背負那個祕密的重擔,甚至我的那句「是的」也感覺透漏得太多了。

接下來那一週,我準時在約定的時間出現了。我就像在飯店裡尋找即將會面的重要人物一樣,掃視四周,尋找她的蹤影。她讓我想要成為最好的自己,無論那意味著什麼。病房的一位護士告訴我,泰莎搬到樓上的一間私人病房了。好耶!這對治療和其他許多事都很有幫助。我上樓,大衛在那裡,但他給予我們空間,立刻離開了。她的床頭櫃上散落著各種雜誌,還有化妝品,我瞥見她的絨面刺繡拖鞋,她周遭的都是精挑細選、舒適、有個性的優雅事物。

「我還是覺得遺憾,夏洛特。」她說道,目光落在我身上。從我們初次見面以來,她的黃疸問題益發嚴重,凹陷的雙眼強烈透出一種穿透力十足的湛藍色。

「談談你的遺憾吧。」我說。

「就是我之前告訴過你的,依偎、擁抱我的孩子,更親密的愛。那就是我想要的一切。」

我發現，聽她述說她的遺憾，那如此真實感人卻又無法實現的渴望，是件很難受的事，我不知該如何是好。我迫切想要解決事情，安慰她，尤其在知道她已罹患癌症末期的情況下。雖然她說過別勸她放下心中這份遺憾，我還是違背了她的命令。她會原諒他人的過錯，難道就不能原諒自己的嗎？我再次問她是否能對兒子表達這些感受。

事後回想，我可以看見自己思維裡的傲慢野心，自以為我可以幫她獲得她迫切渴望的東西。

「是的，我想可以，但你必須了解一件事，對於這些遺憾我並不後悔。我有好多的愛。它給我一個擁有更圓滿人生的希望，那或許不會是我的人生，但它顯示出這樣的可能性。我有好多的愛，現在依然如此。並不是我的愛不夠，真的不是這樣。每個人都以為我很冷漠，我兒子，甚至我朋友也是。友善、擅長社交但冷漠。但我其實不是，我表面上的冷漠是為了掩飾溫暖，大衛曾經稱我是『火烤阿拉斯加』*，看吧，他真的是愛我的，而且在這方面完全了解我。他懂我心中那份隱而不顯的溫暖。我只是無法承受自己的情緒深淵。」

雖然我無法完全了解她話裡的含義，但她的話一直縈繞在我心頭。她給我的可能性比我給她的還要多。在剩下的治療時間裡，她時而十分理性，時而又不理性，有時會閃現幾個全然處於當下

* 註：原文為 Baked Alaska，又名阿拉斯加雪球或烤冰淇淋蛋白甜餅，將冰淇淋和蛋糕用蛋白霜覆蓋後，進烤箱烘烤的一種甜點。

的瞬間，但其他時間又回到語無倫次、思緒零碎、前言不搭後語的狀態。

我們每週同一時間見面，感覺在彼此的關係和釐清某些問題方面都有些進展。我們之間的連結有一大特色，就是我承認她的困境，而她發現這非常有助益，而且套句她的話來說，「有撫慰效果且切合實際」。

隨著我們治療關係的發展，她的身體狀況逐漸惡化，我感到既震驚又失望的是，當我前來進行第五次的治療時，她已經出現器官衰竭的現象，幾乎無法言語，只勉強說出「多點時間」這幾個字。這些辛酸的話語至今仍在我腦海揮之不去。

隔週，我一進她的房間便聞到一股可怕的味道。泰莎十分懊惱，不停按著呼叫鈴請護士過來。她大便失禁，我可以看見發生了什麼事，她也知道我看到了。舉止合度、有所克制是她固有的性格，這種身體界限的崩潰感覺就像是對她的隱私權、控制權，以及尊嚴的背叛。她躺在自己的汙穢物裡，而對我來說，如果坐在那裡什麼都不做，感覺無法忍受又荒謬。我提議幫她找個人來幫忙，很快就帶回一位護士。

泰莎對她的態度略顯傲慢。「這實在讓人無法接受。」她說。就許多方面而言確實如此。

這些情況沒有一樣符合我所接受的訓練，這不是我想像中的心理治療，也就是「談話療法」——這件事沒有治療方法。

我暫時告退幾分鐘，再度回到房間時，泰莎已經清理乾淨，躺在新鋪好的床上，而且又有心

情談話了，是真正的談話。她一整個下午都十分清醒，她告訴我她擁抱了兒子，但覺得不太自在，因為我們來說不太符合現實。「不單是因為我身體虛弱，所以覺得奇怪，」她說，「覺得奇怪是因為那對我們來說不自然，我們彼此都知道。『自然』……多奇怪的字眼。應該要很自然的事，對我一向不容易……親餵母乳……擁抱……很自然的事對我來說感覺反而不自然……。」

我問她成長過程中對情感的經驗如何。她的父母十分冷漠，不是會摟摟抱抱那一型。她回憶起自己母親曾在幾次的場合中搧她耳光，但她對溫柔的身體接觸毫無印象。她的父親對每個人都「板著一張臉，非常拘謹，甚至對他自己也是如此，彷彿出生就戴著帽子。」偶爾，他們才會有些尷尬而敷衍的擁抱。她的父母思路非常清晰，卻不擅於表達感受。她不確定他們是否愛著對方，但他們並不輕易表現出來。

「我父母親，還有大衛也是，都對『愛』這個字眼覺得彆扭。我們有時會在電話結束時說滿滿的愛。特別是寫卡片的時候，甚至會說給你所有的愛。大衛在信上署名前就會這麼寫。根本胡扯，你什麼時候真的給人**所有**的愛了？但如果你不把愛說出來，也不代表真的都沒有愛……對狗狗反而容易些。狗狗允許我們無拘無束地表達愛，他們不需要言語就能理解。」

她說她能接受自己的人生，能接受丈夫有私生子，這些她全部都能接受。「疾病的壓迫，使事情變得簡單，一切也變得清楚多了。我生命的一大部分時間已經過去，我不介意。我正在放手。我只剩下最後這些零星的事要處理……最近我思考了你問我的問題，對大衛的私生子有何感

29　Chapter 1　愛人與被愛　　　　　　　　　To Love and Be Loved

覺這件事。奇怪的是，我覺得還好。就像我剛提到我父母的情況，親密關係對我們來說是如此困難，即使是對我們最愛、最熟悉的人也是如此——實際上更是如此。我知道他愛我，他可能愛過另一個女人，但他確實深愛著我，一直如此，我毫不懷疑。我確實希望他能設法告訴我他惹上的麻煩，因為他一定在情感上付出了極大的代價，對我來說也是一樣，我**原本**可以在他身邊支持他。他無法面對這樣的傷害，但如果他可以，或許我會變得更親密。他也剝奪了我以高尚的方式處理此事的機會。我為那個女孩感到難過。我告訴過妳，夏洛特，我**原本**可以當一名優秀的編輯——如果我可以『編輯』這個故事，我會將大衛那粗糙又糾結的困境好好梳理、整理一番，歡迎那位孩子，對大衛大發雷霆，然後原諒他，將整件事化為一個優雅的插曲。但是他不讓我擁有這個榮耀！」

「現在你的故事裡充滿榮耀。」我說。

她沒有理睬我的評語，或許這讓她覺得不好意思，或許這也沒什麼說服力。「對你述說我的遺憾很有幫助，也改變了我對這一切的感受。這也是我渴望的榮耀。她接著又回頭談起她的遺憾。「對你述說我的遺憾很有幫助，也改變了我對這一切的感受。這也是我渴望的榮耀。我依然為沒能多多依偎、擁抱孩子感到遺憾，沒能更坦然地對他們表達愛意。但我現在了解了，某方面來說是我的成長背景、我出身的世界的關係，而且我也並沒有特別想要觸碰或擁抱他們的感覺，這似乎不是多重要的事。至於直接對孩子們說我愛他們，我覺得這是不言而喻的事，或許不言而喻會比說出來更好……我一直在想，一輩子都在想，有一天人生會恰如我們想要的模樣。

大衛和我對他的退休生活做了許多規劃，那時我們終於能花那些儲蓄。我確信『有一天』生活會變得很精彩，結果，那一天就發生在這些年我活著的『每一天』裡。」

我發現她的敏銳度與理解力令人驚訝，和她身體的混亂、崩壞狀態完全不一致。

「我可以接受這就是我的人生。現在我別無選擇，只能接受了，但我依然抱持著這份遺憾，這表示我希望你能欣賞依偎、擁抱的價值。這是讓自己全然去愛、去連結。臣服吧。你還是會想著下一件事，無論是當天的計劃，或是腦袋裡的任何想法，那是難免的。我們沒辦法感到滿足太久。但我懇求你切記：不要相信意義會在有一天，在往後的人生到來。那時它會到來，但是它現在正在發生。如果你稍加注意，它在你生命中的每一天都在發生。」

她發出輕微的嗚咽聲，我可以看見她因疼痛而扭曲著身子。她鮮少談論自己身體的不舒服。

我坐在那裡眼睜睜看著她受苦，不禁心跳加速。她就像要滅頂了。

「臣服吧，」她又說了一次。「我明明有更多的愛可以付出，但我幾乎一輩子都不讓自己去感受它。我的意思是**真正**去感受它。現在一切已經如此清楚明瞭，就在我追逐虛幻雲朵的時候，什麼是重要的，還有我內心壓抑、退縮的種種方式。我的愛從來不全然，我總是有所保留，我現在不再逃避了，我承認自己的遺憾。我終於誠實面對，對你承認這一點。」

「你的誠實令人敬佩，」我說。「不過我想愛永遠不會是全然的，總是有些複雜之處。」

「複雜之處，或許吧，但它也可以很簡單。我可能會告訴兒子們，我希望自己過去能多與他

們擁抱、依偎。我知道你可能在想什麼，聽清楚了，這無法突然讓我們變親密，但可能會讓他們多少感受到我沒有機會表現的那份愛。我不知道。現在就去過充實而豐富的生活，不要等。如果你還在等待發現生活的豐富，你只會得到灰燼。」

她所說的一切在我聽來都很有道理。我依然希望她能告訴兒子她真正的感受。但我們的時間到了。

「夏洛特？」她在我後面叫我，我又折返。「你想讓你知道，我已經原諒大衛在外面有孩子的事了。希望我的孩子也能原諒我的缺點，我們都想要愛與被愛。這就是一切，但這實在該死的太難了。」

下一週，我來到她房間，一位護士說她已經被轉到肝臟病房。我前往該樓層，那裡瀰漫著一股難聞的味道。我找不到她，有位護士指著一張床，我環顧四周，沒看到她。我對護士失去了耐心，她似乎不懂我的意思。我找不到她。我用居高臨下的態度念出泰莎的名字，大聲拼出她的姓氏。

「是的，小姐，她就在這裡。」她說，指著我剛才經過的那張床。我又回到那張床旁邊。這不是泰莎，這是別人。泰莎人呢？我也沒看到她先生。於是我又回頭找那位護士。

「那不是我的病人。」我說,指著那張床。

「她是,泰莎就在那裡。」她說。

我回到床邊,仔細查看床腳的病歷資料。那是泰莎。她的臉完全腫脹變形,難以辨識。我無法接受她和短短一星期前的那個女人是同一人。這樣劇烈的轉變太令人困惑與震驚了,實在令人費解。她的整張臉鼓脹、扭曲,嘴唇張開,我看見她的藍眼睛,現在變得呆滯、沒有光采。沒有任何屬於她的或我所熟悉的痕跡。希望她沒有察覺到我認不出她這件事。

「哈囉。」

我拉來一張椅子,將簾子圍上,準備與她共度接下來的五十分鐘。這次的會談和往常幾次很不一樣。她聲音虛弱,發出模糊的呢喃聲,勉為其難地想要表達自己的意思。她的呼吸十分沉重、吃力,還伴隨著粗而淺的喘息聲。「謝謝你,親愛的,」她一度說出這些話,沉默幾分鐘後又說,「愛你。」

少了「我」,我不知道她是不是認真的,還是神智不清,以及她到底是要對誰說的。我沒有回她同樣的話,對她說「我愛你」,甚至只是「愛你」都感覺不太對勁。自從那一刻起,這些年以來,我從未向我的案主們說過這句話。我感受到很多愛,我會談論愛,在治療中允許愛的存在,但我從未在治療中說出「我愛你」這幾個字。這感覺太赤裸、太親密,也許還有些強迫性。

護士打斷我們,要處理一些管子的事,移除並更換一些器材。他們打擾到我們的私人空間,

33　Chapter 1｜愛人與被愛　　　　　To Love and Be Loved

讓我感到有些不悅，我渴望讓她感受到這份連結，感到被包容，而非孤立。我無法理解真正的她，以及這一切是怎麼發生的，我迫切渴望按照我們原定的計劃進行，讓治療時段繼續。我們有個承諾！我們還在探索她的故事，這是我的榮耀幻想，以為我可以幫助她，讓她的人生結局變得美好。

她時而清醒，時而恍惚，我不知道她從我的存在獲得了什麼，但我待了整整五十分鐘，試著融入她，無論她在不在。當我起身離開時，我望著她的眼睛，告訴她我有多麼珍惜彼此的對話，我永遠不會忘記她告訴我的一切。她微微撅起嘴唇，我不確定她是否聽懂了我說的話。我對她說，期待下次的會談。「我們下週見」是我對她說的最後一句話。

她清楚地說：「再見。」

當我在督導會議含淚談起泰莎時，我的主管認為我應該告訴她這是我們結束的時候——我假裝泰莎和我還會再次碰面，以此逃避現實。但是，就算她明明即將走到終點，我又怎能對她說實話呢？

「我們必須討論難以接受的真相。」我的主管堅稱。如果當時我向泰莎承認她顯然即將死

What We Want 我們想要什麼？ 34

去，我就可以好好和她道別再見（不過，她畢竟還是和我說了再見），我們也可以一起面對這個終點。結果我變得和她生命中的其他人一樣，演戲假裝一切都很好，與正在發生的事保持疏離。

或許她下週還會在這裡，我到時會和她說再見，我心裡想著。而泰莎等不到我們下次的會談便過世了。我得知此事後，跑到外面，抬頭望著天上的雲，讓自己盡情哭泣。我打電話給母親，告訴她我愛她。我讓自己充分去感受這一切，無論這在某種程度上有多麼不理性——我和泰莎並沒有那麼熟，認識的時間也不長，為何我會如此心碎？同事看見我在哭。「節哀順變。」她說。這確實令人哀傷，但我覺得這並不合理。我是否越界了？讓她對我變得如此重要？

泰莎生命的結束標誌著我做為心理治療師這行的起點。當時我還很稚嫩，缺乏專業經驗，我們接觸時間的短暫與環境，為那份記憶增添了浪漫感。在過程中，我避免去挑戰她，避免說些她若有更多時間時我會說的話。在我們相處的短短時光裡，我們能做的就只有這麼多，但我們依然做了一些事。我珍惜那種可能性存在的感覺。

她給予我的比我能給予她的多，這些年來，我享受著那份慷慨帶來的快樂，深受感動。有件幾乎是一目了然，卻依然容易被忽略的事——若我們能給予他人，生命會更加豐富。這並非是掏空自己，給予超過我們所擁有的——事實上，給予是擁有的一部分。作家娜塔莎・倫恩（Natasha Lunn）有一次和我談到給予愛，而不僅僅是擁有愛的喜悅。「我們從付出愛與看見自己收穫了很多，給予愛也同樣會獲得報償。」她說。

泰莎是位優雅的受贈者，她讓我得以給予。儘管我說不出口，但她知道如何說再見。她教導我何謂面對真相的勇氣，講述並調整自身故事的重要性，以及關於保守祕密、放手、承認遺憾、見證真相的殊榮，以及這些事對我們有多麼困難。

我想起了心理治療師與詩人作家歐文・亞隆（Irvin Yalom）的漣漪（Rippling Effect）概念，微小的相遇會以令人意外的方式產生深遠的影響。有無數次，當我聽見不幸的關係、緊張的家庭互動、工作的挑戰，以及內在衝突時，腦海裡總是浮現這句話：**我們都想要愛與被愛，但這實在該死的太難了**。當然，我也會想到泰莎與孩子擁抱、依偎的渴望。

當我們知道自己擁有的東西即將消失時，我們才會珍惜它。泰莎站在生命的臨界點，她突然清楚知道自己想要什麼，以及一切可能性，並在仍為時未晚時想通了一些事情。即使我們已經知道結局將要來臨，仍然可能會令人措手不及、感到混亂。我們會對自己所愛的人犯錯，這堂課仍在繼續。不要等待生命的豐富降臨。

泰莎臨終前在病榻上進行了第一次的心理治療，證明人一生都能夠學習並擁有新的經驗。她迅速的反應與活力帶給了我勇氣，擁抱了生命經驗帶來的新鮮感。當她躺在病床上垂死之際，她直到嚥下最後一口氣之前，述說故事這個行為本身，還是能夠改變一些事。

What We Want　　　　　　　　　　我們想要什麼？　36

愛的意義

我們愛，然後我們失去。我們也許會壓抑自己，不讓自己愛得太親密、太強烈，因為失去與被拒絕的痛苦威脅著我們；我們也許會緊抓著愛，盡可能地緊抓不放。無論是哪種方式，在對愛的感受與看法這件事上，我們可能做對，也可能做錯。套一句劇作家亞瑟·米勒（Arthur Miller）的話：「或許一個人所能做的，就是希望最後至少懷抱正確的遺憾。」

你如何看待遺憾呢？過去就是過去了，然而無論遺憾有多麼令人不舒服，它卻是人類處境的一部分。遺憾的最大問題是我們從未被教導過如何處理它。它輾轉變成了責怪、羞恥、防衛心態、正義凜然、暴怒、轉移的愧疚感，其中或許最重要的是，它變成了一個幻想。未處理的遺憾是幻想的絕佳素材，助長著種種幻想：例如我們原本可以擁有的生活、擁有的愛，以及被剝奪的、更好的版本的自己。未處理的遺憾可能是個帶來災難的麻煩製造者。承認遺憾是充滿勇氣與愛的行為。承認自己希望當初能有不同做法，是愛自己的行為。

愛與被愛會透過各種欲望、關懷、責任、尊敬、親密、區分、觀念、慷慨寬厚等面貌表達出來。它可以是抽象的，也可以是具體的。它可以是一個依很擁抱的動作，說「我愛你」不說愛但知道對方能感受到、現身陪伴、安慰對方、幫助他人、允許自己接受幫助、接納……等等。愛對我們每個人來說，是最普遍也是最私密的一件事，而且無論是大事（我們珍惜的愛，感覺非常

37　Chapter 1｜愛人與被愛　　　　　　　　　　To Love and Be Loved

實在）或是特定小事（一些迷人的小細節，例如泰莎點蠟燭這件事）似乎都很重要。讓我們做一些令自己陶醉與喜愛的事吧，人生中那些非必要的小事仍可能很重要。

我們都想要愛，但即使我們擁有充滿愛的關係，依然可能在日常生活中失去這樣的感受。我們變得對它太過熟悉，以致忘記去注意到。就像眼睛看不見自己的睫毛，愛必須在距離中才能看見自己。有時，這個距離就是我們道再見時那一瞬間的感受，亦即對分離的瞬間提醒，**陌生化**的一瞥，能讓我們重新感受到欣賞與感謝的心情。

Chapter

2

欲望

Desire

欲望是可能性、能量、動機,

欲望是行動的背景。

欲望為我們點亮前方的道路,

塑造我們的經驗,並推動我們前進。

欲望的衝突會在關係中上演，使人們聚合，也使人們離散。在第十一章，我會專門討論我們如何渴望不該要的東西。我們也會渴望我們應該要的東西，我們不斷地在和欲望的規則協商。我們遵守規則，也扭曲規則。每一個我們感覺可以接受的欲望，常常有另一個潛藏的欲望把我們拉向不同方向。

我們終其一生都在篩選各式各樣的欲望，即使在無意識的情況下，我們也經常會挑選出哪些欲望在特定時刻需要優先滿足。欲望不但是基本本能，更充滿了極端特性。欲望即能激勵人心，也能使人分心；既有支持作用，也具癱瘓作用；既新奇又熟悉；既具社會性又自然；既愉快也痛苦；既能提升也能削弱，既健康又有害。

尤其令人惶恐不安的是，欲望與恐懼緊密相連。看看亞當與夏娃的罪，他們就是因為屈服於誘惑而被逐出伊甸園的，欲望既定義了我們，也讓我們陷入麻煩。那是一個關於我們如何生存的故事──由繁衍後代的驅力，以及希望留下存在證明的願望組成。然而，這也是我們如何走上歧途的故事。七宗罪裡有四宗罪與欲望有關（嫉妒、暴食、貪婪、色慾）。當涉及侵略與性慾時，我們可能會在誘惑與恐懼之間拉扯。羞愧與驕傲經常監視著我們，擋下任何讓你感覺禁忌的事。

我們經過社會化的結果是去消費與擁有，但擁有是不夠的（我們經常努力去爭取我們想擁有的事物，同時還想要更多我們不見得珍惜的事物，使得滿足感轉瞬即逝）；否認也是不夠的（被我們推開的強烈欲望仍縈繞心頭，我們要不就是付諸行動，要不就是完全停工）。我們像是**必須**

強迫症一般強求生活必須如何,期待人際關係能遵循嚴格的劇本發展。這一向行不通,我們的種種要求讓我們深感懊惱,也時常讓我們疏遠他人。唯有當我們了解自己的欲望,才能開始理解「足夠」的意義。

如果我們對自己的欲望抱以輕蔑或固執的態度,就會發現自己在許多時刻陷入夢遊狀態。過去曾經讓我們興奮不已的事,不再讓我們興奮;我們對任何事都不再有渴望;我們不再渴望性。過度消費可能掏空我們,讓我們徒留空虛與不滿。極度的無聊感也可能看起來非常被動,就像死掉一般。作家托爾斯泰(Leo Tolstoy)曾說:「無聊:對欲望的渴望。」即使我們對此感到掙扎,依然想要欲望。欲望能喚醒我們,檢視渴望能再度激起我們的好奇心與對生活的渴求。在最近的治療中,有一名男子對我說:「我想要渴望什麼東西,我想要感受『欲望』,才知道我還活著。」

我們的性慾經常是層層堆疊、朦朧不明的。我們的性衝動可能與我們的價值觀不符。我們童年時期對欲望與性的印象,可能終其一生都會以令人意外的方式展現出來,而我們最深層的欲望經常會嚇壞我們自己。我們熱切渴望的東西,我們會害怕得不到、不應該得到,或擔心得到之後會失去。如同劇作家田納西‧威廉斯(Tennessee Williams)說:「我想要我害怕的東西,我害怕我想要的東西,所以我內心就像一場無法掙脫的風暴!」

當我們的欲望感覺不被接受,甚至連自己也無法接受時,我們可能會隱藏、轉移,然後表現

出矛盾的情緒。即使是在健康的關係裡，我們也可能對同一個人感到愛與恨，而虐待、造成創傷的關係可能會讓我們留下未解的矛盾情緒與相互衝突的渴求。恐懼和欲望可能難以區分。我們固執己見、否認、重複、捍衛某些東西，只為了保護自己，讓自己不去承認那些潛在的欲望。剝奪感和失望的情緒，都是探索深層欲望的線索。

我們難以承認一些欲望，部分原因是太想要某些東西這點令人極度不安。任何長期渴望懷孕卻被勸說別再想這件事的人，都能了解這種欲望帶來的不適感。絕望令人難以忍受，我們卻不斷被告知這樣很難看，而且對我們不利。表現得太過熱切會令人尷尬，同理可證，性慾是既可怕又充滿挑逗意味的。關於坦露性慾所帶來的，是強烈的脆弱感、遭到拒絕的可能性與羞恥感。而且，我們對真心想要某種東西有種迷信，認為承認欲望——即使是在內心承認——都會阻礙我們得到想要的東西。

當我們感到沮喪時，常常會用「擁有」和「消費」來補償，以此滿足其他更容易實現的欲望，而非承認自己最黑暗的渴求。雖然我們這個物種心思複雜老練，卻依然無法搞懂性慾這回事。性幻想十分普遍、稀鬆平常。心理學家賈斯丁・萊米勒（Justin Lehmiller）針對性幻想所做的廣泛研究，顯示了這種幻想有多麼普遍（有百分之九十七的受訪者經常性幻想），但對於自己未說出口的欲望，我們很容易覺得尷尬或羞愧。有句俗話說：「不是你炒我魷魚，是我辭職不幹了！」（You can't fire me, I quit!）」如果我們聽從自己的衝動，可能會惹上麻煩，而且還是無法滿

What We Want　　我們想要什麼？　42

足；而如果我們忽視它，便是拒絕了自己內在的某個部分。我們可能會讓欲望成為祕密，或是轉而仇恨某個事物。

身為治療師，我不斷在仔細傾聽各種抱怨與幻想，而那些通常都包括了隱藏的欲望。我發現，祕密願望的第一個線索通常來自某種否認或反對的敘事，以及阻礙──萬一我們想要的東西是不可得的，阻礙能讓我們感到安全。

我們很容易批評已獲得的東西。這也是一種將內在衝突外化的方式，將問題歸咎到其他人事物。通常這是真的，特別是性生活。我們對完全熟悉而舒適的東西容易覺得厭煩乏味，那句刺人的陳腔濫調「親暱生侮慢」，其實不無道理。當我們渴望自己的性伴侶能帶來新鮮感，也是在將自己的內在衝突外化，渴望在自我裡獲得一些東西。我們可能已經厭倦了和那個熟悉又疲憊的自己共眠。

欲望的角色與目標可能是模糊而狡猾的。我們對某人或某物產生欲望，但這個渴望的對象似乎只是代表我們生命中缺失的某種東西。欲望可能源自一種匱乏感。我們可能為了彌補剝奪、喪失和情感上的痛苦而形成欲望。欲望可能會披上各種外衣。心理治療的最主要任務就是發掘出我們隱藏的渴望、詭祕的感受，以及我們為不曾活過的人生想像出來的種種欲望故事。

這個任務一直是我與傑克將近四十年的治療工作重心。傑克是名五十好幾的男子，來接受治療是為了理清自己是否該繼續維繫將近四十年的婚姻生活。

43　Chapter 2｜欲望　────────　Desire

傑克的選擇

我們所有人,難道不是都以某種方式渴望自己嗎?

「我看見海倫細細的金色鬍鬚在陽光下閃閃發光,這讓我覺得厭惡。」傑克對我這麼說,一邊將拳頭緊握又鬆開。

他行為舉止頗為友善,眼神銳利,用詞精準又有分量。

「聽起來這對你來說很困擾。」我說。

「嗯,這還真是有幫助。」

我看不出來他是不是在開玩笑。他好像看出我當下的不確定,迅速打斷我。

「真的,這真的有幫助。至少你接受我了,你懂我的意思。」

「你提到了你的厭惡,我想知道那到底是怎麼回事。」我說,當下我隱約覺得有義務將他再往前推進一些。

「我只是無法相信婚姻就是這樣?我想要更多。」他說。

「更多什麼?你想要的是什麼?」我問。

What We Want 我們想要什麼? 44

「我想要海倫性感一點。我想要她渴望我,就像我們剛在一起時那樣,當時我們一天會做愛三次。我很生氣她不再渴望我了。我們以前會站著做愛,就在樓梯上,因為根本等不及進到房間。還有戶外、夜店的廁所⋯⋯現在,什麼都沒有。到底怎麼回事?我能說幾次『操』?我操,真的氣炸了。」

「我聽懂了。」

「你現在在想什麼?」我問。我發覺他似乎飄到一片鄙視的雲霧裡遊走,但我不想做任何預設。他若能找到自己的所在,會更感到踏實而清楚。

「她騙了我。」他說他被一個關於愛與婚姻的瞎掰故事騙了。在他唯一的兒子離家上大學不久後,他的不滿變得越來越難以忍受。他沒有料到會經歷空巢期,他兒子就某些方面來說是他最好的朋友,這種失去與分離的感受是種煎熬。他覺得與妻子變得疏離,以及深深的拒絕感。

他想要她渴望他。

他想要再度感受渴望。

他想要她渴望。

我們嘲笑彼此用了多少次那個詞彙。我們的眼神短暫交接。與傑克的這種能量並不完全帶有性欲,其中有投契、有投射、有幻想,但對我來說感覺與無關。雖然他年紀比我大好幾十歲,但我對他來說比較像是一個「理想化的母親」。我們的治療是遠距的,在虛擬世界裡,我們即使

不處在同一個實體空間,也能感受到真正的連結,因此任何越界的威脅都感覺與以往不同。他住在加州,從事食品零售業,而我住在倫敦,因此我們是在相隔遙遠的情況下彼此深深連結、共同合作,這很適合那種想要卻又抗拒親密感的人。

傑克將他自己的母親理想化了,即使她其實是忽略他的。在他的描述中,他透露出部分的她,卻也十分保護她,但是他那可憐的妻子從未有這樣的機會。同時,傑克對我的回應在某方面感覺像是他對母親之愛的重演。我再怎麼也不可能犯錯。我可以感覺到他對我的信任,他相信我了解他、我懂他。即使我弄錯或是不理解他的某些事,他都會忽略我的失敗。在情感上,他對妻子的苛刻和對我的慷慨,形成了強烈對比。他戴上愁雲慘霧的眼鏡來看他那位有鬍鬚的妻子,而我卻被放在了閃耀的光芒下。我們的互動有著定義清楚的限制,確保了這樣的理想化。

「我們的對話對我有幫助,但這不夠,」他一邊說,一邊搖著手指。「我需要性,這沒得商量。這就是我和賽蓮(Siren)＊上床的原因,你知道。」他堅持將那些付費伴遊女郎稱為「賽蓮」。

「我知道,你說過很多次。」

「嗯,她到底在期待什麼?我實在沒辦法在往後的餘生中都不做愛。那些女人也很享受這件事,她們不是只有拿到錢而已。」

我對此高度存疑,但我選擇讓話題過去,不去追究。我想付費伴遊女郎不大可能像他說的那

What We Want　　　　我們想要什麼?　46

樣，享受和他的性關係。他經常看著我的臉尋找線索。他進一步說明，彷彿能讀到我臉上閃過的懷疑。

「最後那個女孩，她體驗到強烈的性高潮。我可以肯定地告訴你。」她有嗎？為什麼他需要相信這一點？我對他想要有人渴望他的這份渴求大感震驚。

「傑克，讓我們來談談這對你的意義是什麼，這些身體接觸代表了很多，對你來說意義重大，這讓你能繼續撐下去，就像你說的。你也堅稱這保護了你的婚姻。你認為打破規則這件事也能帶給你一種自由與權威感，代表你妻子無法完全掌控你嗎？」

「那是個誘導性問題，」他淘氣地咧嘴而笑。「或許你是這麼想的，但賦予這件事意義的不是它的非法。來這裡對我也有意義，但這與打破規則無關。我太太也知道我在和你會談。」

我點點頭，我感到與傑克共處的沉默片刻讓我們更加親近，即使是在虛擬空間。如同爵士樂手邁爾士・戴維斯（Miles Davis）說過：「重要的不是你演奏的音符，而是你沒有演奏的那些。」在這沉默的時刻，我突然想到，雖然將治療師與付費伴遊比擬頗為尷尬，但他以付費獲得連結的做法其實有跡可循，無論對象是性工作者或是心理治療師，這些交易關係裡都帶來了一些有意義、很私密的東西。

* 註：原為希臘神話中半人半鳥的海妖，擅於誘惑人，後引申為妓女或妖婦。

「我感覺你大部分時間都很喜歡和我一起工作。」他說。

「是的。」

「我付費買下和你在一起的時間。」

「沒錯,確實如此。」

「如果你想進一步了解那些關於賽蓮的事,還有你是如何介入的,你可以看出其中的連結。」

「是,但是對那些賽蓮,你會將某些幻想付諸行動,而治療是個讓你思考這些幻想是怎麼回事的空間。」我聽到自己太常對他說「是的,但是」。

「說得好。」

擔任傑克的治療師幾個月後,我發現自己與他的討論進入一種不斷重複的循環。我們有些進展,也獲得精彩的洞見,我們建立了連結、默契與了解,但是他的行為依然沒有改變。我將這現象稱為**「做為防衛的洞見」**,這是一種我在私人生活裡會做的事,我希望我的一些治療師曾當我的面點出這件事。我們對自己產生了深刻而精闢的洞見,建立了各種連結與理解,但是在治療之

What We Want　　　　　　　　　　　　我們想要什麼?　48

外,其實並沒有任何改變。以傑克的例子來說,他宣稱自己的行為沒問題。我唯一能讓他進一步探究的介入方式,是問他想要什麼——他**真正**想要的是什麼。

「我想要被需要。」他終於在下一次的治療會談中說出來,當時我們再度探討了這個問題。

即使有著小鬍鬚的海倫是愛他的。這與性無關,這種愛是溫柔而真摯的,她能讓他笑開懷,反之亦然。和付費伴遊在一起的時候,沒有那麼多歡聲笑語。然而,他在與海倫的關係裡失去了性慾這件事讓他痛苦不堪。也許不僅僅是如此,被海倫所愛對他來說感覺仍不夠,無論她有多麼愛他——只因為她是他的妻子。

那麼我呢?是的,他付鐘點費僱用我,但如同我的主管點出的,他付費獲得每樣東西,除了我的關懷之外。我確實是關心他的,甚至對他有些情感,但僅僅因為他是我的案主。接受我們在治療關係中產生情感,使他領悟到了自己的一些事。

佛洛伊德曾針對一些病患寫過一段著名的話:「對所愛的人,他們沒有慾望;對有慾望的人,他們無法愛。」我懷疑傑克與海倫是否正是這種情況。或許我變成了一個「補償性母親」,他可以將之理想化卻又不需要有親密的性關係,而付費伴遊的目的是性,不是真正的情感親密。

「但事實上,我只是想要有人渴望我,」他說。「我想要感覺有吸引力。」他從海倫得到的愛無法讓他覺得自己有魅力。他堅持與付費伴遊上床,才能讓他感到自己有魅力、被需要。即使我們討論過羞愧、驕傲、解釋與洞見,他需要的依然是感到被渴望——深深被渴望。

49　Chapter 2　欲望　　　　　　　　　　　　　　Desire

在我們的下一次的會談，我詢問他關於自己渴望被需要的欲望。這很明顯是他童年遭到剝奪的巨大產物，我們追溯了他遭到拒絕的感受來源，他受到觸動，留下了幾滴眼淚。他一哭起來，很快便淚水潰堤、淚流滿面。他摘下眼鏡，讓淚水滾落，在我們一起合作的過程中，這發生過幾次，每次都感覺是一次突破。他的眼淚是真切的，發自肺腑，彷彿將自己完全投入到這個過程，我能體會到他的痛苦。他的眼淚是為了那個被母親虐待、忽略的小男孩而流的，即使他現在已經提升了他的地位也一樣，還有為了那個父親一句話不說便拋棄他和母親，另組新家庭取代他們的小男孩而流。這些眼淚是為了那個長著青春痘，在學校弄髒自己的少年而流的；為了想念那個已經不再是小孩子的兒子而流，為了自己失去的青春，以及三十年前過世的祖母而流。傑克流的是喜悅的眼淚，他很高興自己能安全地探討這些他一直背負著的痛苦故事。他謝謝我如此關心他的人生故事。

「我很關心呢。」我同意他的說法。這句話脫口而出時，我頓時發現自己有多麼頻繁地強調我對他的熱心。我聽見自己重複說出安慰他的話，以不同方式告訴他我想要和他一起工作。

「我喜歡你關心我，我知道你是在乎的。你很忙，可以選擇不要見我，但你還是為我撥出時間。」他說。他覺得自己被優先考慮了，他不曾從母親那裡感受到這種感覺。「我是意外出生的，媽媽當時很年輕，爸爸總是醉醺醺。關於我的一切都不是他們自主選擇的。我生下來時，她也沒有正眼看我。」

被凝視。他想要成為欲望的客體，而不僅僅是欲望的主體。

他回憶起自己婚姻關係的早期階段，「我的意思是，她有那種挑逗的神情，那種『有種放膽來追我』的特質，讓我的渴望更強烈。但是最棒的是她看著我的眼神，如此溫柔，我現在想到都還是會哭。」

傑克懷念那種**狂熱癡戀**，那種因癡情而生、飄飄然的興奮感。這種感受是無法在一段關係中持續出現的，我有些驚訝，他已經五十多歲了，卻仍堅持保有某種期待。他是故作天真，還是真的沒有意識到自己所堅持的是一個幻想？

「大約第一年的時候，我們持續以各種方式發現生命的美好，早期我們經歷了無數冒險。我們總是一起征服、探索。我們無拘無束活出真正的自己，而且這一切⋯⋯就是那樣自然展開。最棒的還沒有來呢，和我一起變老⋯⋯但是海倫不再像從前那樣看著我了⋯⋯。」

「你會用那樣的方式看著她嗎？」我問。

「其實不會，我不再覺得海倫性感了，也不覺得她吸引人。她變得男性化了，這讓我感到困擾。但我確實是愛她的，」他說。「她也確實是愛我的。她是個討厭鬼，但她能逗我笑，我們一起吃烤雞、喝紅酒的時候非常開心。」他又為那個讓他在二十多歲時感到被渴望的海倫再次掉下眼淚。「我想我怨恨她一直對我不離不棄，她到底有什麼毛病才會選擇我？」

我們想要感到被需要，卻對那些願意陪著我們、真正需要我們的人皺起了眉頭。

51　Chapter 2｜欲望　　　　　　　　　　　Desire

他像格魯喬・馬克思（Groucho Marx）一樣，加入一個自己也不太認同的俱樂部＊，並努力感到滿意。我們將他多年來不同程度的自我憎恨描繪出一張地圖。他妻子之所以價值降低了是因為她嫁給自己，成為失敗者，他這麼說。但是在其他時刻，他也認為自己原本可以有更好的選擇，而她卻低於他。他但願自己能再年輕一次，讓一切重來、變得更好。如果可以的話，他會喜歡自己多一點，不要讓自己受那麼多、那麼久的痛苦。他想要以不同於現在的方式去過人生。

當然，對任何人來說，這都是不可能的。對傑克來說，由此開始最有用的治療方式就是承認那個不可能重返青春的痛苦遺憾，但是可以對未來下工夫、在既存事實上下工夫，卻是可能的──包括他目前的情況裡，以及身而為人的普世困境兩方面。傑克只能從當下這一刻開始去過生活。他能改變什麼？不能改變什麼？他能接受什麼？又能為了什麼而歡慶呢？

在下一次的會談裡，傑克說了一些十分值得注意的話。

「我不後悔自己選擇娶了海倫，但是在下輩子，我想要晚一點再安定下來，和完全不同的人在一起。我也想要成為一個藝術家，生更多的孩子──不過不是在這輩子。」他半開玩笑地說。

他並不相信有來世，他是個堅定的無神論者，以十分務實的態度對待死亡與有限性。然而，在他

What We Want　　我們想要什麼？　52

的許多行為和信念底下，卻潛藏著一種被誤導的、隱約令人困惑的幻想，亦即他可以過許多種生活。我們一起歸結出這樣的信念，他對這個發現相當震驚。

「我的意思是，我以為我很明白自己。徹徹底底。但是我想我直到現在才真正接受這一點。雖然這聽起來很瘋狂，但我很肯定的是，我認為自己有很多機會去過許多種生活，現在只是其中一種。而我還未真正接受這條路，我眼前這一個瘋狂又寶貴的人生。海倫對我來說是現實的收費站，我每天都必須面對她，她痛苦地提醒我只過一種生活意味著什麼。這有意義嗎？」他問我。

對我來說，這完全有意義。我很珍惜治療中這種頓悟的時刻，這使我們承認現實，檢視什麼是可能的，什麼是不可能的。清楚便是一種仁慈。

我發覺自己一直避免去詢問他對付費伴遊的性方面欲望的更多細節。他對她們有什麼樣的渴望，他和她們在一起時有什麼感覺？在那些關係裡，他對自我的感覺如何？我終於問了他，而我也發現自己在缺乏充分了解的情況下，做了多少想當然爾的假定與迴避。

「嗯……」他在座位上挪動了一下身體。「我和她們在一起時會打扮成女人。」

我壓根沒料到會有這樣的轉折。他從來沒有提過關於扮成女人或成為不同性別的幻想。

＊ 註：美國喜劇演員格魯喬・馬克思曾嘲諷地表示，他不想加入任何一家願意接受他成為會員的俱樂部，因為那表示這家俱樂部的標準低到連他都能進入。

53　Chapter 2｜欲望　　　　　　　　　　　Desire

將自己打扮成女人的想法或形象會激起他的性慾,他解釋道,這樣的欲望是為了自己而做,他覺得不可能對付費伴遊以外的人展示自己的這一面。我問他為何直到現在才提到這件事。

「你從來沒問過啊。」他說。「那海倫呢?她知道你的這種幻想嗎?」

「不可能。看我有多難對你說出口就知道了。我在等你問我,或許對海倫我也會這麼做,而她還沒有問我。我懷疑她會不會有知道的一天。我們是自由主義者,但某些方面也是容易妄下評斷的人。這部分的我⋯⋯真是令人尷尬。」

我問他在幻想裡自己變成了誰。

「我不是想變成女人,我對變性沒興趣。我打扮成女人的時候,不覺得我是真正的自己。」他說。「每年我都會設法打扮成女人,而多數的女人裝扮成妓女。可能不是字面上那個意思啦,但某種程度上,在我青少年時期,那就是我看待許多扮裝的角度。在這個假裝可怕的日子,我們會吃很多糖果,穿上那些物化人的服裝。我們**所有人**,難道不是都以某種方式渴望自己嗎?而這就是**我的**方式。」

「萬聖節是最棒的日子,」他說。「我打扮成女人的時候,不覺得我是真正的自己。」他說。自從他小時候穿母親的衣服開始,他就一直保有這祕密的一面。他一直喜歡扮裝。

我們探討了欲望對他的意義:「它讓我感覺活著,」他說。「我想我哀悼的是海倫與我在一起時曾擁有過的活力,它已經消失了。」我們簡短討論了海倫為何不再有性慾的事,但他不知道原因,我也試著不去臆測。他們討論過她的更年期,也仔細討論過她的荷爾蒙變化,但他們並未

What We Want　　　　　我們想要什麼?　54

真的承認彼此關係裡的無性狀態。

「有詞彙可以形容這情況嗎?」他問。「失去性慾這種事?」

「『**性慾喪失**』。」我說。「我不確定這能有多大的幫助,但這就是心理分析使用的詞彙,其實是源自天文學上一顆星星的消失。」

「我喜歡,這是個很好的詞彙,我寫下來了,因為那正是我的情況,感覺就像是一顆消失的星星,那個光芒突然熄滅了。現在我只能假裝,要假裝的太多了。當我告訴你賽蓮高潮的事情時,我可以看見你臉上的表情。她們可能在假裝高潮,而我在假裝成女人,而你也在假裝不去懷疑我說的賽蓮高潮的事。假裝很有用,儘管這不完全真實。」

他有他的論點,我有我的顧慮。我知道關於付費伴遊的統計數據,我同情他的妻子,我希望他能擁有真正的親密關係,但這似乎是我想要的,而不是他想要的。

「仔細想想,我發現自己決定和海倫結婚並選擇維持婚姻關係這件事上,做了一個明智的抉擇。」傑克說。「原來這就是他需要的——接受他自己的選擇。而我也需要接受他的選擇。」

當一個女孩的人生是什麼樣子,還有你父親與你的關係如何?」我問。

「他在後來的新家庭有了女兒,」傑克說,眼睛凝視著我看不見的遠處角落。「當我想到這件事時,其實和我父母兩人都有關係。我媽媽以前總是說,我爸爸來說特別難以接受一個兒子,

55　Chapter 2｜欲望　──────　Desire

她會想像自己若生的是女兒，也許他就會留下來。『他想要女兒』，那就是她一再告訴我的。」

那麼這種幻想就說得通了，這是一種部分認同父親的方式，他父親擁有多個家庭與關係，他可以扮演想像中那個被渴望的女兒角色，一個每個人都渴望的美麗女人。他並非有意識地想要重複他父親的拋棄與拒絕模式，他對自己的顧家感到自豪，特別是對他兒子。他永遠不會離棄兒子，就像他曾被遺棄那樣。但是打扮成女人，和付費伴遊在一起，給予他一種幻想其他人生版本的空間，哪怕只有短短的一、兩個小時。

「我總是會回家。」他說。

他的幻想也和自己希望被母親需要的渴望有關。如果他是個女孩，或許她會更愛他、對他好一點。如果他是個女孩，或許他的父親也會留下，人生會因此而更加美好。他恍然大悟，大聲地說，母親對待他的方式，以及她對父親莫名其妙拋棄他們的解釋，都是關於她自己的傷心敘事，不代表他真正的價值。但他依然難以相信在這個人生，他現在的樣子就已經夠好。要承認她對他的拒絕與怪罪，對他來說太痛苦了。然而痛苦卻找上了他。儘管他很高興兒子已經長大，變得獨立自主了，但也許是兒子的離家再次觸發了他被拋棄、被遺留的創傷。

「我們所有人都有許多不同的面向，扮演許多不同的角色。我不會像我爸爸一樣不告而別，但我確實喜歡扮成女人。我需要幻想才能接受現實。」

傑克和我繼續努力釐清欲望對他的意義為何。「套句馬克‧吐溫（Mark Twain）的話，」有一天他這麼說，「『一種無法抗拒的欲望被無法抗拒地渴望著。』」他喜歡賣弄聰明。他嘆了一口氣，他從未被任何人「無法抗拒地渴望」著，包含他的父母。

我能做的就是讓他意識到自己的選擇、後續的影響、脈絡以及重要性。他對海倫的敵意很大程度上似乎是從他渴望被父母需要的欲望轉移而來的。不是如字面的意思，也不是性方面的，但是在某種層面上，他想要的是被他的母親和父親所渴望與需要，而他從未有過那樣的體驗。他必須哀悼那個剝奪感。這不是海倫的錯，也不是他的錯。對傑克來說，欲望問題圍繞著「肯定」這件事。他未能從父母那裡獲得的肯定，他將它給了兒子，卻拒絕給予妻子。在他的婚姻中，拒絕與剝奪的回聲是雙向的，但是傑克與海倫依然在一起，依然有愛。

在我們的一次會談中，途中遇到了海倫。他和她打招呼後，將她介紹給我。她抬起頭微笑致意，我也報以微笑，而且對她的樂觀愉快感到驚訝。沒有任何鬍鬚的痕跡，至少從我的角度來看，她的臉龐十分迷人，相當平易近人。我發現我所建構的她的形象，是經過投射、扭曲的形象。他將她醜化為一個如此討人厭的形象，他憤恨不已，只因她無法如他所願地渴望他。

他不打算在她面前打扮成女人，或是告訴她自己的幻想，但他能原諒她不想和他發生性關係。他依然希望她能對他產生性渴望，就像她以前那樣，但是他調整了自己的期望，並原諒她未

57　Chapter 2｜欲望　　　　　　　　　　　　　Desire

能補償他一輩子所感受到的拒絕。

傑克不再恨她，或許也不再恨自己了，因為他已經完全了解，他要的只是被需要的感覺。

欲望與你

我們有時必須費盡力氣才能尊重、承認並接受自己的選擇。欲望通常傾向於幻想，然而選擇卻是傾向於現實的。

有句話說，「情感加上理智等於智慧」，我們可以將這句話應用在我們決策的方式上：完全由欲望驅使的選擇，或是毫無欲望的選擇，經常會讓我們陷入失望的情況。如果可能，當你在做選擇時，想想自己潛在的欲望裡哪部分可能是幻想，以及哪部分是符合現實的。欲望會誇大，也會淡化。注意你如何渲染自己渴望的東西，或是在你覺得不被需要時扭曲自己的看法。檢視你曾做過的選擇，好好思考這些因素。

如果你沒有選擇和人生伴侶結婚，你現在便可以對另一個出現的人，順應欲望採取行動。如果你沒有承諾自己要上法學院，你可能可以過一個自由自在、逍遙的小說家生活。如果你選擇參加那次的旅行，一切會有多麼不同。如果你沒有選擇定居在郊區，養兒育女，你可能會過著狂

What We Want 　　我們想要什麼？　58

野、冒險的生活，致力於讓人類變得更好。無論那個幻想是什麼，有許多時候，我們會覺得被自己的選擇阻礙，而受困在欲望相關的問題裡。我們真正渴望的，或許是某種我們根本無法選擇的東西。就像傑克無法選擇他的父母。

原來，我們的選擇並非總是那麼糟糕，而令人無法原諒與難以接受的是，這是我們唯一一次的人生。有許多事無法如我們所願。欲望推動我們拓展自己，歡慶自己的存在，但如果我們不了解它的本質，它也能奴役我們。當你覺得滯礙難行，或無法獲得你渴望的東西，可以想想你覺得根本上缺乏的東西是什麼。

忽略欲望是有代價的。我們常常會反對、怨恨、取代、懲罰他人或自己。以蘇格拉底的話來說，就是「最深的欲望往往引發最致命的仇恨」。與其否認欲望，不如辨識它，給自己一個機會去看清楚它到底是什麼，即使你不將它付諸行動，你還是可以思考，你所痛恨的事物底下，是否有什麼潛在的欲望。

愛與欲望並非總是協調一致的。你是否曾被某人強烈吸引，錯將它認為是愛？你是否曾深愛著某人，卻沒有感受到熱情的吸引力？在一段愛情關係裡，欲望可能在不同時間點降低，有時候它與我們感受到的愛同步，但也可能是不一致的。我們可以對未必愛的人產生熾烈的欲望，我們也可以深愛一些未必渴望的人。

我們的自我感會影響欲望。當我們覺得自己饒富魅力或很成功時，我們可能會感受到更多欲

望——而且不一定是對我們所愛的人。「我正處於人生巔峰，」有個男人這麼告訴我。「然後我突然到處都看見美女。她們可能一直都存在，但在我覺得自己沒有魅力的時候，我甚至不允許自己去看見他們。現在我看見了，我想要她們。」當我們心情低落、意志消沉的時候，有些人會感到一股洶湧的欲望，如同一種生命力，而有些人則會喪失欲望，發現過去令人愉快的活動不再有樂趣。「不是我發現男友沒吸引力，」一位年紀二十出頭的女子告訴我，「而是我不喜歡自己的身體，這件事澆熄了我的慾火。」

你的自我感會在不同的時間點影響你的欲望。何以如此？我曾經詢問在耶魯大學研究大腦的科學家艾米・亞恩斯頓（Amy Arnsten），人類一開始就那麼想要感受欲望嗎？她如此回答，「我想這是一個非常原始的迴路，能讓一個有機體蓬勃發展——飲食、性愛的愉悅，以及置身舒適的溫度裡，都能讓我們處於正確的生理狀態，而且繼續繁衍我們的物種。」

若沒有欲望，一個人會去做任何事嗎？身而為人的意義又是什麼？

欲望是可能性、能量、動機，欲望是行動的背景。除了偶爾那些感到一無所求的至福時刻，我們若沒有欲望就會顯得無精打采、失去方向。欲望為我們點亮前方的道路，塑造我們的經驗，並推動我們前進。

Chapter

3

了解
Understanding

這是關於一個討好者與自我、

與成名的渴望之間的內在衝突。

她正在發現自己是誰，

以及她真正想要的是什麼。

我們看見十五年前的舊照片時，會因為覺得陌生而震驚，但是當我們看見自己的嬰兒照片時會想著：「是我啊，那是我。」認識模式並承認角色，能幫助我們了解自己的經驗，找到前進的道路。我們不斷陷入不健康的友誼裡，一開始談論這段新友誼時，我們會解釋彼此的連結如何偶然，和其他的有多不同，但是當我們形容自己不斷在付出（我們為何要堅持？為何她甚至連堅持一次分攤費用都不肯？是的，我們確實有所期待），那些嚴厲的批評，以及日積月累的怨恨時，我們明白了。

當我們在情感上了解一件事，會有一條連貫的線將所有經驗有系統地串聯起來。當我們獲得這樣的秩序與清晰感時，便猶如呼吸著另一種空氣。

治療尋求的是「了解」，那是一個合作的過程，可能也包括理清並解決誤會。當我們好好處理並了解自身經驗，便能對自己的生活歸納出一致的敘述。我們可以了解自己是如何阻礙了自己，如何為別人負責卻逃避去認清必須對自己的生活負責。我們會發現各種可能性。

我們不斷努力去了解世界如何看待我們，了解我們所看見的東西。我們在人我關係的脈絡下存在，我們的內在世界充斥著來自舊關係的回憶、社會訊息，以及根深柢固的信念。要培養健康的自我感，需要持續不斷地微調、更新。有些人內在住著一個過勞的討好者——可能單純只是個討好者（並非是針對我們刻意尋求認可的人），我們的「怨恨債務」就會增加。討好者可能會輕易通融、自願犧牲，因此發

What We Want　　　　　　　　　　　　　　　我們想要什麼？　62

現自己被壓扁、受到壓榨。

討好者為我們過生活的方式拋出了一些問題。討好者只對「服務」和「討人喜歡」感興趣，甚至沒有覺察到自己有所欲望。討好者藉由宣稱無私的奉獻行為會讓我們成為更好的人、更好的朋友、更好的員工。與討好者對立的是「自私的追求者」，他們怨恨不滿，決心解決這個問題。無私與自私這兩個極端之間的衝突，在心理治療中屢見不鮮。

當他人對我們的看法和我們想要他人如何認識我們的方式產生衝突，我們會覺得疏離、孤立、被不公平的對待。我們會從贊同反彈至拒絕，我們發現自己不停地猜測，為他人的想法痛苦糾結。

卡爾・榮格（Carl Gustav Jung）曾說過：「思考是困難的，那就是為何大多數人做的是下評斷。」重新審視自己的經驗，並且去發現我們過去自以為了解，其實並未真正了解的事，著實是一大突破。過去我們是下評斷，我們自以為是。

讓我們繼續努力去了解。釐清、重新思考、更新我們的理解，這就是我們學習的方式。了解是一份持續性的工作。

我們想要被了解的渴望可能是強迫性的，而且令人沮喪。我們不見得會進行有效的溝通，有時對我們親近的人尤其如此。我們可能會希望在不需要直接將事情說出來的情況下，就神奇地了

63　Chapter 3　了解　　　　　　　　　Understanding

解一切。有時候，即使我們沒有明確表達，我們也想要他人讀懂我們的心思，了解我們的內在世界。去認識並逐步解決自我欺騙的問題，是一種解放。

我們需要幫助才能了解自己。除了字面上的「了解」之外，覺得至少有某人在情感上了解你，例如老師、朋友、治療師、伴侶、兄弟姊妹，有時甚至是陌生人（日常生活以外的人，我們可能覺得更容易對他們傾吐實話，也比較沒有後果）是件寶貴的事，能為我們帶來安慰，甚至喜悅。終於，有人懂我了！我們會覺得不那麼孤單，不那麼陌生且被接納。

真正去了解我們是誰，即使我們不喜歡所有的事（怎麼可能喜歡所有的事？）也無妨，讓做自己的經驗更加舒服自在。若我們能理解自己真正的動機，能分辨出自己五味雜陳的情緒，便能接受並承認自己與他人身上的矛盾與不一致之處。如此，我們便能做出讓自己感到正確的選擇。

我們需要空間來保持靈活、因應改變。改變會對各種關係形成巨大的壓力。對大多數的成癮康復者、長期伴侶、友誼、工作場合互動，或我們和自己的關係而言，確實是如此。改變會威脅我們的理解，而我們是矛盾的。我們追求成長，渴望新奇與驚喜，然後再回歸熟悉。我們對已知感到舒服自在。學習新事物需要耗費力氣，而且會挑戰我們的掌控感。

你是怎麼對自己說話的呢？你可能以各種方式妄自菲薄，有時經年累月如此。這可能不是很準確的故事，卻是個熟悉的故事，而熟悉令人感覺真實。

了解自己是個極富挑戰性的工作。那可能是一間四面都是鏡子的房間，想像著別人如何看待

我們，透過其他人的眼睛看自己，或許還要追溯到久遠以前的童年。有時候，我們可能會喚起一些討人喜歡的形象描述，但也可能會因為一些極不討人喜歡的描述而焦慮不安。

對每個人來說，生活中難免有壓力重重的時刻，覺得他人看待我們的方式和我們體驗到的自己是如此疏遠、迷惑、遙遠。矛盾與衝突不斷在發生，這對多數人來說是很普通的現象，但是身分認同問題卻可能形同一場心理的內戰，不同派系會開始彼此鬥爭。我們可能會開始瓦解、破碎、分裂。了解自己，包括我們的不一致之處，可能是場救贖。心理治療探討了內在與外在，挖掘出自我被深埋的部分。

有時我們進行心理治療時，心中希望「想要被了解」，而實際上，我們想要被的是「同情與強化」；我們可能將之稱為「支持」，但我們真正想要的是「同意」。我們想要被他人告知「我們是對的，我們是無辜的！」這就是我和思因合作的經驗，她是一位因為**身分認同危機**而前來找我的女子。

65　Chapter 3 ｜了解　————　Understanding

思因的名字

> 我只是迫切渴望知道自己是夠好的。

思因對她的工作深深著迷，或者說是對她的老闆——總之，她一開始不認為他們的關係不健康。不過，人們鮮少一開始就這麼認為，它會悄悄地溜進來。

以她的情況來說，她在維特・希爾（Victor Hill）建築師事務所工作了將近十五年，她告訴我，他們的關係對她具有無比的重要性與意義。她會來這裡，是自己因為身為母親所承受的巨大壓力，這很荒謬，現今社會依然會在職業婦女身上強加母親的內疚感。她覺得受到其他媽媽和婆家的評斷。她和丈夫在對待工作和家庭的態度上，開始產生衝突。

我在知道如何正確念出她的名字之前，就已經認得她的名字了。我不確定時，總是會詢問。

「喔，發音是 sing（唱歌），就是 sing a song（唱一首歌）的 sing，」她說。「你可以隨你的意思發音，我不介意。」

但我介意。她怎麼能沒有偏好呢？

「我已經習慣每個人都念錯了，」她說。「這是中文，但我在英國長大，沒有人知道怎麼念

才正確。也許那就是為何我和先生會將女兒取名為凱蒂（Katie）吧，很容易理解，也好念。總之，我想再告訴你一些我的事。我熱愛我的工作，但現在既然我是個母親，就不該那麼在意工作。這是不是很可笑？我覺得生活中沒有人了解我。」

她似乎決定要把我拉到她的陣營，但對我來說，和她同一陣營意味著挑戰她，而非只是無意識地點頭表示贊同。

我問到她的友誼關係，她顯得有點不好意思，面露沮喪。「也許我過於武斷，喜歡批評吧，」她說，「但其實他們見面時卻經常感到焦躁不安與失望。」她想交更多朋友，但不確定該怎麼做。她不知道自己是否有自閉症。

「但我的工作能力不錯。」她說，再次提到維特・希爾。職場是讓她充滿活力的地方。「不是錢的問題——我的薪水也不是很高，不過我很滿意我的收入。重點不是這些」——這有點關乎我是誰的問題。」

她深深仰慕自己那位獅子般勇敢的老闆，也很感激他給予她的機會。她面露驕傲的神情，稱自己為馴獅員。「我祖父很難應付，要求很高，非常傑出，我知道怎麼和這類型的人打交道。我一直在談維特・希爾，我假設你知道他是誰，你知道吧？」

心理治療充滿了文化指涉——字彙、地方、新聞標題、全球議題、電視節目、書籍等，都偶爾會成為討論焦點。如果一起討論這些是切題的、有幫助的，我會承認我熟悉哪些事物，哪些則

67　Chapter 3 ｜了解　　　　　　　　　　　　Understanding

完全沒概念。雖然討論這些感覺似乎在繞遠路，卻很可能是認識對方世界的一種方式。我對維特·希爾的幾棟建築物作品很熟悉，也讀過一些介紹他的資料和文章。我對他「明星建築師」的公眾身分、衣冠楚楚的歐式裝扮形象，以及聲名狼藉的社會評價有些模糊的印象。我告訴思茵我知道他，但顯然我完全不知道他真正的樣子。思茵很重視他們的私人關係，她這麼告訴我。我注意到，在她所描述的人當中，沒有一個是以全名稱呼的。她提到其他人時，通常是用和自己的關係命名：例如「我的先生」、「我的女兒」。

思茵說話時的手勢很誇大，很少靜靜坐著，她那些生動的故事是朝多個方向進行的。她的外貌魅力十足，頭髮的顏色有如「溫暖陽光下的白蘭地」，我記得在美國社交名媛李·拉齊維爾（Lee Rdziwill）的其中一則訃聞裡讀過這樣的形容詞。我也不曉得為何這個細節會浮現腦海，可能和思茵熱情活潑、嬌小玲瓏又浪漫的特質有關。有頗長一段時間，每當我整理對她的想法時，她感覺更像是一個充滿魅力的角色，而不是個真實的人。她是虛幻與實質的迷人混合體，她到處盤旋，但不真的著陸。

她著迷似地一再提到維特。她尊重他的工作、他在美學方面的勇氣，以及他在建築方面嘗試一切可能性的效能與堅定決心。「不止這樣，他也會做不可能的事。」她對做不可能之事流露的仰慕引起了我的注意。她是否相信他就是那條路，能讓她通往夢寐以求的自己？

「顯然我一點都不像他。」她繼續說。「我比較隨和，他要求很高，脾氣暴躁，但對我倒是從來不會。我知道怎麼與他相處、共事。我想我能激發出他最好的一面。」

我問她，那麼他在她身上激發出什麼。當然，也是她最好的一面。「我說他生活中一個非常重要的部分，而我必須了解這一點，才能了解她。他對她的期許透露出他對她十分尊重、充滿信心，也給了她很多機會——她也喜歡努力工作，這是她性格的一部分。」「但是別擔心，我對他的了解太透徹，根本不會去奉承他，不像他那些阿諛諂媚的超級粉絲。」

她告訴我別擔心，但這無法讓我不擔憂。她的特殊感來自於她與他之間的融洽關係，而且她以一種保護的方式在描述他們之間的糾葛。她似乎想說服我，或許也在說服自己，說她已經理清了這部分的生活。

「我是個堅強的女性。」她說，「但幼兒園的媽媽們還有我先生，讓我很不好過。」我可以想像！她想要我讓她覺得好過些嗎？

她很幸運，能從事對她有意義的工作，她告訴我，尤其想到自己身邊一些缺乏成就感的人時——例如她的丈夫，就是只為生活而工作的例子，而她是為工作而生活。她喜歡這一點。

「我不想成為那種一旦生了孩子，就只有母親一種身分的無聊女人。」她說，「當個母親的要求很高。」

她之前用來形容維特和祖父時也是用同樣的字眼。但是滿足當一個母親的要求,對她來說是沒有回報的。

「對我來說,宣稱產後憂鬱的時間點已經過去了。」她說。「我的意思是,凱蒂才剛剛做完週歲檢查。醫生甚至沒問我好不好,沒人問我在這個階段當一個母親的感受。」

「對你來說,當一個母親有什麼感覺?」我問。她不斷提起這件事,卻又自己草草帶過——其實,現在考慮產後憂鬱症或焦慮症狀,仍為時不晚。

「這讓人無法招架,工作以外,我仍然覺得不像我自己。但是除了維特.希爾之外,每個人都批評我太在乎自己的工作。」

我想知道她真正在乎的是什麼。

當我問到她當母親的情況時,她形容了凱蒂的美麗,有多可愛,還給我看了一張照片。這一刻感覺有些做作,我懷疑她是否覺得被迫表現。成為母親的轉變——即所謂的**母親期**,對身分認同是一大挑戰,而且很容易被忽視。成為母親的存在,其漣漪效應會在產後多年裡以各種方式展現,影響一生。

「但我不全然是感到沮喪。」她說。

「目前為止,她似乎對不適合她的定義更清楚了些。」

「我工作的時候精力充沛。」她說。她夢寐以求的自己透過維特這面稜鏡折射出來。思茵對

What We Want ——— 我們想要什麼? 70

他們互動的描述，很顯然是一種理想化的跡象，反映出她對自己身為成功女性的感受，以及她做為一名女性，能獲得他愛慕眼神所代表的意義。每當她提到他，她的眼睛都在發光。她向我形容他對她的感情，這為她帶來了極大的陶醉感。她孜孜不倦地工作，勤奮不懈，努力讓他滿意，彷彿生存的前提在於將自己的每一部分都交給他——不僅奉獻給工作，還要奉獻給他。需要表現和取悅的壓力聽起來難以抑制、十分迫切、不容置疑。

「你為什麼要如此賣力推銷呢？」我想問，但我克制住了，我必須讓事情自然發展。心理學家愛麗絲・米勒（Alice Miller）這麼寫道：「病人在治療師身上引發的所有感受，都是她潛意識試圖告訴治療師她的故事，同時又隱瞞它的一部分。」

思茵繼續提出各種理論，解釋別人為何誤解並反對她對維特的奉獻，儘管他一直是善待她的。我感到自己在反對——不是反對維特本人，而是她必須透過他來定義自己的那種強迫性需求。他或許魅力十足，但她也是。她是否明白這一點呢？她想從我這裡獲得的是同情，而不見得是真正的了解。

幾個星期之後，思茵一臉疲憊、氣喘吁吁地前來會談。

71　Chapter 3　了解　————　Understanding

「我是跑過來的。」她說。她倒在我對面的扶手椅上,將大衣和包包丟到一邊。「喔,這是給我的水嗎?謝謝。」她咕嚕咕嚕地喝光了整杯水。一放下杯子,她便忙著查看手機,一邊向我道歉。

她焦慮不安。她的外表迷人又混亂。她打扮得很古怪,混合了各式各樣的材質、圖案和花色,不過儘管如此,她通常也能混搭得宜。但今天,我不太能理解她的穿著——她穿的是洋裝、裙子還是披肩?那是圍巾,還是毯子呢?過程中她時而覺得冷,時而覺得熱,將層層的衣服脫掉又穿上。

思茵的英國口音有著淡淡的中文腔調,語調輕快柔和,有時她表達得很清楚、詳細,但也常常說話聲音越來越微弱,模糊地陷入沉思,讓我想著如何銜接,以便完成她的句子。她常留下一縷縷的思緒和感觸飄蕩在空氣中。我發現自己在努力收集、填補、整理,將各種片段拼湊在一起。有時我會請她回到某一個點,進一步解釋或釐清——是否有什麼線索?我想知道這是不是她過程的一部分,就像樂隊的暖場。

「我不知道從何說起,太多東西,我快爆炸了。」她說。

「讓自己處於當下,一切會水到渠成的。」我說。

「有太多事,簡直一團亂,我渴望秩序。看看我的包包裡面,裝滿了垃圾。有融化的口香糖、黏在底部的銅版,可能還有五支我喜歡但找不到的唇膏。我常常很煩,不知道東西在哪裡。

「不知道自己有什麼。我想要平靜、乾淨俐落。」她在我肩膀上方揮舞著手。「但願我的思緒可以像你後面那張畫裡的方塊。我的思緒比較像畫家傑克遜·波洛克（Jackson Pollock）的畫，那就是我的問題。混亂、四處飛濺，這邊灑一點，那邊灑一點。」

「好生動的畫面。」我說。

「我只是隨便亂說⋯⋯」她略咯笑了起來。她可能有絕佳的洞察和覺知能力，卻少了一些權威感。她會說出一些聰明絕頂的話，然後又用女孩般的口氣加上一句自我抹殺的謙遜之詞。她需要以某種方式獲得肯定和允許。她對自己聲音的不信任，還有她想表達自我的迫切渴望，都反映在當下的此時此刻。

「從頭條新聞開始吧，我們可以從那裡著手。」她告訴我，她的名字將會首度出現在《建築評論》（Architectural Review）雜誌上。

「別恭喜我，維特·希爾對這個消息很不開心。」而她需要他的祝福。

「我沒料到自己會獲得這樣的機會。」她說。「它就這樣發生了。」

有位客戶發現維特最近得獎的三棟建築作品中，一些最吸引人的部分是她的設計。因此，她的名字會出現在「懷特宅邸」（Wyatt House）的首位，那是個聽起來很精彩的建築計劃，至少過去是如此。現在她小心翼翼，她以為維特會以她為榮，會很高興。她迫切渴望得到他的肯定，她對他的不悅感到恐慌，這極為明顯。

「你似乎對他的認可感到十分飢渴,你想要從他那裡得到什麼?」我問。

「我也不確定⋯⋯但你覺得他現在對我有什麼想法?你覺得我已經毀掉我們倆的關係了嗎?」

比起弄清楚自己的動機和渴望,她對探究他的個性更感興趣(這是心理治療中的一種常見模式)。我沒見過他,也沒有聽見他那一方的說辭,但我想像他悶悶不樂,自尊心受傷。談到觀點,治療師也無法避免會有偏見。是的,我們努力在心中保有多樣的觀點,是經過曲解的事件版本,儘管人們表面上似乎很努力地在誠實傳達一些事,但他們知道自己獲得的略,選擇性地挑選話題,不讓我們知道事情的完整真相。在我們對自己和他人的感受中,這種偏見純粹是身而為人不可避免的面向。身為治療師,我所能做的就是保持這樣的覺察。

她很訝異自己真的不了解他。她曾經以為她了解。她為自己的一致性辯護,覺得他才是那個逾越分寸的人。「我為他那麼辛苦工作,現在對他比以往更加忠誠⋯⋯他怎能不感謝我對他的一片忠心呢?他怎能不支持我?」她不敢相信。

她天真嗎?考慮到他這些年來一直在指導她,她也為他效力,這個建築計劃確實對公司、對他的聲望都有好處。

「我快四十歲了。出於對我的尊重,他一定希望我事業成功。」她說。她以為他會關心她,因為她對他和他們的工作做出許多犧牲、付出許多心力。

What We Want　　　　　　　　　　　　　　　　　　　　　　　　我們想要什麼?　　74

我們剖析她的幻想，解構她將自己當成小女孩的感覺，她不斷深深渴望獲得肯定的心態，他對她這則消息敷衍又小氣的反應，以及她的才華和她獲得的關注可能為他帶來的威脅。

「你已經將他奉為偶像很長一段時間了。」我說，陳述一個明顯事實。她的獅子王應該要是萬能的父親，喜愛她、保護她，還要關心她才對。她對他有著各種樣的幻想、想像和推測。

「我以為我很精明。我以為自己能看透他，能應付他那棘手的自尊心。」她看起來很困惑。在她這個完美主義者的幻想式自我建構中，她一直相信自己能掌握這個不可能的男人，迷住他、讓他展現出最好的、最合理的、最慈愛、最令人喜愛的一面。她為自己和他之間老練的相處之道感到自豪。她是馴獅者！然而現在，她看見自己無法成功做到這其中任何一件，她和理想中的自我意識出現嚴重落差。我們探討了這個幻想自我所抱持的一些信念和世界觀，她想扮演女強人的角色，她說，工作並取得成就，但是她的定義卻是狹隘、過時的，奠基於一個典型的故事：有權力的年長男人和以取悅他為目標的年輕女子。儘管她的丈夫曾懷疑過，但這無關性，只是確實帶有複雜的情結。

思因與她那位知名老闆之間的互動狀態源自於她的童年。重新造訪並挖掘出過去，目的並非要停留在那裡，而是讓我們可以一起弄清楚，她如何走到了現在這裡，以及如何做出改變，讓自己不再陷入問題重重的舊有模式和慣性裡，從而向前邁進。

她的父親在她眼裡，以及在母親眼裡，都是個被動、平庸、極其軟弱的人。「他就像個丑

角，從來無法承擔他父親的工作與責任——因此我祖父直接跳過他，將所有的希望和夢想都寄託在我身上。」

「做你熱愛的事吧。」她祖父過世前不久這麼告訴她。她是唯一的孫子，也知道自己是他最疼愛的金孫。他賦予她一種她注定榮耀加身的感覺，不像他父親，不像她周圍的許多人。思茵找到了她熱愛的東西——建築，她成為一名建築師。維特·希爾建築事務所給予一個她表達的空間，激發了某些渴望。這就是真正的我，她想。維特給了思茵很吸引人的獎勵——他的肯定，他挑選她為最愛。她在他身上發現一個能賦予她力量，但是她所得到的、她擁有遇見維特讓她感受到自己潛在的榮耀。她以為那能讓她無止盡地理想化並奉獻自己的。的，是他對她付出的關注——這就是她全部的目標嗎？

「當你這樣回我時，我能聽出哪裡不對勁。為一個男人服務並非我想要的生活。」

這種剝奪感的衝擊，讓她意識到了潛在的問題。突然，一種清晰感撥開了她這些年來的理想化迷霧。

但是接下來會發生什麼事呢？思茵的**優越自卑綜合症**十分強烈，她努力為自己內心深處的渴望發聲，亦即成為一名享有個人名望的頂尖建築師。這對她來說感覺像個自大狂，華而不實且不切實際。即使在治療時，和我在一起時也是如此。為一個傳奇人物效力符合她內心那既野心勃勃又將自我邊緣化的緊張狀態。接近偉大是一回事，但是獨自做出成績，讓自己的名字為人所知則

是一種曝露、一種不確定,她為想要出名的自己感到難為情。

擁有**自我力量**是完全健康的,但是對思茵而言,她內在那個討好者遮蔽了她的自我。「我只想服務維特・希爾」是那個討好者向她傳達的訊息,然而自我無論如何被遮蔽,仍會偷偷地執行它的計劃:讓自己的名字出現在「懷特宅邸」這個計劃案中。結果就是自我憎惡與羞恥。維特的失望與自我的展露,感覺像是雙重失敗。

「懷特宅邸」的消息傳來後,在一場員工會議裡,維特對思茵做出了攻擊性的評論,內容談到他一個位居《建築評論》管理層的朋友若發現那不完全是維特・希爾設計的房子,可能會決定不刊登那篇文章。她不應該在事情還沒確定的時候便高興得太早。

他會讓那篇文章胎死腹中嗎?他是否設法讓她在業界消失?她是否越界了呢?她是打破階級制度,還是以笨拙的方式羞辱了隱形的體制?

在多數的工作環境裡,都會有權力動態的展現,這就是為何思茵一直願意將自己的設計作品歸功於維特的部分原因。儘管他聘用了一群才華洋溢的年輕建築師,但辦公室裡沒有其他人能獲得功勞。每個人都知道維特並非單打獨鬥完成所有的設計工作,包括《建築評論》的編輯也知道。思茵這些年來一直努力工作,現在對她來說,擁有自己的聲音與身分是合理的下一步。我在治療期間曾鼓勵她思考自己想要什麼,包括事業與私人生活方面。現在我們走到這一步了。思茵即將獲得的成功與認可,對維特來說是件令人深感不安的事,對她來說也是如此。

她描述維特瞇起的銳利眼神看著她的樣子。那種喜愛已從目光裡消失了。她變成他眼中一個壞份子，一個令人不悅的威脅。這不僅僅體現在他整個人、他對她的回應，還包含所有他沒有以及她所盼望的一切。這感覺是一場情感上的大災難。

在接下來的幾個星期裡，辦公室的情勢變得更加險惡。維特會做出詭異的要求和指示。他似乎妒火中燒，控制欲強烈，明顯對自己學徒闖出名聲這件事感到威脅。他以往對她的連番讚美聲也銷聲匿跡了。

思茵保持沉默，而且感到焦慮，避免提起《建築評論》計劃發表那篇文章的事，但消息還是傳開了。他試圖阻擋辦公室的人討論她的專案，還刁難她，讓她難以執行最後的施工細節。他在員工會議上大發雷霆，說她給他帶來壓力，導致健康出了問題。他還在電話裡對她咆哮，抱怨因辦公室混亂而錯過的截止日，然後又生悶氣，忽視她。

在這個多年來她覺得最能展現真實自我的地方，她感到被貶低，因而心情低落。有些同事很同情她，會私下對她伸出援手，問她是否還好。她很不好，但她會告訴他們她還好，儘管有少數人對他們之間明顯的裂痕感到納悶，感到好奇，但她覺得他們都害怕製造事端。每個人繼續小心

What We Want　　　　　　　　　　　　　　　我們想要什麼？　　78

翼翼地伺候這位名人老闆。

我們不斷重複討論那些發生過的事，以及正在發生的事。對思茵來說，這是人生中的一個艱難時刻，恰恰因為它是一個轉捩點。最劇烈的成長之痛。

我反覆重申並澄清。「我想這麼多年以來，你基於我們討論過的理由，誇大、吹捧了維特那早已大大膨脹的自我感。」我說。「這可能是他的另一種延伸，因此他不需要將你視為一個獨立的個體，而這也有利於他的自我。你是他的過程、他的成就的一部分，持續為他提供補給。而這也符合你想要服務、想要討好的願望。但現在你正憑自己的努力，以獨立個體之姿興起，對一個似乎十分脆弱的人來說，這確實是個巨大的威脅。」

我想知道她是否在注意聽，她看起來似乎處於**走神**的狀態，雖然她人在現場持續動作，但心思卻在別的地方。

「我喜歡！天啊，你太棒了。」她說得有點太過斬釘截鐵，我猜想她也想讓我覺得輕鬆一點。她反應機敏，渴望取悅，她喜歡拯救周遭的人，包括她的治療師。難怪維特喜歡讓她隨時聽候差遣。

「我是他最得意的孩子。」她嘆了口氣說。

「是的，」我說。「注意你說的是『孩子』。現在你正在成長為一個成年人。你不再是那個二十五歲、剛入行的菜鳥建築師了。」

79　Chapter 3 ｜ 了解　　　　　　　　　　　Understanding

我們思考了成長的意義——這對所有人都是一件複雜的事。在治療這個安全的空間裡，我們會探討那些退化與幼稚的感受，人們可以開始真正地長大成熟。我參與過一次最棒的治療，就是藉由讓我承認自己的幼稚而幫助我長大。

「長大很痛苦，」她說。「值得嗎？」

她童年時不曾盡情當一個孩子，她現在的願望有一部分就是扮演孩子。思茵父母的行為舉止比較像是嫉妒的小孩，思茵以自己的認真負責為榮，她敬愛祖父，贏得他的讚美，感覺自己不能表現邋遢或強勢。母親的「角色吸力」有時感覺難以承受。她的寶寶提醒了她自己未獲滿足的需求。她覺得像個受傷的孩子，但同時又是個能幹的成年人。

治療會談之間的空檔，思茵總是縈繞在我心頭。在一次活動中，人們形容我是孩子的母親時，我想到了她，儘管那個身分是我人生中深深珍惜的一部分，卻不是我的全部。在職母親的職業自我和母性自我之間的分裂依然是個難題。有些人一直在追尋榮耀，卻受到了誤導。

以思茵的案例來說，榮耀來自工作，而上述分裂又讓她更加沉浸在自己的職業身分裡。比起處於母親模式，她在那裡感覺更安全、更堅強、更優秀。這樣的分裂又進一步受到她婆婆的施壓，因為她婆婆堅持媽媽應該待在家裡，而不是付錢找保母。她丈夫也站在婆婆那邊，捍衛著他母親的觀點。思茵感受到批判，他也一樣。思茵的建築師工作是她的一場「外遇」，是享受她最好一面的情人，是她感到最成功的地方。享受維特的關愛眼神感覺太美妙了。現在，她正拼命

設法保住她在那裡的地位。放下這種熟悉的互動關係，可能會感覺有如錐心之痛。

「我查了一下思茵這個名字，」我在我們的下一次會談中說。「很有趣，意思是『星星』。無論你做什麼，我希望你知道，你的思想豐富，你的聲音很重要。」這似乎打動了她。這些話對我來說似乎顯而易見，但她從未聽過。

我們的工作一直著重在這個主題上，持續了相當長的時間。不僅是在這次會談裡，而是持續了幾個星期之久。擁有自己的聲音，成長，她是誰，她身分認同中的哪些部分經得起時間考驗，以及她能夠在所有變化中倖存下來的核心部分。我們談到了改變與成長如何意味著放下。如果她要做出改變，就必須失去一些東西。如果她想要讓自己的名字出現在「懷特宅邸」專案上，她身為維特門徒的日子或許就會結束。這彷彿是一場邁入成年的災難，也是一次突破。

「我想要了解自己，真正的我到底是誰。」思茵在會談一開始便如此宣告。「但這太不舒服了。」

「我會一直感受到這種失落感嗎？」

我可以拒絕給予安慰。一位心理分析學講師曾在我培訓時堅持，安慰永遠不會令人感到安心。喔，但是它可能可以，現在可能就是那種時刻之一。「你不會永遠都有這種感覺的，」我

說。「但告訴我這是什麼感覺?」

「我覺得……緊張……壓力很大。我可以在身體上感覺到這一點,就在現在。我……覺得難以承受……我的心跳加速,好像即將陷入大麻煩那樣。」

「為什麼會陷入大麻煩?」

「因為我操之過急、太過自信、太大膽。我以為我是誰?萬一我像伊卡洛斯(Icarus)*一樣飛得太高,我就會被燒焦。」她說。她的目光在房裡到處遊移。

我們審視了她自我貶低傾向的根源,她看待工作的認真態度不知為何竟讓她感到惶恐。她對自己的野心感到羞愧,我們追溯了她因渴望擁有屬於自己的生活與身分認同而感到的尷尬。她十分不安。現在她終於讓自己在建築世界裡嶄露頭角,卻發現自己身陷一個前所未有、意料之外的職業危機之中。

「想要更多,」承認我想要什麼——這是一種曝露。現在我既然已經說出口,如果我失敗了,我失去的會更多。」她說。

「是的,想想你要的是什麼。」我突然意識到自己在敦促思茵追求更進一步的發展。如果她沒有離開這份工作,她會覺得我在對她下評斷嗎?我對她提到這一點,而且我們也說好了,我不會為她做決定。不告訴她要怎麼做,讓我生起一陣奇怪的喜悅感。

我們探討了離開這份工作是什麼樣子，離開這間名聲響亮的大公司，還有她的名人老闆。

「我討厭結束這麼多東西。」思茵說，皺著臉，好似準備好去看令人不快的畫面。「我實在不能想像自己待在其他地方。我的一週生活會是什麼樣子？我會是誰？」

我們一起探討了這種掙扎的心情。

「我好像一個青少年，問著『做自己的意義是什麼』這種問題。」

「青少年不是唯一能問這個問題的族群。」我說。雖然身分認同危機很痛苦，但悄然無聲的停滯不前卻可能更可怕。

「我為這個地方付出了那麼多血汗與淚水，」她說。「我不是那種只是按規矩交差了事的人，我做得更多。為了維特·希爾，為了我曾經手的每一個案子。」

「我知道，」我說。「你曾形容自己有『認真盡責強迫症』。」

「是的！這是我**假謙虛**的方式之一。」她說。

我們談論了它的真正目的，她為什麼要這麼做。起初，她無法理解，她知道空杯子倒不出水，愛人得先自愛，但是她卻不斷努力擴張自己，堅信她有無窮盡的能力——這是她欽佩維特

＊註：希臘神話中建築師戴達羅斯（Daedalus）之子，兩人以蜂蠟粘住羽毛造出雙翼逃出克里特島，伊卡洛斯卻飛得太高，翅膀上的蠟被太陽融化而墜海身亡。

「做不可能的事」的一種回聲嗎?她越來越感到挫折、憤恨、神經緊張。

「我想到那些煩躁不安的夜晚,我真的是非常⋯⋯非常心神不寧。我會哄凱蒂上床,然後馬上把手機抓過來,躲在被子下,趁她還在動來動去的時候偷偷瞄一下,只是為了多看一封郵件,多看點東西,在我那沒完沒了的待辦清單上再補充個什麼,或再加上另一件事。有次她逮到我,拿走我的手機!要處於當下!我怎麼告訴自己,我已經無數次這麼告訴自己,但無論我在做什麼,我的心總是和維特・希爾在一起,我甚至不懂這到底是怎麼回事,或是會變成什麼樣子。我甚至沒有思考過我的未來。所以,我既沒有思考未來,也沒有活在當下!然後我的生活一直在流逝。我錯過了和我的孩子、我的丈夫在一起的時間,這一切是為了什麼?不是為了錢。我們知道,我的薪資微薄,我應該獲得更好的待遇。我到底為什麼要做這種事?不只是工作而已,我是為什麼要為這個人拼命工作?」

「你告訴我吧,」我說。「這是一種正向強化(Positive reinforcement)作用嗎?你需要從他身上得到多少?」

「甚至不僅僅是正向強化而已⋯⋯我想我還暗地裡希望透過欽佩他,有一天我也會變得和他一樣偉大。這樣大聲說出來感覺很沒道理。」她說。

正因為如此才要大聲說出來,弄清楚它的意義。」她說。執迷總是有它的祕密計劃。這種計劃不是策略性的,但我們可以去了解它,找出前進的方向。她暗地裡渴望成為一個大建築師。無止境的欽

What We Want　　　　　　　我們想要什麼?　　84

佩並非解決之道,但我們可以探究這個線索。

「每當他讚美我,即便是只有一行字的郵件,對我都感覺像是天堂。」思茵說,聲音夾雜著喘息。那就是這些年來讓她上癮的藥物。

「我只是迫切渴望知道自己是夠好的。」

「我懂了。需要什麼才能讓你真正、持久地了解這一點呢?」她繼續說。

「所有一切。開玩笑的啦,但這也不完全是玩笑話。」

「嗯,讓我們探討不是玩笑的部分吧。你矛盾的要求和期望使你陷入瘋狂和無止境的自尊差事裡,再多的讚美和肯定也無法給你足夠的證據,證明你的價值。看看現在的你,一個極為聰明且有成就的四十歲女性,你的弱點和掙扎也是你的一部分。你能了解你已經夠好了嗎?」

「或許吧,我喜歡這種想法,雖然我覺得承認這件事讓我感到難為情。」她說。

「讓我們假設你已經夠好。然後呢?」我問。

「我不知道……我無法想像想要認可之外的任何事情。或許我想要某個東西,但我還沒有讓自己想這麼遠……或許那是一種『竹子天花板』*吧……我不確定。」思茵說。

「我們談過你想要做更大的事,然後你又阻止自己去想像那實際會是什麼樣子。了解你真正

＊註：Bamboo Ceiling,專指亞裔美國人在職涯上所遭遇的玻璃天花板。

想要什麼是值得的——從維特‧希爾身上，職業上，以及你個人的生活上。」

「雖然我努力工作，但我還沒有真的思考過是為了什麼……」在這種時候，她陷入了情緒內耗裡。她深埋的信念和維特的掌控讓她的自我得以偽裝起來，直到這次危機發生。

「難以思考的事，可能是你必須面對的最重要的事。我想你是藉由感覺自己應再次變得渺小，來逃避這個問題。」

「維特似乎不願承認我所做的一切，或者我是誰。而我自己也沒兩樣。」

「你終於叫他維特了，而不是維特‧希爾。」我說。「我們一起思考了這件事，檢視種種迷思、他的名氣、投射現象，以及她過去和現在的自卑感。

「我一直對他畢恭畢敬，那麼長一段時間。」思茵說。「我想，在某種程度上，我以為無止境的奉獻、拿出優異的工作表現而不求認可，會用某種方式提升我，然後有一天，我會去到一個安全的、天堂般的地方。」

在這一刻，我們兩人都看見了她所渴望的幻想。

「你知道維特依然會念錯我的名字嗎？」思茵在我們的下一次會談時告訴我。「他的發音很

像『塞因』（Sighing），他怎麼可以這樣？」

「針對這件事，我必須挑戰你。」我說。「我們第一次見面時，我問你的名字怎麼發音，你說你不介意別人怎麼發音。你曾告訴過他如何正確念出你的名字嗎？」

「我不記得了，可能沒有。我想，我以為他會問，結果他沒有。」

我們花了點時間審視這種互動。思因不想在自己的名字被念錯時大驚小怪，這是她想要融入的一種做法，她不想凸顯自己的不同。她認為自己是順從、隨和的，但是她為自己和他人都設下了小小的陷阱——當人們沒有通過一些小測驗，她自己則在苦澀的失望情緒裡悶燒。

我們探討了她的事業發展，以及她成為母親的這段旅程。我們檢視了她的名字，包括姓和名。為什麼思因從來不教別人如何正確念出她的名字？她真的不在乎嗎？為什麼她結婚後要改姓，縱使她喜歡且偏好她出生時的本名？為什麼這些年來，她能夠容忍自己的工作成果不屬於自己的名字？她是這種抹去現象的同謀。沒有人強迫她抹去自己。她常常淡化養育一個孩子的影響，執著於某種事業上的自豪，而這意味著剝奪她全然擁抱人生這個巨大變化的機會。她一直如此堅持不受母親身分的束縛，她否認了這個現實，逃避到她的職業模式裡。在拆除自己對工作角色的幻想後，她才開始讓自己一直推開的其他生活面向進入心中。

她對於繼續留在維特·希爾身邊或離開事務所的矛盾心情，持續上演了幾個月。緊張感緩和下來了，但是關愛的眼神並沒有回來。她對維特全心奉獻的欲望消退了，服務他的動機也一併消

87　Chapter 3　了解　　　　　　　　　　Understanding

失了。

我們探討了她成為一個真正獨立自主之人的意義，去犯錯、去感受不完全依賴他人反饋的自我價值是什麼。很自然地，她想要獲得人們的愛、尊重與支持，但重點是比例。當人們讓她失望，或她讓別人失望時，她會有種瀕臨崩潰的感覺，這是一種沉重的情感負累。

沒有維特的她是誰？一個母親？一個建築師？一個妻子？一個手足？一個朋友？一個女兒？是的，當然，她是所有這些角色，而且還有更多。隨著時間過去，她開始累積自己的力量。這有時很不容易，她想念那種似乎能夠撐住她、帶領她的簡單體系和團隊所給予的支持，但是她正在摸索出自己的路，也更清楚自己前進的方向了。這都是過程。

「你對被認同的強烈需求讓你難以看清自己一腳踏進的領域，」我說。「你一直急於和維特一起往前推進，設計傑出的建築，或更貼切地說，是為了維特而這麼做，你有那麼多年的時間都忽視了自己人生結構的幸福安康。你只注意你所建造的『結構』，而現在，你正在建造你自己。」我們談論了她為何一直願意去忽略維特的一些明顯缺點，因為將他理想化感覺比較安全。我們談論了在他身上，以及在她自身上看見真相的痛苦。她苦苦追求著反射的榮耀，失去這種理想讓她深受傷害。

「這讓我想起自己第一次戴眼鏡的感覺。我記得自己當時好沮喪，因為我戴上後突然將汙垢和灰塵看得一清二楚，過去一直模模糊糊的。我不喜歡清楚的感覺。我想我喜歡當孩子，這讓我

「不敢對他說出真正的想法，」她承認。「我對大部分的事都會說『是』，說他想聽的話，做他想要我做的事。直到有一天我不這麼做了。我是那個改變這種互動模式的人。」她為自己的選擇負起了責任，既沒有責怪自己，或覺得自己要為維特的性格負責。

最終，那篇關於「懷特宅邸」的專題報導沒有發表。維特運用他的權力、影響力與人脈讓它胎死腹中，思茵從其中一位編輯那裡得知了這件事，編輯也嘟嚷著自己的無能為力。儘管氣憤不已，但這個轉折對她而言是個**決定性時刻**，她知道是該離開的時候了。

「他試圖抹殺我，」她含著眼淚憤怒地說。「我知道這不是暴力。我知道我不能為自己感到難過，因為這世上每天都有人遭遇到殘酷的事。但我實在怒火中燒。」

「抹殺是很殘酷的事。」

「我的工作基本上等於我。然而這麼久的時間以來，儘管我勤奮不懈地工作，卻感覺不被允許以自己的名字擁有建築師身分。我以為想要被看見會顯得很自戀。我怎麼會貶低自己的價值那麼久的時間？」她的沮喪，以及對自身經歷的驚覺，突然讓她領悟到，她的身分認同一直處於不穩定的卑微狀態。

在我們共同合作的過程中，思茵的動機從取悅維特轉變為獨立完成專案計劃。「我不是在宗教環境中成長的，」她說，「所以我將我的信仰寄託在人身上，我相信維特。」但不再如此了。現在她想要相信自己，這是個挑戰。

Understanding

當人們詢問她的工作時，她必須找到一個新的答案。「我不能再躲在他的威名之下了。他利用了我，但我也利用了他。我並非完全純潔無罪。」她獲得的啟示是她成為獨立個體的一部分過程。這是她的職業青春期——一個對權威產生巨大矛盾與之談判的時期。

這種無力感的嚴酷打擊，在她內心激發了一些東西，一種全新浮現的、自覺的自我意識。被無情抹殺讓她意識到自己想要被看見的渴望。思茵想要當著維特的面尖叫，設法傷害他、懲罰他，但她也認知到克制與人際手腕的必要性，於是她寄給他一封深思熟慮且保守的辭職信，提前通知。

思茵還不確定接下來要去哪裡，她有理由相信自己會有很多選擇與可能性，只是還不知道是什麼或何時。就像劇作家田納西·威廉斯說的：「即使沒有確定的去處，也有離開的時候。」

她知道該是離開的時候了，離開維特·希爾建築事務所那個局限的世界。她因看清一切而如釋重負，這是一場身分認同危機最高潮的時刻。

有時，人難免會有懷疑和猶豫的時刻，這不意外。

「某種程度上，我覺得沒人相信我。」她在下一次的會談時這麼說。

「沒人相信你什麼呢？」

「關於維特・希爾的事，他的自我，還有他和我之間的相互較勁。」

「我想這是權威的問題，」我說。「這都取決於你，你選擇說出多少故事、對誰說。會有一些超級粉絲依然難以接受像維特・希爾這種建築界德高望重的前輩，其實是個小心眼的自大狂——但這仍是事實。有很多人會聽到這個故事的人都會相信你。難以相信這個故事的人是你，思茵。」

「沒錯，」她說。「或許維特也是。」

「維特對你來說一直是個重要的權威人物，所以用全新眼光看待他會特別令人困惑，以全新方式看待你自己也是一樣，不再得到他的認可，這也就是我們的工作。」我說。

「我們一而再、再而三地述說發生過的故事，以及現在正在發生的事。終於，經過一段時間裡的多次述說、討論與重述，彷彿睡前床邊故事那樣，累積的熟悉感讓它變得完全可接受的故事，而且無可否認。隨著時間過去，甚至對它的執著也會稍微減少。了解一件事所需要的重複性讓我想起法語課，我們會一遍又一遍地重複書寫句子，一直寫到頁面的最底部。學習新東西需要練習與重複，接著才是翻頁。

「我了解真實的故事是什麼，感覺更安全了一點，」思茵說。「不止是關於維特，他用貪婪的方式給了我一些東西，還包括我自己的故事——我開始了解自己，還有我自己的價值了。我

91　Chapter 3｜了解　————　Understanding

不僅僅是個服務生。」毫無疑問，她一路上都需要這樣的提醒。我們還有很長的一段路要走，但她現在正在打造屬於她自己的東西，而且並非完全單打獨鬥。她招募了一些支持者與志同道合的人。我很高興能夠支持她，但這是她自己的案子。

在她離開維特‧希爾建築事務所的倒數幾天，一家知名建築事務所願意聘請她，她接受了這個職位，同時也對自己承諾不會重蹈覆轍，陷入執迷與討好的泥沼。我想她不會的，在她新崛起的身分中，可以感受到潛在的空間與新發現——她正在發現並建構一個自己的房間，在那裡她可以適應、吸收，並好好整理她是誰。我們正在打包她的情感、整理她在維特‧希爾建築事務所任職十五年來的東西。

思茵依然對維特感到怒不可遏，想要對他說些什麼，儘管不會是完全正面對峙，或完全的正義凜然，她還是希望能夠提醒自己，她確實發聲過。

在她任職的最後一天，她在眾人面對他說：「維特，這十五年來，謝謝你讓我為你服務，並參與如此精彩的專案。你用來指出一棟建築物本質的想法——它也適用於人。」

他的表情困惑，甚至有點狡猾。那不重要了，她說了一些話，以一種感覺合理的方式。

思茵告訴我關於建築大師法蘭克‧洛伊‧萊特（Frank Lloyd Wright）的紅色方塊簽名。無論他的建築有多少變化，他總是會放一個紅色方磚代表那是他的設計。「他完全抹殺了那些創造建築物的女性，所以他並不是最好的模範，」她說。「但那個簽名給了我靈感，我也想要屬於我自

己的簽名。無論背景如何變化，無論我人生中的每一個案子是否有天差地別的不同，仍然有一些不變的核心事物。我可以改變，部分原因是我仍可以堅持那份感覺。當我接凱蒂放學回家、設計一間日光房、和婆家親戚相處、和朋友聊天時，我可能會呈現不同的一面，但無論我走到哪裡，我都是思因。我想要那個簽名，不只是為了我呈現給世界的東西，也為了提醒自己，那也是做我自己的意義。」

這是一種創傷後的成長，這時我們可以在失去與危機之後找到意義。和維特·希爾有關的痛苦隨著時間緩和下來了。思因認識並且了解這個故事了，這個故事說的是權力動態與權威、自我價值，以及相互競爭的聲音。這是關於一個討好者與自我，與成名的渴望之間的內在衝突。她正在發現自己是誰，以及她真正想要的是什麼。

思因明白這些主題、這些問題，這個故事她已經可以隨時拿起又放下，就像書架上的那本舊書。她可以在想要的時候找到那個故事，但它已經不會再糾纏著她，或蠶食她的整個世界。思因已經為自己創造出空間，容納她那更大、更豐富精彩的存在，包括她所是和可能成為的一切，其中有各式各樣的事實、要素、特色與角色。她的聲音時而顫抖、不確定、質疑、像個小女孩，時而成熟、自信且掌控一切。

當母親對她來說仍充滿挑戰，但她也享受了一些溫柔愉快的時刻。或許最重要的是，她熱愛當一名建築師。她認識到自己的一些矛盾，以及她真正的動機和恐懼。令她驚訝的是，過去她其

實並不認識真實的維特·希爾，那個她自己以為非常了解而且能夠馴服的人。過去她也不了解自己，但她現在更清楚了。

了解你是誰

我們有部分的個性是已經成型、固定的，而有些部分是可變的、更具可塑性的。若我們能認識、辨別並了解我們層次豐富的多元本質，便能建立一份穩定的情感認同，對成為自己的意義發展出更豐富的感受。若能如此，我們便能更有自信地面對現實。我們會對自己心中的私密角落、不同的人格面具感到更自在，知道做一個真實的人的意義，以及何時需要戴上面具。成為真實的人不代表要告訴每一個人所有的事，它可能表示知道自己有所保留，認知到公開與私人領域之間的差別。

即使當我們試圖展現真實自我，也經常會遭到誤解，或被錯誤定義。其他人不見得那麼了解我們，我們的行為可能和我們的感受差異甚大。這種分裂的一個典型例子就是自信與自尊之間的差異。你也許表面充滿自信，其實感到不安全。你也許很沮喪，卻表現得很愉快。有時候這些面具有助於維持正常運作，但你的內在世界需要照料的空間。一旦你能探索並挖掘出自己一些根深

What We Want　我們想要什麼？　94

有個中世紀的哲學術語「*Haecceity*（**存在的個體性**）」，意思是「此性」（Thisness）——它是讓一個人成為個體、獨一無二的本質。我們不必然能解釋我們的「此性」，或完全用言語將它表達出來，但對每個人來說，了解並把握自己的「此性」非常有益。我們全都是無法模仿、獨一無二的。我們是誰並非定案，我們都擁有改變的能力（程度大或小），但我們可以有某種內在的錨，讓我們的其他部分在擴展、改變與進化時，能同時保持踏實，保有真實（包括真相與一致性方面）。

哲學家與心理學家長久以來一直在爭論一個問題，亦即一個人的身分是否會隨著時間改變。你和十歲的時候是同一個人嗎？當你九十歲的時候，還會是同一個人嗎？連接不同生命階段的那條線又是什麼？「忒修斯之船」或「忒修斯悖論」（Ship of Theseus）是個關於身分而上學的著名哲學問題。一個物體（船）隨著時間過去，其組成部分已漸漸更換，是否基本上仍是同一個物體，同一艘船呢？這是個實用的例證，說明儘管隨著時間的推移，增長、減損與改變會發生，但持久的身分可能依然存在。在理想的情況下，我們可以接受這種持續的流動，接受我們身分的各個面向是個永久進行的工作。

成長與演化對你的自我感既是個威脅，也是個支持。想想你過去是誰，現在是誰，以及未來想要成為誰。自我認識是一個不斷進展中的工作，若我們能讓自己去感受驚奇、去改變心態或修

改判斷,它便能發揮啟發與拓展的作用。當你對自己的了解足夠了,便能重新塑造自己扮演的角色。在必須接受改變時,你可以更靈活地應變。

在容許改變、多樣化與發展發生的同時,想想你的專屬簽名,那個無論背景變化多大,無論你做什麼,都能讓你成為你自己的標誌,包括內在的你與展示給世界的你。無論你走到哪裡,無論你做什麼,都有一條連續線存在,那是一種貫穿你一生、對於你是誰的深刻感受,某種持久的東西,它連結了不同的年齡與部分,賦予你做為獨一無二的你的感受。

永遠不要停止思考成為你自己的意義,這是個持續一生的追求。

Chapter

4

權力

Power

從童年開始,每當我們感到渺小脆弱,

總會幻想自己無所不能。

權力的關鍵是掌控、擁有影響力與權威,

重要的是在世界上證明自己的重要性。

渴望權力感覺赤裸而大膽，一如多數的欲望，我們對其可接受性所接收到訊息是矛盾混雜的。權力在許多文化裡都是中心焦點，由於它意味著對他人的影響力與權威，因此公然追求權力經常會讓我們感到不自在。當我們對自己的權力欲下評斷時，我們會說服自己不需要了解自己，並且害怕被別人視為愚蠢、貪婪，甚至是腐敗的，而權力可能是所有這些的總和。當我們認真思考它真正的內涵，我們便能做出自己的選擇。

有些人習慣性削弱自己，或至少假裝自己正在這麼做。「個人賦權」（Personal Empowerment）聽起來更和善、更謙遜一些，它是權力的一個稍微溫和、端莊的姐妹。賦權說的是追求個人責任、重獲自信，以活出自己的人生，如此一來，野心就不會顯得那麼嚇人了。當某人想要獲得力量，我們通常會覺得印象深刻、啟發人心，尤其是當他從某件事倖存下來時，我們會請他再接再厲！但是若涉及到對權力的渴望，如果追求的太直接，往往會讓人皺起眉頭。

我們的虛假自我在管理權力渴望上的公關工作做得亂七八糟，甚至對內也是如此。我們會掩飾自己在生活中某個領域的權力渴望，然後在其他方面表現像個獨裁者。或者，我們會否認自己可能的權力。我們會避開或放棄機會，去犧牲、服務，並放棄追求某個我們從未承認自己想要的謙遜表現說服，我們會和自己作對。我們會避開或放棄機會，去犧牲、服務，並放棄追求某個我們從未承認自己想要的東西。當我們感到無能為力時，我們會發現自己被激怒、沮喪消沉，卻不明白何以如此。我們對權力的渴望或許會停留在幻想層次，儲藏在我們未曾活過的人生裡。

從童年開始，每當我們感到渺小脆弱，總會幻想自己無所不能。我們努力擺脫依賴，我們渴望擁有將自己立刻變得超群不凡的魔力。我們常常不斷隱藏對權力的祕密渴望。儘管情境會隨著時間的推移而變化，但是生命的每個階段都有權力爭奪在發生——包括嬰兒期、幼兒、兒童、青少年、成人，一直到老人。我們可以在工作場所看見這點，心胸狹小的暴君試圖在雞毛蒜皮的事情上爭奪權力，想要支配他人。在脆弱的時刻，即使是真正穩重可靠的人也必須克服相當的困難，才能信任自己的力量。

我們可能在渴望或拒絕掌控他人的過程中，而讓自己變得左右為難。尤其是在親密關係裡，一開始被權力吸引而想要一個強大伴侶的人，可能依然會暗中削弱、破壞對方的權力。平等可能是雙方公認的理想，但是權力鬥爭依然可能威脅著這份關係。

伴侶失去權力也是個嚴重的問題。人們通常希望伴侶展現出真實的脆弱面，但是當這種情況真的發生，卻又可能使人厭煩。承認我們對權力的真正感受並不是件舒服的事，即使在親密關係裡也是如此。我們經常會投射並否認彼此的權力，以此來為自己的矛盾心理進行協商。

權力的關鍵是掌控、擁有影響力與權威，同時也關乎在世界上證明自己的重要性。權力與控制看似為同一件事的變化型，但卻有相當大的區別。有很多擁有權力的人失去了控制；而被控制他人的人，往往實際上並未擁有很大的權力。自我控制與克制，在許多方面都是一種對自己行使個人權力的能力，亦即暫停本能衝動與條件反射來進行反思。然而強迫性的控制，包括對

自己或他人,其實都是與權力相互矛盾的,它暗示了一種不信任,一種不願放手的不安。我們可以列舉一些帶來啟發、賦予權力的強大領袖,也可以想到一些利用扼殺與恐嚇手段的控制型管理者。這也同樣適用於我們如何管理情緒。當我們信任自己的力量,便能放手,不再需要控制每一件事。

對他人權力的敬畏,或許是我們用來補償自己也渴望敬畏卻不敢承認的情況。對象也許是一個朋友,一見鍾情的對象,也許是一個愛人。這些關係的失去可以是毀滅性的,卻又無聲無息。祕密哀傷的羞恥使人邊緣化,使人虛弱無力。我們為一場戀情、一份斷絕的友情、一段無人知曉的感情而哀悼,我們孤單一人承受著痛苦和困惑。我們突然意識到深深的剝奪感。我們渴望權力與可能性,一種我們曾經品嚐過的榮耀感。

對艾略特來說,隱祕的失去點燃了埋藏的權力欲望,但是渴望權力讓他覺得非常無法接受。他一輩子都在努力避免面對自己真正的渴望。我們開始拼湊出他生活得以運作的動機、他對別人隱瞞的祕密,以及他所相信的虛構故事。當他開始接受心理治療時,他覺得自己是卑微的、隱形的。心理治療能給予他力量嗎?

What We Want　　　　　　　　　　　　　　　　　我們想要什麼?　　100

艾略特不為人知的情事

我在哪裡？在這個故事之外，我是誰？

「沒有人知道我心情低落，」艾略特說。「我甚至沒有告訴任何人我來這裡，跟你見面。」

這是我們的第一次會談，我問他是什麼原因讓他現在，人生中的這個時刻，來到這裡進行治療。

隱祕的開始，而我已經是某個祕密的一部分。

「我在為了某事哀悼，或說**某個人**，我一直還無法告訴任何人這件事。」他說。「我是個很注重隱私的人。我總是不把事情講出來。但自從這個人過世之後，不去討論這件事突然讓我飽受折磨。」他問我是否可以說出這個人的名字，彷彿需要經過我的同意。我答應了。他小心翼翼，很緊張地說出此人的名字，我發覺他用炙熱的眼神望著我，想看看我的反應。

「你知道他是誰嗎？」他問。

「我不認識，」我說。「他是誰？」

「喔，他是一位知名演員，在某些圈子還蠻有名的。他過世的新聞一直有報導。我以為你或

101　Chapter 4　權力　　　　　　　　　Power

許曾看過新聞標題或讀過一些訃告。」艾略特看起來很失望。

「我沒有讀過關於他的任何資料。他是你的誰呢？」我問。

「湯姆？喔。湯姆是我的誰？誰是湯姆……？湯姆是我的誰……？好妙的問題。我一直在報紙上讀到的湯姆，偉大的傳奇演員。但事實上，我不知道他是誰，我也不確定他對我來說是誰。我比較清楚自己對他來說是誰，但那不是你問的問題。順便一提，謝謝你問這個，我一直渴望有人能問這種問題，雖然沒有人有理由這麼做，但終於……」

他對特定詞彙的強調，讓他的句子有種熱情、迫切感。他說話聽起來像愛爾蘭人。我想問他，但貿然丟出自以為聰明的猜測可能是個錯誤。此刻有種敏感脆弱的氛圍，感覺他彷彿帶著一只裝滿脆弱祕密的行李箱前來。他對自己手握的東西看起來若有所思。我還不需要去釐清他生活故事的細節，它自然會浮現，那些事實，那些歷史。他需要空間。

艾略特的表達方式極為簡潔扼要。他乾淨體面，帶有學生氣質，年紀四十出頭，看起來卻像二十多歲。他的毛衣看起來很柔軟，紫紅色襪子似乎是精心挑選過的。這是一種感覺頗為重要的自我表達方式。這些道出我們是誰的小小日常行為，可以是有意義的。

艾略特貌似靜思中，雕像般的臉龐相當好看且迷人。他有一種讓我不由自主想要進一步認識並了解他的特質。事實上，我注意到自己坐在椅子邊緣。但我也覺得自己若反應過度，可能會讓他不知所措。

他開始述說故事，我放下了我的筆。

「我和湯姆已經相愛將近十五年了，」他說。「十五年，很長一段時間。太長了。」他有些吞吞吐吐，低聲說道。他挑起右邊眉毛。他說的每一個字都讓我深受吸引，很感興趣。能夠當一個不為人知的祕密故事的唯一聽眾，感覺相當重要。我很重視專注的力量。

「這十五年間，他一直和女人有婚姻關係，他還有兩個成年兒子，年紀和我差不多大。沒有人知道我和他的關係，從來沒有。他很害怕被發現，我也是。除非我講出來，否則永遠沒有人會知道，就像整件事從來沒有發生過一樣。我覺得自己好像在捏造故事。我是不是想像出這一切？我知道我不是。它絕對發生過，但是就這樣消失了，像風中的塵埃。」他的手往上揮了一下。

「在這件事當中，你對自己有什麼感覺？」我問。

「嗯，這就是問題所在。我不知道。那麼長的時間裡，我一直隱藏我的這個部分，否認它的存在。好像這整件事，這段我一直保持距離並讓它遠離視線的祕密關係，這其實是我——真正的我，最活生生的我，而如果湯姆死了，所有相關的一切也就隨之消失了。我知道我還在這裡，但現在我並沒有真的覺得自己活著。希望你別認為我這麼說是罹患什麼嚴重的精神疾病，我聽起來像瘋子嗎？」

「你聽起來對正在發生的事有非常充分的認識，」我說。「隱藏的失去尤其困難。」

「『隱藏的失去』。是的。這種失去是隱藏的，而我也是隱藏的。我是隱形的。」

「你怎麼覺得自己是隱形的?」

「人們看不見我的痛苦、我的失落。我不在湯姆的故事裡,他的家人才在。如果湯姆無法見到我,我不確定我是誰。也許沒有他,我什麼也不是。」

「真是深沉的痛苦,」我說,「在這整件事裡,對自己有這樣的感受。需要有湯姆對你的感知,才能知道你存在。」

「是的,彷彿最好的我已經和他一起死了,而甚至沒有人為此感到難過,因為除了湯姆之外,每個人都不知道這件事。而湯姆走了。我想對於他走了這件事,我還處於震驚之中。他真的走了,我永遠不會再見到他。一切都改變了,一切都消失了。這個不為人知的故事,說的是一個不為人知的人,天啊。全世界都以為我仍和以前一樣,是同一個人,什麼都沒變。倒也不是說世界真的在乎我,或是能透過湯姆、迪克或哈利之類的不管什麼人認識我。」

「在你告訴我之前,我也不知道湯姆是誰。」我說。

艾略特露出微笑,但眼神透露出深深的悲傷。

我們承認這場失去的重大,為那些從來沒被談到的事保留空間。隱形的哀悼者在此處現形。

「你是我第一個說出這件事的人——我和湯姆的關係。」艾略特說。「就在這整件事結束的時候。」

「守著這個祕密十五年——你背負了多麼沉重的負擔。我很高興你告訴我。」我說。這個故

事感覺和我極為貼近。

「我其實在許多方面都喜歡保守這個祕密。首先，我女朋友可能會覺得我噁心而離開我。其次，我遠在愛爾蘭的家人和朋友，想到他們若知道我一直——你知道，和男人，任何男人有過關係，絕對不行，我不想讓他們知道。但是，我也感到自豪，當我看見他的名字出現在新聞裡，或是在電視上看到他——有一次我在都柏林和我奶奶及一堆親戚一起在電視上看到他，我知道我有一個特別的祕密。我知道一些關於他的事，是這地球上沒有其他人知道的。我喜歡保守這個祕密。但現在他死了，情況不同了，完全不同了，那是讓我如此驚訝的部分。他死得很突然，所以那可能也是我會如此震驚的部分原因……就是我生活中的這個祕密面向突然消失了。我對羞恥和自豪有著複雜的感覺，現在什麼也不剩了……一切都消失了……沒有任何證據，沒有一丁點傳聞，沒有獲得任何承認。」他看起來像是在努力尋找什麼東西，一點點洞察，一個找到自身定位的立足點。「我猜這就是犯罪卻逍遙法外的感覺吧。」

「我對男人有性吸引力嗎？」他問。

這是他在我們談話時一直重複問我的問題。他將這納入他進行治療的原因之一：找出他是不是同性戀者。

他已經和女友一起生活了十年，他很喜歡她，但是在性方面卻感到無趣，如果最終他發現自己是同性戀者，原本應該過一個完全不同的生活，那怎麼辦呢？

他對自己和湯姆之間的性行為有些矛盾的感受。如果由他決定，他會成為主動的攻方，但是湯姆總是當攻方，因此他便成為被動的受方，這沒有商量餘地。他從來沒告訴湯姆他想要嘗試不同的姿勢，他總是想配合湯姆，以他的愉悅為優先，他享受服務並滿足湯姆的渴望。這感覺比他個人所渴望的任何事都還要重要。事實上，他藉由取悅他而感覺到自己的重要性。

「知道自己能給他想要的，在性方面也會刺激我的情慾，那對我來說是最重要的。天啊，想到這裡我就激動落淚。與湯姆的性愛超越了我曾擁有過的任何體驗。我和他在一起時感到無比強大。」

我覺得他不但在主、被動方面交換了角色，在自己的權力感方面也這麼做。湯姆顯然對他而言是權力強大的，而艾略特的力量來自對這個強大的男人施加的權力。

「湯姆喜歡我，」他說。「他看著我時會腿軟。他脫去我衣服時，有一次對我說，看看你。」

艾略特的敬畏之情，以及他想要被看見的渴望，是為了自己，但卻被湯姆的欲望網羅住。他的自我感似乎已經根深柢固地等同於欲望的對象，以及當下那一刻，還有許多時刻的強大感受。然而成為某個權力強大、迷人、多變、令人生畏的祕密欲望對象，是一場冒險的遊戲。

「我在他身邊感受到的一種更強的意識，」他說。「我絕對地完全活過來。如此被注意，如此被渴望，即使是以一種瘋狂的方式。我喜歡那樣。」他突然顯得很痛苦。「喔，天哪，如果湯

What We Want　　我們想要什麼？　106

姆真的是我一生摯愛，而現在卻死了，那我不是徹底完蛋了、無望了？」

艾略特覺得，自己在一個錯誤的時代成長。他在一個愛爾蘭的天主教家庭長大，在九○年代成為青少年，當時同性戀和性試驗仍飽受譴責。他強烈的恐同症很明顯，我一再為他指出這一點。他說真的是如此，他不喜歡同性戀的概念，但他也對那些恐同者感到憤怒和困擾，尤其是那些和他一起長大的人。

想像一下，如果他晚十年出生，也許有機會和其他男性實驗一番，發現他真正的性取向、他真正的身分認同，他可以自由嘗試不同的事物。如果他想要成為同性戀者，他就可以成為同性戀者。他所知道的就是，也許他會發現，事實上他根本不被男性所吸引。對於成為湯姆的欲望對象對他有強烈吸引力這件事，他或許也會感到更輕鬆，不至於威脅到他的存在感。

如果艾略特早三十年出生，那麼他和湯姆或許會生活在一起，但他們能以一對伴侶的身分生活嗎？或者他們會這麼做嗎？他想像他們生活在普羅旺斯，啜飲著粉紅酒並討論著電影。這是純粹的幻想？即使是，他依然被這種誘惑所說服。拋開與湯姆的生活不談，他說，同時打斷自己的幻想。想像如果他只喜歡女性。或許他會有個妻子，說不定已經有了幾個小孩，他現在也不會被這種衝突所折磨。他對幻想出來的另一種生活、另一個自我版本感到極為羨慕，他拼命地努力接受現今的生活。他也在努力接受自己。

「你覺得我是同性戀者嗎？」他反過來重複問我這個問題。

我仍然無法回答這個問題，無法為他回答，也無法為任何人回答。我和他討論了性行為和性傾向的不同。他說他對一些男性有幻想，但絕對不是全部的男性。他和女友的性行為極度乏味，感覺像是例行公事，但不是所有的關係經過一段時間後都會這樣嗎？他問。

「我僵住了。」他在一個下午，會談快要結束時這麼說。他看起來茫然無措。很棒的字眼「僵住了」概括了一切。「不僅是我的感情生活，工作上也是，我的角色沒有出路。當我沒在執迷於湯姆時，我花了多少時間在抱怨瓊安對待我的方式？」

「還真不少。」我說。

瓊安是他工作上的直屬經理。他經常在會談一開始，便一一列出瓊安怠慢他的諸多地方，猜測她對他的真正看法，針對她為何如此討人厭提出各種理論。他似乎長期對這樣的處境感到煩惱，但感覺我們連大致的解決方式都尚未有任何方向。他似乎感到厭世，而且有些認命了。「你肯定很討厭聽到她的事。她在許多地方阻礙我，我真的沮喪到極點。」他垂頭喪氣地說。

「沮喪到極點，」我重複他的話。「讓我們進一步探討。如果你不是充滿挫折沮喪，那會怎麼樣？」

「我一點概念也沒有。」艾略特說。

我們暫停，靜靜坐了一會兒。

艾略特承認他痛恨自己花那麼多時間談論別人，這個空間原本應該完全屬於他的。我想知道

我突然感受到以這種方式擁有權力的那份責任。

「艾略特，我覺得你在心中給了別人主要地位，並將自己推到一個小小的角落。在這所有的事情中，你在哪裡？」我問。

「完全沒概念，」他說。「邊緣的一個小點。你能找到我嗎？」

「這必須由你來做。你無法靠 Google 找到你是誰。沒錯，全世界、新的經歷和其他人會進入你的人生故事裡，但培養出自己是誰的內在感受非常重要。」

「就是這樣，」他說。「我想要由我做主，我甚至不在乎那到底是什麼，算了吧。我永遠不會擁有我想要的權力。現在坐在這裡，權。但我不知道該怎麼做。在工作上，我感到內心一陣洶湧，但是再繼續探討下去有意義嗎？」

「願聞其詳。」我說。

「我必須承認，我有點想要權力。」他說出這句話的樣子相當覥腆。

「有趣。我很高興你認知到這一點而且大聲說出來。你能再說一遍嗎？」

「我想要權力。」他說。「權力。」

「這聽起來很可笑，」他說。這次他很精準、明確地說出了「權力」這個字眼，眼睛睜得大大的。他皺了一下眉頭，彷彿

109　Chapter 4｜權力　　　　　　　　　　　Power

醜聞被發現而感到吃驚那樣。

「我可以想要那個嗎?」他的聲音回到他一般較矜持的語調。

「當然可以,」我說。「這是很符合人性及可理解的需求,有趣的是你覺得需要我的允許。我也很驚訝你說你無法在工作上掌握主動權,我從未聽你說你想要在事業方面掌握主動權,擁有更多權力。我想知道那是否是你和瓊安之間一部分潛在緊張感的來源。」

「瓊安和我?喔我的天啊,我甚至沒想過這種可能性。你覺得我可能想要取代她的工作嗎?老天……我沒想過。我是會做得更好,那是肯定的。天哪,難怪她看我像芒刺在背。我人在這裡,相信自己清清白白,但她能嗅出我的意圖,也算是無可厚非。」

艾略特臉色通紅,看來對這些發現感到震驚。他以為自己會那麼憤怒是因為瓊安對待他的方式,但其實也和他想要取代她位置的欲望有關。他的欲望一直是潛藏的,或保密的。難怪他覺得僵住了。

「我現在可以擁有權力了嗎?」他問。他想念最初與湯姆在一起時感受到的權力。那份權力來自被渴望的感覺。還有被看見的感覺。還有真正活著的感覺。還有與這位眾所敬畏的名人有聯繫的權力,即使是祕密的也無妨。「讓湯姆進入我的身體,就像他為我注入了重要意義。」

他的女友,以及他倆在一起時他所感覺到的自我,代表的只不過是平凡的沉悶生活。

「我們曾有過一段熱情的日子,對彼此充滿好奇。我知道我們以前有過,但那已經消逝

了。」他說。

他們之間的互動已經從鼻子對鼻子的愛慕變成肩並肩的安於現狀。他們花了大量的時間在一起，卻沒有真正融入彼此。他們要不就是在玩手機，要不就是看電視，他們活在自己的世界，只是同時存在於他們那間擁擠的公寓裡。他們更像是自動駕駛的室友，而不是戀人。

「我們有一張沉悶的米色地毯，上面都是汙漬，我們也懶得換了。我們不脫鞋，還帶進更多髒東西。我們的葡萄酒濺在上面，然後我們會清理它。有些汙漬清得掉，但即便如此，它仍然只是一張老舊的米色地毯。我們幾乎不會留意到它，但也無法帶來任何喜悅。」

艾略特的「**現成物**」*——那張米色地毯，在他人生故事的織錦中變得十分關鍵。他對自己有足夠的信任，能夠篩選並選擇塑造他的細節。我們必須匯整那些構成人生質地的細節，才能理解我們是誰，以及我們想要什麼。

他和女友從未特別熱情，「但我們相處得很好，十分愉快，像熱水澡那樣溫暖舒服的關係。」「他們是怎麼在一起的？一切都很偶然。透過朋友認識。那些受人尊敬、可愛的朋友。他生活裡有很多事感覺都是偶然、合情合理（Comme il faut）的，而且符合社會的標準。這就是為什麼他在廣告界是中階管理人員，而非藝術家，他解釋道。以他所擁有的能力來說，這是條明智的

* 註：指藝術家隨手拾得的創作材料。

人生道路。

「我想我患有從眾的病。」他說,看起來近乎絕望。「我不敢叛逆,我只是在場邊欣賞那些叛逆的人。」他和湯姆在一場華麗的派對上相遇,那對艾略特來說很稀罕,卻是湯姆的日常。湯姆向他要電話號碼時,艾略特嚇了一大跳。他們祕密通話了好幾個星期,策劃並想像著他們如何再次見面。艾略特既害怕又興奮,他屈服了,生平第一次,他打破自己的規則,選擇了某種不顧一切、不尋常的事。他們對彼此的熱情似乎就像常見的激情故事一樣,包括了真實與虛構的成分。一如大多數的風流韻事:一部分現實,一部分幻想。

與那位名演員的風流韻事是否是艾略特做過最刺激、最冒險的事呢?當他正在傾吐自己那難以承受的痛苦時,我問了這個問題,我對提出問題的時機感到後悔。在心理治療時,要打鐵趁「冷」,而非趁熱。

我生命中最重要的故事,前方什麼都沒有了呢?」

「是的。如果那就是全部呢?」他帶著痛苦的表情這麼問。「如果他就是那場偉大的冒險,我認為這只是他故事的一部分,不是他全部的人生,而是他存在的豐美織錦的一部分。」「湯姆和米色地毯,那就是我故事裡的全部情節。」艾略特說。當然,艾略特與湯姆的生活走向終點是件痛苦的事,曾經是他興奮刺激的祕密,現在卻成為過去一個隱形、無聲、消失的片段,被抹去了,就像米色地毯上的碎屑。他又再度感受到自己的無足輕重。

「我不重要,」他說。「我的聲音,無論我是誰,都不重要。我是無名之輩。」

「你在這裡,告訴我這個故事。」我說。我想到作家蕾貝嘉‧索尼特(Rebecca Solnit)在關於有權勢的男性和性別不平等的文章結尾所說的智慧:「沒有人是無名之輩。」我經常想想起這句話。像湯姆這樣有權勢的人,或許正是因為他覺得艾略特永遠不會發聲,不會擁有權力或說出這個故事,所以才剝削了艾略特。

對艾略特而言,令他一直左右為難的是,整件事既讓他覺得被貶低,也同時讓他覺得更強大。「除了我和湯姆的關係之外,或許我從來沒有感受到自己的重要性。」接著他更輕柔地說:「我希望能感受到。」

承認他希望自己有權利感受到自身的重要,是一種啟示。我們繼續檢視了他的尷尬,以及害怕高估自己的心態。他的父親曾嘲笑他在童年時太柔弱,母親則教導他要表現得比他感覺到的更堅強。

「我不想高估自己,」變成那些愚蠢的人。你知道,充斥各種看法的人。如果我家人聽到這些,他們會笑死我。」他說。

我們探討了他原生家庭的文化規範,這些規範要求他無論如何都要避免吹噓,要求他經常自嘲,將任何有一丁點炫耀意味的行為都視為低俗不雅的。

至於湯姆,就是一個極愛炫耀的表演者,他希望艾略特能享受做自己,當個花花公子,說些

113　Chapter 4　權力　　　　　　　　　　Power

風趣的俏皮話，令人留下深刻印象。艾略特深深著迷於這種權力，即使這是祕密的。他們彼此都為對方著迷，至少有一段時間是如此。

「他很擅長說故事。」艾略特說。他開始告訴我一些故事。我敦促他告訴我更多他自己的故事，而非試圖用湯姆的輝煌一生來讓我留下深刻印象。在這些狂熱與懷舊的回憶中，艾略特完全將自己壓縮得小小的。湯姆被放大，艾略特則將自己縮小成一個敬畏的觀察者。

艾略特在追尋反映的榮光，他祕密的浮誇幻想是在冒險，透過這位傳奇的權勢人物做為代理人，聲稱自己的重要性。世界將湯姆捧為名流（也許不如艾略特想的那麼多），這加深了艾略特做為無名小卒的感覺，但與這位優秀演員的連結，也帶給艾略特一種特殊感。

「我覺得湯姆對我來說是一條故事線，無論如何都很重要。現在怎麼樣呢，我該怎麼處理這個故事呢？」他問。這是他的故事。他需要我聽見他的故事，這樣他就知道自己已經向某人完整述說過它，或至少盡可能完整。總是還有更多。但我知道那些細節、事件和種種感受。我的見證讓他感到安慰，填補了他渴望獲得承認和認可的那部分。我為他保留了空間。他的故事也感動了我，不單是因為它的美好，還因為它的恐怖。糾纏、殘酷、欺騙造成的毒害，還有為了維持他們長期斷斷續續的戀情所必要的虛偽——有時這是十分殘忍的。我們的欲望可能是痛苦的、造成破壞的，這是個令人震撼的真相。

對於艾略特過去經歷的這一切痛苦，我表達了自己感受到的苦惱與回顧時的擔憂，並對他如

What We Want　　　　　　　　　　我們想要什麼？　　114

何讓自己陷入困境、陷入誘惑並變得不知所措表達同理心。

「我在哪裡？」艾略特問，他又回到失落孤寂與絕望的狀態。「在這個故事之外，我是誰？」我們思考了他們之間互動的畢馬龍（Pygmalion）＊面向，以及他覺得自己像是一塊沒有雕刻師湯姆協助塑形的無形狀黏土。湯姆的雕刻非常自私，似乎沒有任何明顯的意圖要幫助艾略特過一個更好的生活。艾略特持續感到被排除在外的痛苦，不僅僅這個男人排除了他，在許多方面也被整個世界排除。

「湯姆剛去世，」艾略特說，「但我自始至終一直在哀悼他。他會激情地愛我，那是地球上最美好的事，但隨後他會消失，他會望向別處，或者他會退回，回到他的生活，遠離我。我花了好幾年的時間在追逐他和他在一起時擁有的那種力量感，一遍又一遍。每一次我都會為了能再次擁有那種感覺而不顧一切。我持續不斷地渴望，然後哀悼那種高潮的失去，然後我會再度擁有他一陣子。祕密是高潮的一部分，也許稀缺感也是，儘管它同樣折磨著我。我一直知道它不會持續到永遠。」

他在哀悼那個他永遠不夠的東西。艾略特的生活裡有一種剝奪感，不單只是指這個經驗。對我來說，很明顯但依然讓我心驚的是，當我們在這些騷亂的時刻苦苦掙扎，我們的感受是多麼孤

＊註：引申自希臘神話，「畢馬龍效應」指若對某人有所期望，那人就會成為你期望中的樣子。

立無援。迷人的糾纏可能感覺來得迅猛又新鮮，我們的體驗感覺如此特別，與他人隔絕。

「我懂了，」我說。「當然這對你來說很難。你所描述的在某種程度上和毒品一樣令人上癮。與這位名人在一起讓你感到那麼羞愧，同時又那麼自豪，就像你說的。而且還有一種深刻、持續的依戀──即使這件事或這個人是痛苦的來源也一樣。」

「有什麼詞彙可以形容發生在我身上的事嗎？為什麼我無法放下這段關係呢？」他看起來渴望一個解釋。

「『創傷綁定』（Trauma Bonding），」我立刻說道。「我們可能會非常依戀痛苦的來源，即使我們迫切渴望往前走，也難以放下。傷害你的人也是能夠恢復你自我感的人，這種幻想會讓你上癮。」

「就是這樣，我想念的是我自己的幻想版本。他會用強烈欲望看著我，」艾略特說。「他想吞噬我。然後他便會忽略我。然後現在又在我眼前死去，把我留在他的故事外，這是終極的拒絕。」

「你也在傷害和拒絕你自己，」我說，「將自己留在自己的故事之外，讓他成為最重要的主題。」這是一場鬥爭，但是找到他自己的聲音並述說這個故事，可以賦予他權威。

在接下來的會談中，他廣泛閱讀了一些創傷綁定的資料，內容引起了他的共鳴。

「我依然想得到他的認可，因為他是傷害我的人，所以他是唯一能讓我感覺好一些的人。我

不想認為這與我父母有緊密關聯，因為他們並沒有虐待我，只是有些其中的要素。剝奪者擁有如此大的權力。現在意識到所有這些事，回顧過往，我只是覺得非常悲傷，」他說。「我為年輕的自己感到難過，那個美麗的我，雖然這聽起來頗為自大。我現在真的感觸良多。」

「哇，我懂了，你正在描述有關性合意（Consent）與權力動態的棘手問題。我必須說，你不斷談到他渴望你時你感受到的權力，但是你剛才所描述的——服從於他的衝動，持續努力使自己成為他的欲望對象，那不是真正的權力。」

「我想不是。我想這使我變成了他的欲望對象，我樂在其中，也為此受苦。」短暫停頓後，他繼續說：「我從未真正面對他。我從未告訴過他我愛他，而他傷害了我。為什麼我不面對他呢？我對自己從來沒有站出來對抗他感到很憤怒。」

「雖然你在某些時候可能會覺得握有權力，就像我們剛才討論的，但那些時刻瞬息萬變，每時每刻都有變化。他握有支配的力量，而你如此銘印在心。這讓面對他這件事變得衝擊過大、難以承受。對抗一個有權有名，在某些方面讓你受創傷的人，不可思議地困難，」我說。「不要認為這應該很容易，也不要認為你本該應付得來，便一直責怪自己。」

「我很氣自己沒有更勇敢一點。」他說。

我們審視了他繼續責怪自己的方式，這麼做是在緊緊抓住湯姆造成的痛苦不放。在這一刻，艾略特發現了他逃避面對的一些原因，他覺得面對湯姆不會有任何幫助，也不想讓湯姆知道他帶

來的折磨有多深。他怕他。他擔心湯姆也許會進一步傷害他來回應。無論是什麼原因，在某種程度上，避免面對湯姆似乎是自我保護的一部分。於是，他開始放下一些自我鞭撻的想法。

「我覺得我在原諒自己，這相當有力。好好正視這些事確實是值得的。」

「你是在面對自己，這需要勇氣。面對自己，相對於攻擊自己或逃避自己的某些部分，對你或許感覺有點新鮮？」

「是的。某些方面，我一輩子都在逃避面對自己。」也許我要為此感謝他。這裡還有很多素材，很多我從未對他說過的話。

「然後呢？你會對他說什麼？」

「放開我⋯⋯渴望我。讓我對你和我一樣重要。」艾略特低下頭。「他得到了我。故事就這樣結束了嗎？」

「這是你的故事，你告訴我吧。」我說。

「在湯姆之後，一切都感覺如此平凡。機場，小餐館，街上的人，網路食品購物，一切都平淡無奇。和湯姆在一起時，一切變得不同凡響。」

「沒有他，你便覺得平凡嗎？」

「對，確實如此。他們說永遠不要和你的英雄見面。我遇到他時，他並不完全是我的英雄，但後來變成我的英雄，也是我的反派，也是主要情節。」

「他不必是你餘生的主要情節。你還活著,這是你的生活,不是他的。要繼續前進。」

「但我的生活沒什麼值得興奮的。」他說。

「此刻不是。我喜歡佛洛伊德的一句話:『我們無法飛翔抵達之處,必須蹣跚前行。』暫且讓自己蹣跚前行吧。你不能馬上找個東西來取代湯姆的精彩,但你可以蹣跚前行,敞開自己迎接各種可能性。有更多東西在等著你。」

「可能性……我很難思考這以外的任何事情。現在,我感覺是悲劇和結局,湯姆和艾略特的故事。」他說著說著,突然忍不住落淚。

「艾略特,我想你若堅持這是一場悲劇,你還是在抬舉它,讓它變得比你更強大。如果這不是悲劇,或許故事便感覺不那麼特別了。我感覺你似乎在努力感覺特別,你至少要參與一場悲壯的悲劇,而不僅僅是一個故事。」

「沒錯,寧願悲劇地活著,也好過無聊和微不足道。」

「我了解,但是在你的悲劇版本中,你還是沒有給自己一個公平的角色。」我說。

「我感覺好渺小,他卻顯得如此龐大。湯姆是我的明星。」艾略特說這些話時,看起來很難過。

「現在我只是置身在陰溝裡,仰望著星星,如同奧斯卡・王爾德(Oscar Wilde)所說。」

「神祕成為那場魅惑的一部分是有原因的,這給了渴望、幻想和無窮想像一個空間。你和湯姆從未過著正常的『米色地毯』生活,這就是讓故事保持光鮮亮麗的一部分原因。你從未悄悄地

進入那種肩並肩的平凡日常生活，它是隨著真正的承諾與長期的愛在不同時間點發生的。因此，故事添加了『缺席、稀有與幻想』等這些靈丹妙藥，而現在，隨著他的離去，剝奪感和空間甚至更大，渴望甚至更強烈。殘留**未兌現之可能性**的感受擴大了。當然，相較之下其他的一切都顯得單調乏味了。」

「是啊，其他的一切是那麼平淡。神祕的束縛力道那麼強、那麼迷人，不單單是因為我看他的方式，還因為他看我的方式、身體上的吸引力。宛如仙境。有時我仍會試圖讓他留下深刻印象，即使他已經死了。前幾天，我試穿了一件套頭毛衣，不知道他會不會喜歡我穿上它的樣子。」

「有時候，我們許多人都會想讓死者或不在的人留下深刻印象。你仍在哀悼，並試圖維持他對你的高評價。要對自己好一點。」

「我知道我又問了，但我的故事就這樣結束了嗎？回到無聊的商店，回到連鎖咖啡店裡的抱怨、乏味的性愛、與同伴的得體對話、每年夏天與愛爾蘭表親的膚淺對話、沉悶的工作會議、偶爾外出用餐、客服生活的行政工作、與瓊安互通令人沮喪的電子郵件？」

我說：「你一直問我故事的結局。首先，我不會為你撰寫，湯姆也不會，它也不是預定好的悲劇命運。我必須承認，我希望你擁有更多東西，當然，平凡的日子肯定有，因為那是安穩生活的一部分。但即使在日常存在中，仍有非凡事物發生的空間。某種程度上，這就是你故事的開

「我想相信你，」他說。「但我還是擔心湯姆是我所能擁有的最迷人的經歷。」

「我現在無法說服你，」我說。「但是讓我們想一想：有些東西是你天生擁有的，有些是發生在你身上的，還有些是你創造的，這就是由你決定的部分，是你的力量所在。他只是故事裡的一個註腳，你永遠無法不認識他，然後擁有這些強烈的體驗。但註腳不是整個故事，它只是一個細節，也許是有助於故事形成的細節，但這仍然是你的故事。在對我和對你自己述說這個故事的過程中，你正在重新找回自己的力量，甚至發現自己的力量。你的聲音才是你的權威，不是湯姆。你現在可以擁有一種不同的力量，你可以提升你、貶低你、忽視你，偶爾再提升你。這是一種**間歇性強化**的上癮循環。就像與莊家玩遊戲，我們希望每次都能贏一樣，這是一個強大的循環，但不是真正的力量。」

「他帶給我的力量充其量是短暫的，確實。真正的力量……那對我來說又意味著什麼呢？我必須承認，有時我會納悶，我是否其實很害怕太過強大，害怕讓自己展露光芒。」

「再多解釋一點。」

「在某些方面，我有些自我破壞的傾向。也許這是我默默發光的時刻，不是在舞台上，不是在媒體上，也不是透過湯姆，而是我面對自己並與自己共謀。就是這樣：我想與自己共謀。」

「好有趣的一種力量，」我說。「與自己共謀——我喜歡。」

那麼，艾略特的人生故事接下來怎樣了呢？

他並沒有突然、戲劇性地辭去工作，結果他並不需要也不想要這麼做，但是他在與瓊安溝通的過程中變得更自信，也比較不會冷嘲熱諷了。他申請了一個並不讓他感到特別興奮的升遷職位，但他仍然申請了。他了解自己想在事業上擁有更多權力，即使這讓他感到有點神經緊張，他還是有自知之明。

他做出的一個重大選擇是告訴女友湯姆的事，以及他偶爾會被男性吸引這件事。她感到傷心又煩惱，但他很高興自己是誠實的。他懷疑他們可能會分手，但至少她現在真正認識他了，他一次可以做自己。

在對自己的性事感到無力那麼久的時間後，他開始接受這是他自己要過的生活。過去曾是羞愧來源的東西，現在已不再是減損他價值的東西了。他感到自己足夠強大，能夠承認並擁抱他性偏好的多樣性，這是他一生中一直渴望且害怕的力量。他對擁有新的性經驗抱持好奇心，他想成為攻方，也想成為受方，他不想讓自己的角色變得固定。他終於願意表達自己的不同欲望，這充分說明了他與權力的關係；他開始重視自己的渴望與偏好了，他的目的不再只是取悅和服從別人。他終於不再覺得自己像那張破舊的米色地毯了。

權力的意義

哲學家伯特蘭‧羅素（Bertrand Russell）主張，對權力的欲望是普世的，而且無法滿足：「對於那些權力和榮耀很少的人來說，他們可能認為再多一點點就能滿足他們，但是就這一點來說，他們錯了：這些欲望無法滿足、無窮無盡的。」對艾略特來說，這感覺並不正確。有時候，我認為自己想要的權力在仔細檢視後其實並不令人嚮往，必須是成熟和自信的人才能看到這一點並改變旅程的方向。

權力可以腐化並摧毀我們的自我感，以及我們對待他人的方式。我們知道它的危險，以及它的殘酷。我們知道為了權力不擇手段的領導人是何模樣，以及他如何邪惡、無情地操弄權勢。我們知道虐待情境裡的權力動態有多恐怖，我們還知道在**亦敵亦友**的關係中、在敵對關係中、在財務爭端中、在家庭動態中一些較沉默但仍有害的權力操弄。

他生活經驗的一部分是他與這位年長名演員之間這段又長又複雜的戀情，他不需要將這個故事告訴全世界，但他自己知道這個故事，而且他告訴了我，還有他女友。如果他想，或許他還會告訴其他一些人。這是他的故事，說或不說，都由他決定。

心理學家達契爾‧克特納（Dacher Keltner）研究了同理心與權力之間的關係，發現有助於人們獲得權力的特質（同理心、公平、分享）在這些人獲得權力之後開始消失，有權力的人可能對他人的經歷變得漠不關心和麻木。對於任何獲得權力或被有魅力、有權勢之人吸引的人來說，這件事非常值得思考。

蕾貝嘉‧索尼特警告我們：「過度擴張是危險的，」她說。「夠了就是夠了，太多就是什麼都沒有。」緊抓著權力不放使我們留下自己的扭曲映像。平等給予我們誠實的反映。對艾略特來說，他對權力的胃口來自於飢渴。他深感自己的不足和脆弱，這不只可以回溯至他和湯姆的關係，更從他的童年便開始了。絕望可能驅使我們產生貪婪的欲望。只要艾略特有了**足夠感**，他就不需要那麼多了。

有時對權力的渴望是美好的、對生活有益的，但是當我們對權力的渴望是嘗試彌補終生的不足時，我們常常會在膨脹的榮耀與崩潰的絕望之間徘徊。擁抱彈性和適度的概念吧。

權力可以是真實性和權威的體現。它可以是我們宣告成年、認知到對一己生活之責任的一種方式。

當你想到一己聲音展現的個人力量時，思考那些你吸收到的訊息和態度。或許曾有些時候，你因為受到鼓勵或打擊，而去信任你一己聲音的力量。思考你如何能以個人的身分擁有健康的權力，你可以做出自己的選擇，並擁有內在的權威。你可能透過在心中權衡、掂量自己和他人的分

量而移交權力，或者攫取權力。

請思考一些你用來減少和放大你對自己和他人之感受的方法。我們往往想要感覺自己是大人物，要求佔據空間，然後擔心自己會因此遭到拒絕：我們害怕自己對他人來說可能「太多」。自主權、權威與責任，是個人賦權和權力的一部分。我們能有足夠的覺察去做出與我們價值觀一致的選擇。是否要優先處理、理清這些糾結，好讓我們擁有自主權和一**致性**，都取決於我們自身。

Chapter

5

關注
Attention

渴望被關注一直是人性的一個基本面,

但是當這種渴望變成強迫性、依賴的,

並以誇張的自我理想爲基礎時,

它便永遠無法獲得滿足。

在我的工作中，我觀察、注意、見證並理解所發生的事。好奇心是關鍵，毫無好奇心的治療師是一種玷汙。好奇心是我們進入的途徑，是指揮並引導注意力的東西。一次順利的治療過程中，共同的好奇心可能是打開全新洞見之門的關鍵。

想獲得關注絕對符合人性，但仍被汙名化。當人們將想法表現出來時，意志消沉的成年人經常說：「只是想引起注意。」這句話常被用來描述上癮者、厭食症患者、自殘者、愛出風頭的人和小題大作的人。通常，我們形容別人想引起注意，是為了合理化我們的沮喪。引起注意的行為底下，是一種希望獲得見證的懇求，儘管它可能掩飾得很好，而令人痛苦。

讓我們思考一下渴望獲得關注這件事。我們在遊樂場上會看見，小孩子希望父母看見他們爬得很高（「看我！看我！」）我們在滔滔不絕的「話當年」裡也會看見這一點——我們都知道，那位年邁的說書人需要一個永遠的觀眾，需要來自年輕追隨者和阿諛奉承者的掌聲。對於渴望關注的成年人，我們較不寬容——因為引起關注是嬰兒和兒童與生俱來的權利，但這種渴望不一定會消失，我們只是試圖將它趕走。我認識的一位男子之前會請求我：「在我消失成為一把塵土之前，幫我拍張照片吧。」這樣的請求持續了多年，他現在確實成為一把塵土了，但他希望被注意、被細細品味的請求是誠實且能引起共鳴的。我們對關注的渴望往往被極度誇大，或被淡化，而且經常被否定。我們很難讓這種渴望變得更直接，不那麼戲劇化。要求他人證明我們受到關注和關懷，是容易受傷的一件事。

我們經過社會化後，會假裝不需要太多關注。我們應該長大，擺脫想要炫耀的迫切渴望，因此我們努力改用小心翼翼的方式來炫耀。我們表現得很優雅，而且假裝謙虛，使自己更容易相處。我們那些**不被正視的欲望**正悄悄發起關注的需求，我們表面上關心他人，卻將自己真實的意圖藏在別人的需求後面──透過關心他人、表達關切，好讓自己被看見。驕傲和羞愧在扭曲我們渴望關注的心這方面極度有效。我們希望人們見證我們的存在，如果沒有人知道我們生活中發生什麼事，那我們是誰呢？即使是最注重隱私的那種人，那也可能不想在社交媒體上高調生活的人，仍然希望受到某人的注意或認可。在這裡！忽略我！別在意！

然而，消失在黑夜的恐懼，被遺忘、不被看見或被取代的恐懼，激發人們做出令人震驚的行為。在驚人的戲劇性和荒謬的行為背後，像是《李爾王》（King Lear）中的李爾王和《白雪公主》中那個邪惡的繼母與她的魔鏡，都不顧一切地想保住自己的地位。他們曾經受到大量的關注，因此渴望再次保障自己的能見度和地位。他們表現得像惡毒的壞蛋，但他們的需求是可以理解的，只是徒然隱藏著。

渴望被關注一直是人性的一個基本面，但是當這種渴望變成強迫性的、依賴的，並以誇張的自我理想為基礎時，它便永遠無法獲得滿足。什麼是「足夠」？那些得不到足夠關注的人經常難以專注。而專注可以減少對關注的需要。當我們找到一種全神貫注的方式，無論是專注於對話、一本書或是一個專案，需要他人關注我們的需求便可能消退，也會感覺不那麼迫切了。

注意一件事物，給予關注，不僅十分重要且富有挑戰性。想想我們使用的語言：付出關注（Paying attention）、給予關注（Giving attention）。「付出」、「給予」這些東西，我們的代價是什麼？孩子們被迫專注於不感興趣的事物。對一件事感興趣並擁有專注能力是學習和發展不可或缺的要素。這是我們學習分辨、觀察的方式。

我們透過關注來表達愛與關懷。關注彼此是我們連結、參與和成長的方式。精神科醫生古密·坎沃（Gurmeet Kanwal）對我說：「我們有一種先天的生存本能，一種對環境保持警覺的動力。」「注意周遭發生什麼事，是身而為人的一個核心部分，關注能將我們的經驗組織起來。」我們如何獲得關注？有時我們會揮舞拳頭；我們尖叫、大吼、發射飛彈。甚至恐慌和嚴重的焦慮也能被視為吸引注意的迂迴方式。我們的身體可能會表達出一些難以言喻的事，有時我們會鬧情緒、蜷縮起來，希望在某種程度上使自己變得稀缺，並藉由撤回我們的關注來獲得我們應得的關注。

生活是動態的；我們走向新的情境，新的事物發生在我們身上，也在我們周圍發生。在一些特定時刻，我們比其他時候更渴望獲得關注。就像食物一樣，我們的胃口會改變，我們需要補充、填滿、一再進食。

這在治療中會以很多種形式出現，十分關鍵，對一名治療師來說也是關鍵時刻。一位非常蒼白、害羞的同事曾對我說：「被案主忽視是最糟糕的感覺之一。」

他曾做手術，缺席了一週的治療會談，也曾告訴案主他需要休息幾天的原因，但是他回來時，沒有一個人問他怎麼樣了。他說：「我不想問手術進行得怎麼樣。我一直擔心要應付他們的問題。但是後來，沒有一個人詢問我，也沒有人知道我發生了什麼事。」

我們當時在地鐵上，正在穿越一條隧道，我幾乎聽不清楚他在說什麼，但他所說的話一直放在我心上。這個安靜的人，經常對撞到的家具道歉，仍希望他的案主會想到他。

看我！看我！這首歌持續陪伴許多人度過一生。我們是否曾覺得自己被充分看見，會怎麼樣呢？我們是否曾得到足夠的掌聲？當我們獨自一人時，沒有人見證，沒有人一直鼓掌，這取決於我們如何陪伴自己。我們能對自己保持好奇心嗎？我們能給予自己關注嗎？我記得自己曾一度認為，注意力缺失症（ADD）是否是因為得不到足夠的關注。

有時候，注意力無法集中和渴望被關注之間是有關聯的。當我們遇到那些似乎迫切需要被關注、極度渴求的人，他們通常也是那些無法聆聽、難以給予他人關注的人，彷彿他們的注意力庫存不足，使得注意力不夠用。當我們感覺自己未受到關注時，便不太可能願意全神貫注。

相反地，關注也是治療的一部分。

「我已經很久很久沒有直視我孩子的眼睛了，」我的一位案主有了這一深刻的發現時向我坦白。「我一直對我的丈夫和我的生活感到憤怒，我忘記去注意這些我們創造出來的美麗生命。」

她開始去注意了，而且頻率越來越高。關注孩子幫助了她減輕創傷，用心而敏銳地照顧他們對她

是一種療癒。透過真正的看見，也減輕了她的被剝奪感。

這當然不是只能二選一的事。想像一下戀愛的初期，戀人們經常驚嘆、凝視，感覺彼此都深深存在對方眼中，狂喜地共舞著。這種對稱燦爛而精彩。但是當我們覺得深深被忽視時，我們的反應通常是撤回自己的注意力，藉由拒絕去看，以隱約或不那麼隱約的方式脫離。願意睜開眼睛觀察需要勇氣，這麼做也可能發揮修復效果。若我們能夠看見自己以外的事物，可能會減少我們的匱乏感。

讓我們誠實面對自己對關注的渴望吧。對成年人來說，這是一種奇怪的禁忌。我七歲的兒子最近說他希望自己是個嬰兒，這樣他就可以得到很多關注。然而，如果我給他太多的關注，他又很容易覺得喘不過氣。究竟有誰不曾有過這種感覺呢？

當我們說「走開！別管我！」的時候，可能不認為自己想要獲得關注，但即使我們躲起來，依然渴望有人看見我們。

克洛伊的戲劇

你沒有忽視我。你從未放棄過我。對我來說，這是最重要的。

「我的未來一片大好。」克洛伊說道，她皮膚乾燥，眼睛凸起，頭髮蓬鬆而狂野。她依然美麗動人，但她正在變老，此刻她看起來一團糟。

克洛伊接近五十五歲，老天在某些方面對她很慷慨，某些方面卻很嚴厲。她是一位充滿戰鬥精神的人權律師，擁有美麗的臉孔和身材，因此在一些人看來，她是個幸運兒。但如果她不那麼瘋狂喝酒，強迫性地暴飲暴食又嘔吐，她的老化過程可能會對她更友善──如果生活對她更仁慈一些，她可能就會減少這樣的行為。然而，不幸、苦澀、強烈的怨恨、不規律的飲食和嚴重酗酒的組合，並無助於維持她的面容。注意到她的外貌並做出評判讓我感到內疚，但這也是她故事的一個重要部分。

克洛伊的美貌，對她既是助力也是阻礙。它為她開啟了無數道門，讓她能即刻進入整個世界。她的美很難形容。我和主管會面時試著形容她，也試著在坐在她對面的時候，形容給自己聽，因為她的外表令人分心、令人沉迷，這是與她共處一室時不可忽視的部分。她的容貌亮麗耀

133　Chapter 5｜關注　　　　　　　　　　Attention

眼，充滿魅力，不過她看起來有些疲憊。當她因悲傷將頭微微傾斜時，她那精緻的側臉有時讓我印象非常深刻。

克洛伊是法國人，但是在世界各地不同城市長大，她的英語帶著一種受國際化教育的都會口音，在大多數的句子結尾都會說：「不是嗎？」她的臉上有種虛假而挑釁的天真，結合著一些極度女性化的特質。即使她處於精疲力竭的狀態，她的外表仍會讓我分心，我確信其他心理健康專業人員也曾被她的外貌所迷惑。她非常誘人，她令人著迷，她魅力十足。當一個人迫切需要幫助與不畏艱難的支持時，這些都是令人分心的因素。

她最大的挑戰是她的抗拒與防衛心。她認定她的前夫葛萊漢是她人生故事裡的壞人。甚至請她思考一下「自我創作」*這個概念，都是件很困難的事。在我們合作的過程中，她對特殊性的需求（亦即特別對待）不斷出現。

在我看來，她的確特殊，儘管她擁有許多可能將她歸入邊緣性人格障礙（Borderline personality disorder）等一類的人格特徵，但她不能單純地被一套標準規範所定義，然後歸入某個診斷類別。她並不確切屬於某種類型。不是典型的人格障礙，也不是典型的上癮者，但她也無法避開普通凡人的正常規則、衝動和陷阱。這就是上癮者的問題──當一個特別的人無法減輕悲劇。

她再次對我說：「我的未來一片大好，葛萊漢出現，他毀了我。他說服我和他共度一生，卻誤導了我。他對我撒謊。他奪走我的一切！」

我問:「怎麼說?」

「我所有的美麗、技能與龐大潛力,他全奪走了。每個人都想娶我。你知道有多少人迷戀我、愛上我嗎?」

「很多。」我說,因為她告訴過我好幾次。我可以想像。

「我有很多選擇。」克洛伊說。如果他沒帶走我,原本還有無數的男人可以給我更好的生活。他奪走了我應該擁有的生活。」

「我經常注意到她的用字遣詞——「我擁有的生活」而不是「我過的生活」。另一次,我詢問她本可以做些什麼事,她回應的卻是一長串她原本可以擁有的種種事物。

在經過好幾個月的耐心(我自認)傾聽之後,實在難以對這些陳腐敘述做出回應。我對她一成不變的陳腐敘述感到不安和擔憂。我想告訴她,她表現得像一名受害者,但我知道如果我說出這個詞,我會變成故事裡的壞人。同時,與她合作時,我懷孕了,這可能加深了我對她付出這麼多的矛盾心理。

「克洛伊,」我說,有時希望藉著說出她的名字,讓她了解我有多希望她能明白。「我聽見你說的一切了,但我也想說,你的未來還有豐富的人生等著你。做為人權律師,你的工作是很有

＊註:自我創作(Self-authorship),指個人對自己的生活和身份負責,並主動創造和塑造自己的人生。

意義的。你的孩子和朋友都關心你,你有不斷努力幫助你的兄弟姐妹,而且你每週都來這裡,顯然也想尋求幫助。讓我幫助你。」

「夏洛特,沒人聽我我說話。葛萊漢對我來說太可怕了。孩子們都站在他那邊,我的朋友也站在他那邊,連我的父母和兄弟姐妹也都站在他那邊。」

「我不站在他那邊,」我說。「但我希望你認知到,你可以主導自己的生活。他無法主宰你全部的人生故事。」

「他是我孩子的父親,很難忽視他。」

「我不是在建議你忽視他。我在想,如果我們能思考一下,在這整件事當中,你是誰,你的自我感,你的聲音,你自己。」我不斷重複說著,以各種說法表達這個觀點不知多少次。

套一句作家約翰・厄普代克(John Updike)的話,我試圖將「傷口變成蜜」,而這是我不斷重演的失敗角色。重複是我們工作的主題,對彼此都是如此。在許多方面,克洛伊都陷入了強迫性重複的泥沼——她的喝酒習慣、暴飲暴食與嘔吐循環、她與前夫及父母和兄弟姐妹反覆的爭吵。我們的會談也充滿了重複和循環。有些東西不起作用。強迫性重複本質上是一種對抗,克洛伊重複著她抗拒記起的事,這種抗拒是對這個過程的抗拒,連同對治療的抗拒。

我感覺被她困住,對我們的會談感到不滿;當我必須追討款項時,我感到憤怒;當她沒有按照我們約定的時間出現,讓我坐在那兒枯等,沒有任何解釋的電話或消息時,我覺得被輕視。

What We Want 　　　　　我們想要什麼? 136

即使克洛伊就坐在我對面，我們還是像漫畫家索爾・斯坦伯格（Saul Steinberg）的漫畫一樣，彼此雞同鴨講，雖然見面，卻沒有以有意義的方式互動。我們之間發生了大量的重複對話，實際上卻很少有真正的交流。我提供解釋，她卻不能接受，這感覺就像她的暴飲暴食和嘔吐循環——雖然努力填滿，能保留的卻很少。那些滋養、養分都到哪裡去了？我感到徒勞。

我的主管對我繼續與她合作這點提出異議。克洛伊仍繼續酗酒，這已足夠讓一些治療師終止工作，但我不想這樣。我一方面覺得英勇、品德高尚，覺得自己是唯一能幫助並拯救她的人，一方面又感到挫折和受害，因為她必然會讓我無法成功幫助她。我也覺得自己像個受害者，與一個不斷使用、重複和遺忘大量事物的上癮者共事似乎徒勞無功。但我也被困在這種互動狀態裡——有點寸步難行，仍忘忘地希望能拯救她。

白天，克洛伊做為一名人權律師的工作在某種程度上讓她感到強大——尤其當她幫助真正的受害者時。做為一名為弱勢族群發聲的律師，她因其所做的一切而受到尊敬和讚賞。在專業上，她是極為優秀而能幹的專業人士。但她做為一位負傷的治療師（形容那些受到一己傷痛的啟發而去治療他人的人），激發了她的工作能量。

在督導會議和白日夢中，我思考了區分的重要性。克洛伊讓我感到沮喪，彷彿我對她負有責任。我回到了一個準則，即我們**對**人負責，而不是**為**人負責。我經常對別人說這句話，但自己卻難以做到。為什麼我對她感到如此責任重大，而且常常對她感到惱怒呢？克洛伊是我工作的案件

137　Chapter 5 ｜關注　　　　　　　　　　　　　　　　　　　Attention

中最棘手的一個；我在督導會議討論她的次數超過任何其他案主。而且我討厭她佔據了這麼多的空間，尤其是當她不斷表示她無法獲得足夠的空間時。

她和葛萊漢達成新的財務協議後，她的其中一個孩子轉學到一所昂貴的私立學校，當時她問我是否可以降低費用，我同意了。她問我是否可以增加我們治療會談的頻率，我也同意了。或許部分原因是因為在我的產假截止前，還有數個月的時間，然而我們之中存在著一種模式，也就是我一直在同意一些應該能滿足她的事，但她從未滿足，她的需求似乎永遠無法滿足。

我們的互動努力在一個既無法幫助，也無法讓我覺得公平。我一直在支持她，但我覺得我們並未取得任何進展。我一直在付出，但依舊無法完全滿足她。在我們的交流中，有一種持續的失落感。這好比努力在一個有洞的桶子裝水。無論我付出多少，她接收多少，都不能持久，而我的付出讓我感到心力交瘁。這所有的傾注、填滿和排空，彷彿與她的厭食症有所呼應。

「有什麼我能幫你的？」就在克洛伊再次指責我站在她前夫那邊的片刻後，我聽到自己這麼問。我聽起來像一名照本宣科的女服務生或是客服人員。我會這麼問她，是因為我希望她至少有足夠的行動力去描繪她所需要的幫助是什麼樣子。

「你為什麼站在葛萊漢那邊?」她問。

「我沒有站在葛萊漢那邊,我想知道有什麼是我能幫你的。」我再次說,惱怒油然而生。

接著,克洛伊在某個清楚和誠實的時刻說:「你可以把我的青春還給我。」這對我們來說是一個很好的時刻,這是個屬於洞見和領悟的時刻,還有解脫。她這個請求的荒謬性說明了她的幻想、自我理想和回到過去的渴望具有多麼大的力量。現在我們可以將錨拋下,看看什麼是真實的、可能的。

「我當然無法辦到這一點,」我說。「但是我想告訴你,在我們合作的過程中,我常常覺得我們還在起點。這讓我感到很挫折,因為我想幫助你,也希望你能進步,但或許你希望回到過去、回到青春歲月的願望有些值得探討的地方,這非常重要。我們的討論不斷循環,一再回到起點,這都體現在我們的工作和你的幻想中——也就是你可以回到過去。」

「我想要回到過去。」

「我了解。你的青春有什麼部分是讓你現在迫切渴望的呢?」

「這真是一個很難回答的問題。」克洛伊說,突然臉紅起來。

「試著靜靜思考一下。」我說。

「我當時真的是太耀眼了。」她停頓片刻後這麼說。「我的意思是,我簡直不可思議。我

139　Chapter 5 ｜ 關注　　　　　　　　　　Attention

走進任何一個房間都能點亮整個空間，在某方面來說，做自己是種榮耀。我的臉、我的身體，真是令人難以置信。我有時會想像，和年輕時的我做愛是什麼樣子。不可思議。」

「那真的讓人內心澎湃。」我說。我想像她自我感覺如此美麗，自我感覺如此被看見和被注意的樣子。「如你所說，在某些方面，這是榮耀的。而在其他方面呢？」

她回答：「在其他方面很辛苦。我爸爸的酗酒問題，我媽媽的容許。他們的互相依賴。那種不穩定感。不斷的搬遷，每隔幾年就換一個新學校，一個新地方。這很刺激，但也很不穩定。我得到來自男性的關注──不是我爸爸，那些不太安全的男性。有時候這真的很可怕，但也很刺激。瘋狂跳舞，瘋狂的性愛。瘋狂喝酒，瘋狂玩樂。那些派對。我感到喧囂和擁擠，但也很孤獨。總之，當我受到來自危險男性的太多關注時，我就會拋棄他們，逃跑，然後繼續前進。」

「喧囂、擁擠」和「孤獨」一直留在我心上。她在童年時期缺乏關注，一直不停搬家。當她談到這件事時，我開始想像一個搖搖晃晃的框架，一個脆弱的容器。我想到了薩爾達‧費茲傑羅（Zelda Fitzgerald），也就是小說家史考特‧費茲傑羅（F. Scott Fitzgerald）的悲劇妻子。她有精神疾病，飲酒過度，據說更常站在計程車頂上而非坐在車內──有一個關於薩爾達的特殊細節一直烙印在我腦海中：她本人非常美麗，但是任何照片都無法正確捕捉她的美，因為她總是處於動態之中。克洛伊身上也存在著這種稍縱即逝、令人目眩的特質，使得靜止、平穩的關注變得難以捉摸。

What We Want 　　　　　　　　　　　我們想要什麼？　140

「你能感受到當下這一刻的穩定嗎?就在此時此刻。」我問。

「很難,葛萊漢正在毒害孩子們,讓他們排斥我。」她說。

「我會站在你這邊。」我說。但我感覺她並不站在我這邊。我們的討論變得那麼簡潔有力、誠摯而有意義,但現在我發覺她的心思飄到別處了,我們又重蹈覆徹,像是漫畫裡兩個在對話的人,彼此都錯過對方,互相交談卻雞同鴨講。

「你以為我很瘋狂,就像葛萊漢說的那樣。」她說。

「你真的把我說的話聽進去了嗎?」我問,後悔自己聲音中的不悅。

「聽到了。但葛萊漢真的太可怕了。你不相信我嗎?」

「我相信你。你能聽見我說我相信你嗎?」

「能。但他真的太可怕了,我覺得好像沒有人能懂。我兄弟們一直站在他那邊,你也站在他那邊,我的孩子們也站在他那邊──」

「克洛伊,我必須打斷你。你剛才又說我站在他那邊了。」

「你是啊,我不是嗎?」

「不是的,我不是。拜託,你真的把我說的話聽進去了嗎?我支持你,讓我現在就支持你。」

「你似乎無處不在,就是不在這裡。」

「我分心了。」

「我了解。讓我們看看能不能讓你專注（Pay attention）一點。」

當我說這些話時，我的腦袋思考著，Pay attention，多奇怪，我們稱它為付出關注。做為案主，她付我錢是為了得到我的關注。而如果你付出關注，這意味著它讓你（亦即付出者）付出一些代價。因此，關注是生活中的另一種交易。

「夏洛特，我們今天能做兩個治療時段嗎？」克洛伊問。

她渴望我再餵養她更多東西，即使我餵給她的東西不是那麼滋養或充實。我被迫剝奪她，重複她在生活中與其他許多人相處的感覺。

「我們得就此打住，下次會談時再聊。」我說。

「你是唯一懂我的人。」她說。當她這樣說時，我感到難過。我不覺得自己懂她，至少此刻不是。當我和她在一起時，她感覺我沒有和她在一起，而當我感到與她脫節時，她卻聲稱與我親近。我也覺得她說的這些話並非完全真心的，因為她一直覺得我誤解了她。

在與克洛伊會談之間的空檔，我的生活裡發生了一件難受的事。我經歷了所謂的先兆性流產（在懷孕早期發生的陰道出血或痙攣），並且住院了。我取消了接下來一週的所有會談，發送了

一封普通的電子郵件，信中說明發生了一些意外事件。

克洛伊憤怒地回覆我：「我想告訴你葛萊漢對我說的一些話，」她寫道，「我不敢相信你取消了我們的會談。」她錯過了接下來一個月的會談，忽略了我的訊息。

「你還好嗎？」我曾寫信給她，她沒有回應。我也發了簡訊給她。我很氣自己在健康出問題的同時還要如此擔心她，也意識到一部分的我希望她有能力發揮同理心，詢問我是否安好。

即使沒有見到她，我也對她感到厭煩。在歷經幾個月的思考中，感覺類似一種心理上的暴食和嘔吐，我發覺，我部分的沮喪和我關心她的意義有關。關懷似乎是有代價的。克洛伊對朋友與家人不斷索要關注，造成他們的怨恨、戒心、疲憊和缺乏興趣。她的巨大需求，加上忽視他人的給予，導致人們不想再關心她，於是她便感到飢餓和被拒絕。

「夏洛特，讓我們見面吧。」在數個月的悄無聲息之後，她發了電子郵件給我。我一直在追蹤她，而她一直忽視我，當她願意主動接觸，我當然同意和她見面。我很好奇，想聽聽她有什麼話要說，我也決定要告訴她一些事情。我準備好了。

「不要對我生氣。」她嬌媚地笑著說。

「我什麼時候對你生氣過？」

「那麼也許你不在乎，」她說。「我沒有回覆你的訊息時，你甚至沒想過我是否還活著嗎？」

143　Chapter 5｜關注　　　　　　　　　　　　　　　Attention

「我確實想過，」我說。「我確實在乎。我很擔心，很高興收到你的消息，但也感到難過。這是你希望的嗎？」

「是的。」

「克洛伊，我覺得我對你不夠坦誠、開放。」

「什麼意思？是指什麼事？」她問。

「指我對我們關係的真正感受。」我說。「我在你面前有所保留，然後又有點太過努力。」

「套句你經常說的，願聞其詳。」她說。

「當她引用我常用的這句成語時，我覺得她真的想到了我。

「我想告訴你一個伊索寓言，〈小螃蟹和母親〉。我可以讀給你聽嗎？」

「請吧。」

於是我開始朗讀。

「為什麼你總是那樣橫著走？」一隻母螃蟹對她的兒子說。「你應該筆直前進，腳尖朝外。」

「請您示範怎麼走給我看看，親愛的媽媽，」小螃蟹順從地回答，「我想學學。」

於是老螃蟹一遍又一遍地試圖筆直前進，但她只能橫著走，就像她的兒子一樣。她想要把腳

What We Want　　　　　　　　　　我們想要什麼？　　144

尖朝外時，結果絆倒，臉朝下撲倒在地。

「請告訴我這個寓言有什麼含義。」她說，語氣變得柔和。

我回答說：「我不想和你在一起時成為橫著走的螃蟹，因此我不斷告訴你我要往前走。我一直要求你取得進步，讓事情有所進展，但我自己卻感到困住了。我想我不曾明確地告訴過你這一點。我覺得我們一直在繞圈圈。我即將休產假的事意味著治療會停頓，一個計劃好的暫停。或許你因此想懲罰我，讓我在這段時間一直追著你跑，可能是因為我在你需要我時取消了一次會談吧，不過我必須說，我取消是有一個好理由的。」

「我不想知道你為什麼取消，」克洛伊說。「我假設一切都好，你在這裡，看起來還是懷孕狀態。」

「是的，我還在懷孕。」我說。我懷疑她是否在某種程度上對我的答案感到失望。我緊緊抓住我內在的東西，一個會覺得我大量關注的成長中的生命，也許還有更多。

「我真的想要給你在這個空間裡需要的注意力和關注。我必須在你所在之處，而不是我的所在之處，或是我想要你在的地方。但那也是在要求你。你必須讓我進入內心，你必須讓這份關注發揮作用——讓你感到滿足。讓我們思考一下這對你有什麼意義。」

「首先，」克洛伊說道，「就算我表現得像個王八蛋，還有我問你你是否不在乎我，以及當我

懲罰你的時候，你顯然很關心我，我喜歡這樣。當然，這是一次考驗。你通過了。你知道，我也知道。謝謝你沒有放棄。看，我對自己越來越誠實了。我正在集中注意力，我想，對我來說，當我強烈感到匱乏時，實在難以專注。」

「承認這點是個體貼的舉動。」我說。她正在了解自己。

我想到小兒科醫師和精神分析學家唐諾‧溫尼考特（Donald Winnicott）的一句話：「躲藏是一種喜悅，沒被找到則是一種災難。」她想要我繼續努力與她保持聯絡，而我很高興我沒有放棄，雖然有時候我忍不住想放棄。

「謝謝你安排這次與我會談，儘管我一直在重複青春期以來那種來來去去、暴食又嘔吐的模式。我也對你這麼做了，我把你嚼碎，又把你吐出來，而你依然在這裡，依然願意花時間，依然願意聽我說話。和我共處一室是不是一個很糟糕的經驗？」

「你覺得呢？」我問。

「我想我已經把好的、壞的、醜陋的一面都表現給你看了，你容忍了這一切，不曾堅持要修飾任何東西。你可能曾經試圖敦促我去某些地方，但是當我拒絕移動半步時，你陪著我轉圈圈，所以謝謝你接受我。你曾讚賞過我身上一些其他人不當一回事的特質。你也在我對其他人隱瞞的問題上挑戰了我。」

「謝謝你讓我這麼做。」我說。

「夏洛特，既然你總是問怎麼能幫助我，那麼你知道什麼對我們的合作最有幫助嗎？」
「告訴我吧。」
「你沒有忽視我。你從未放棄過我。對我來說，這是最重要的。」

你關注什麼？

渴望獲得關注是人性的一部分，但大多數人卻對此有著尷尬與複雜的情緒。如果我們直截了當地要求關注，我們會覺得難為情、覺得容易受傷，我們是在冒著被拒絕的風險，即使是面對那些理應愛我們的人，我們也沒有把握。我們很難坦率地說出並承認這種渴望。我們可能被教導不要炫耀、不要要求、不要那麼誇張和不要自私。有時我們或許會相信自己的故作謙遜，甚至說服自己我們不需要關注。驕傲和尷尬可能會把我們推向羞愧和否認的深淵，將真正的渴望隱藏起來，讓我們無法覺察到。

若人們為了爭取關注而操弄我們，可能會讓我們十分惱怒。不需要在半夜竊取我們在白天願意自由給予的東西。尋求關注的行為似乎不必要地複雜，只需直接而坦率地提出要求就好！但是，對於那些被剝奪而且絕望的人來說，戲劇性的誇張行為或許是與觀眾接觸的唯一方式。怒火

爆發是在保護我們免於被忽視的威脅。雖然人們厭惡誇張的戲劇，憤怒仍是一種關注的形式。

儘管承認對關注的渴望令人感到不自在，但我們同樣難以承認自己無法持續關注那些要求很高的人。我們也許不再關注自己的其中一個孩子、我們的配偶、我們的老朋友。有時我們只是分心了，心思放在別的事情上，注意力不集中，而有時我們只是覺得精疲力竭。

在任何關係中，我們或許一開始會充滿熱情與興趣，但是過了一段時間之後，不斷關注重複的抱怨可能會讓人感到徒勞、沒有收穫，這讓人感到疲乏、沉悶，而且覺得不公平。虛假的情感表演讓我們感到疲憊，也榨乾了我們的共鳴。我們也許想懲罰那些想吸引我們關注的人，因為他們讓我們變得虛偽。或者，我們會失去興趣。我們想要保護自己。我們收回、撤回那個使人趨之若鶩的東西：注意力。

若有人要求我們的關注，我們會開始忽視這種要求的聲音和怒火。我們會從提出要求的那裡撤回注意力，也不再密切注意自己內心的要求。我們可能會沉迷並執著於困難裡撤回注意力，也不再密切注意自己內心的要求。我們以為自己知道故事是如何發展的。

我們也會停止關注自己所愛的人，因為我們以為自己什麼都知道了。對熟悉且親近的事物付出真正的關注，是件困難但美好的事。若我們關心的人會關注對我們重要的事，我們會感到更親近，感覺對方想到自己。這代表一種奉獻，一種加入的姿態，表示某件事具有個人意義。因此，對你所愛的人很重要的活動或事情，請特別留意要多加關注。

我們一旦熟悉了一件事，就會覺得它不那麼有趣了，但這真是天大的錯誤，無論是置身一段關係、工作或生活中，我們都可能忽略了那個再熟悉不過，卻忘記去注意的角落之美，以及我們自己和親愛的人身上那些被忽略並視為理所當然的特質。帶著感情去觀察細節、注意某個特點、發現難題，是件很有價值的事。關注是一種愛和理解的形式。關注與創造力密切相關，它藉此歡慶活著的質地。作家蘇珊・桑塔格（Susan Sontag）優美地描述為：「去做些什麼事吧。被迷住，要好奇。不要等待靈感來推動你，或等著社會獎勵你。去關注，一切都是關於專注。專注是生命力，它連結著你與他人，使你滿懷熱望。保有熱望吧。」

專注是一種充滿活力的態度。不要習慣於活著，要對你所看到的一切感到驚奇。

Chapter

6

自由

Freedom

無論我們的性別、族裔、性傾向、
種族、文化、年齡層為何——
我們都可能被我們的關係吞沒,
以至於忘記如何成為自由的。

對自由的渴望通常會透過抗議和反叛表現出來。我們覺得受限、遭到囚禁、受到壓抑，就像被綁在汽車安全座椅上的嬰兒，感到莫名憤怒。保護我們安全的事物也同時困住了我們。但試圖向一個受挫的嬰兒解釋安全是無用的，轉移他的注意力倒可能管用。從幼兒時期開始，缺乏自由對生命力造成的威脅可能比潛在危險的威脅更大。

婚姻治療師埃絲特‧沛瑞爾（Esther Perel）曾在著作中談到這種衝突：「從我們出生那一刻起，就面臨著兩組相互矛盾的需求：對安全的需求和對自由的需求。它們出自不同的來源，將我們拉向不同方向。」

我們努力想獲得保護，同時也渴望自由。為這種衝突命名有助於讓我們在關係中為彼此騰出空間，不過我們經常會為了其中一方而犧牲另一方，認為這兩者非此即彼、無法並存。

隨著年齡的增長，我們可能會抗拒，或堅持認為自己被束縛在關係和承諾中。當我們選擇承諾時，無論是全心全意還是猶豫矛盾，可能都會對失去自由感到悲傷。如果我們避免承諾，剝奪了自己體驗親密、持續付出與有意義的經驗所帶來的喜悅，內心也不見得真正感到自由。然而如果我們過度承諾、承擔太多，我們可能會覺得受困，受到義務和責任的控制。我們會痛恨自己曾經選擇的事物，質疑自己是否真正能夠自由選擇這些帶來懲罰和限制感的事物。

無論我們做什麼，或不參與什麼，未來會發生的事都存在著不確定性。做出承諾通常感覺像是限制我們可能性的一種選擇。無論如何，我們的可能性總是有限的，但做出承諾可以激發我們

What We Want　　　　　　　　　　　　　　　　　　　　　我們想要什麼？　152

對無窮可能性的幻想。

「我現在不想步入婚姻，但萬一這是我最好的機會，而我錯過了呢？」最近有人問我這個問題，我經常聽到大同小異的問題。「如果我離開丈夫，幾年後我的生活會更好嗎？」承諾是賭博，放棄承諾也是賭博。不管任何事，我們都無法確定將來會怎樣。即使承諾表面上提供了情感的安全感和可預測性，但它也產生了不確定性。我們總是對未來感到不確定，不知道會有何變化、我們會有何感受（不過我們也許對所有這些事都存著幻想）。

我們渴望從壓力中**解放**，獲得自由，也夢想著擁有自由，能夠**去做**我們想做的事。當我們怨恨自己過去做出的承諾，會發現自己在哀悼潛在可能性的自由——那是我們幾乎不曾察覺到自己擁有，但如今已經犧牲的自由。我們可能會反覆思量原本可以做出的其他選擇，或是幻想自己終有一天會獲得一種烏托邦式的自由。有時，我們會將自己缺乏自由的責任歸咎於他人。

與鄰居、店家甚或陌生人不期然的偶遇，能帶來一種解放的**喜悅**。有時候，友誼裡缺乏證明的承諾，可能讓人感受到沒有既定情節的美好與解放的暢快。你們見面是因為你們都想見面，不是因為你們背負著回報的責任。然而，若沒有義務存在，你也可以自由漂泊，輕易失去聯繫。承諾可以提醒我們自己重視的是什麼。

存在主義者以相當極端的方式宣揚愛情裡的自由，尤其是西蒙・波娃（Simone de Beauvoir）和沙特（Jean-Paul Sarre）這對知名伴侶。這個論點非常引人注目。西蒙・波娃寫道，女性被教

導，找到愛情是我們唯一且最終的命運，而這終究是無法帶來滿足，也是不夠的。她寫道，女性必須努力追求自由，因為我們低估了自由有多麼困難、多麼重要。她所謂的「服從的殘害」（Mutilation of subservience）適切地描述了任何人在一段關係中可能發生的事。無論我們的性別、族裔、性傾向、種族、文化、年齡層為何——我們都可能被我們的關係吞沒，以至於忘記如何成為自由的人。

戀愛初期就像一場狂喜的冒險——自由地以嶄新的方式探索自己，就像我們發現對方一樣，狂野地到處漫遊。但是在追求這份自由的過程中，我們常常有著達成某種承諾的目標。我們會做出承諾。房屋貸款、合約、婚姻誓言，包括法律或宗教方面的，這些都不一定能完美地引導人們清晰而全面地思考一段關係中自由的意義。我們喜歡用具體的方式鎖住愛情——傳統上用的是戒指，但也包括其他具體動作，例如巴黎藝術橋（Pont des Arts）上的「愛情鎖」（這數百個鎖的重量對橋樑造成了潛在損害，因此市政府會定期派人移除）。而西班牙文的「妻子」是 esposas, 意思是「手銬」。

隨著一段感情成熟，我們也許會注意到自己對親近和親密關係的態度有所轉變，在該做出什麼選擇、何時做出選擇，甚或是否有必要做出選擇等方面產生意見的分歧。外遇、婚姻、開放式關係、同性伴侶、迴避型、迷戀等——任何選擇（包括不做選擇）都能威脅我們情感上的自由感。圍繞著責任與依賴而生的衝突會浮現。我們感覺被時間搶劫，選擇和可能性被剝奪，我們感

到失望，被意外情況所挾持。

對一些人來說，任何形式的依附都會對自由構成威脅。照顧他人可能成為一種不便，是分散自主權的事。如果我們在任何關係中，都能刻意學習如何考量對自由的需求，無論自己多麼依附和投入，都會大有助益。如果我們能以開放和靈活的態度對待承諾與自由，無論我們的情況和年齡為何，都能定期更新並調整相關的「條款與條件」。

我的一位案主莎拉，是一位實習心理治療師和獨立記者，她試圖藉由不在關係中做出承諾來保護她的自由。但是這樣的自由最終變成了一種囚籠。我們在某方面掙脫了束縛，卻在另一方面重新造成限制與障礙。

莎拉的頭巾

我不能太在乎，我需要不去在乎。

自由發言是治療的特權之一。我們見面時，莎拉便談到了這一點。她是摩洛哥人，在馬拉喀

155　Chapter 6｜自由　———　Freedom

什（Marrakech）和倫敦長大，現年二十八歲，獨居，是一名獨立記者。她剛開始以兼職方式接受心理治療培訓。

「我必須做個人治療，這是課程的一部分，所以我才在這裡。」她在我們第一次會談時說。

如果莎拉決定和我投入治療，我第二胎的產假將會中斷我們的工作，至少是暫時的。懷胎六個月時，我對懷孕的感覺和情緒比較強烈、誇張一點，這肉眼可見，十分明顯。

「你的預產期是什麼時候？」莎拉問。我告訴她我的產假日期。

「如果我們一起工作，你會回來嗎？」

「會的，我絕對會。」我說的時候有一點過於自信了。懷第二個寶寶之後，我對自己的事業計劃更有信心，無懼困難。當這些話脫口而出時，我意識到自己不經意透露出太強烈的觀點。我想讓它平衡一些，於是笨拙地補充道：「我的回歸日期仍是暫定的——但我會回來。我還會在這裡十週的時間。好，說說你的生活吧。」

莎拉冷靜地微笑看著我。我的過度解釋是一種不安全感，感覺和我不舒服的腫脹狀態有關。我的雙腿幾乎無法交叉，還有妊娠糖尿病，在每次會談之間的空檔都必須檢查血糖，我正在努力抓住一切。我想要這個寶寶；我差點失去這個寶寶。我也想繼續工作，我正努力確保不會失去我的位置。這與莎拉無關，我已經離題了。

我們重新集中精神。她告訴我她的課程，以及她個人覺得有共鳴的想法。情感解放。冒險。

無拘無束。

當她告訴我她正在讀的書時，我坐立難安。我很難靜靜坐著，但莎拉和我仍四目交接。她似乎對尷尬感毫無畏懼。培訓中的實習心理治療師可能是充滿挑戰性並帶來回報的案主，他們有時會抗拒，感覺是被迫接受治療，而且擔心曝露自己。我不知道莎拉是否在評斷我，還是在展現她想好好進行治療的決心。

我們談了一下莎拉想成為治療師的願望，以及這與新聞學和言論自由的關聯。她說話思慮周到，表達的方式十分從容、有深度。她熱情而聰明，舉止有些鄭重其事。

「我的課程要求我讓你填寫一份表格。可以嗎？這是要求的一部分。」

「好，當然可以。我注意到你一直提到治療是一種要求。你在這裡的感覺如何？」我問。

「嗯，好問題。」她說，吸了一口氣，思考著要說什麼。「事實上，我以前從未接受過治療，所以這給了我一個藉口來合理化這筆費用，因為這是我職業發展的一部分。感覺沒那麼浪費。但我不喜歡被迫做某件事，我喜歡自己做選擇。」

她說話結尾時語調會有點上揚，聽起來好像問句。她對自由和承諾的矛盾情緒開始浮現。一方面，她覺得規則與指導讓她感到更安全，可以將責任推卸給權威，但另一方面，她反叛、抗拒別人告訴她該做什麼。她告訴我她在事業上做出的選擇，她希望向前邁進，過自己的生活，不被男人或成為母親所束縛。她說「安定下來」是一個沉悶的詞彙，是她一定會避免的情況。她不想

覺得自己受制於他人，她相信開放式關係，不過她不是個信奉多重伴侶有太多規則和一整套信仰了。」）她在大腿上交疊雙手。她的輪廓十分鮮明，優雅和力量兼具。

我說希望她會發現心理治療能帶來解放，即使這不是出於她的自願。在這方面，她可以自由發言，不經審查。接著，我指出她也有選擇心理治療師的自由。為什麼選我呢？

「有幾件事吸引我來找你，」她說。「方便。我家距離這裡只有不到十分鐘路程。而且，我看到你在塞內加爾（Senegal）工作過。我想你對穆斯林文化應該很開明。」她的聲音帶著自信，表情卻顯得猶豫。「我不再是個信徒了，但我以前是。」她感覺被困在文化和信仰之間。「而且，當我發電子郵件給你，詢問是否能預約見面，你說你會休產假。雖然你沒有指出什麼時候，但如果我們合作，就會有中斷的時間。我喜歡那樣，我害怕長期的承諾。」

我們談論了在心理治療中感到自由和不受評斷的重要性。

「我希望你不會像一個伊斯蘭治療師那樣評斷我，或是有恐伊斯蘭的問題。如果你對我的出身有一點了解，會很有幫助。」

「我克制住自己，試圖不表現出對她背景有任何特殊認識。我克制自己不要努力過頭。」

「我的背景對我來說不是影響最大的部分。我想要覺得可以自由討論任何我想討論的事，即使涉及文化和宗教，我也不想讓它定義我，我希望那是我自己的選擇。」

「可以理解。」我說。

莎拉問：「我猜我是交織性（Intersectionality）的。交織性*你常聽到這個字眼嗎？」

「是的，」我說，「你對此有什麼感覺？」

「雖然這個詞適用於我，但在心理治療課程中它是最被濫用的詞彙。我感覺很⋯⋯受困，這讓我有幽閉恐懼。大家都對我小心翼翼，小組討論的時候，在所有涉及種族、族裔和邊緣群體的事情上，大家和我說話都好小心、好體貼，這讓我覺得很尷尬。」

我問她覺得尷尬的原因是什麼。

「就像我是個小女孩，我是那個穆斯林女孩代表，儘管我並非虔誠的教徒。我想成為一名心理治療師，這樣我就可以幫助人們談論那些難以啟齒的事，你在其他地方不能談論的事。我不想讓它變成安全的、小心翼翼的。我選擇這門課程是因為它看起來很有趣，而且很大膽。我在腦海裡想像的是挑釁、開放的討論，而這讓我有點興奮。嗯，結果它聚集了很多過度謹慎、超級體貼的人，小組中連稍微有點爭議的話都沒人對我說過。實在太平淡乏味了。」

她曾夢想過心理治療培訓能為她帶來自由。她感覺這門課程過濾掉了太多過激內容。

---

* 註：指人們可能因交織和重疊的身分相互作用，導致既賦權又壓迫。由學者金柏莉・克雷蕭（Kimberlé Crenshaw）提出的理論框架。

「在我進一步了解這門培訓在做什麼之前,我不會承諾明年的事,」她說,「但我承諾,在你休產假前我們會一起合作。這麼做讓我感到自由。」

我問她,在這個情境中,自由對她來說意味著什麼——她會如何定義它?

「就只是做自己,我想。感覺我被允許做自己,你知道,完全做自己,」她告訴我她所提倡的政治權利,以及摩洛哥的新聞自由和婦女議題。她描述了自己曾寫過的文章,以及她因不受束縛而發生冒險。在外在,她一直提倡自由;在內在,她一直在逃離。

她描述自己在母親過世後,還是青少年的她便離開摩洛哥的情景。「就像你把一顆酪梨核從酪梨中拿出來一樣。沒有核,剩下的酪梨就壞掉了。我的父親,還有兄弟,在她一離世後,失去了對彼此的意義。沒有了母親,我必須離開摩洛哥。我無法繼續待在那裡。」

莎拉搬到倫敦,和西倫敦的一位阿姨和表親住在一起。她跟一群地痞流氓混在一起,但成績始終不錯。她進入青春期後便開始戴起頭巾,無時無刻不戴著「希賈布」(Hijab,指穆斯林婦女包覆頭髮和頸部的頭巾)。「我比我的家人更虔誠,奇怪吧。我家裡沒有人戴頭巾,但我想從她十四歲起,每當她戴上頭巾,她的行為舉止就會表現得很好,儘管偶爾也有屈服於誘惑與壓力的時候。

「那時候,我會摘下頭巾。」她說,眼神變得更加專注。

「然後呢?」

「然後⋯⋯其實什麼都有可能。也許我會在陌生人床上、夜間公車上，在許多瘋狂的地方醒來。我會喝酒、嗑藥，和男人亂搞。我有好幾次突然斷片、昏厥。有一次我在倫敦市區外的一片田野裡醒來，在一個前不著村、後不著店的地方，我不記得自己怎麼到那裡的，也不記得那天晚上的任何事。我很幸運，沒有死在水溝裡⋯⋯」

她描述了自己戴著頭巾的感覺。「我覺得很安全，彷彿任何壞事都不會發生在我身上。成績優良，不亂搞，不喝酒，什麼都沒有，永遠不會，絕對不行。只要我戴著頭巾，就永遠不可能做出什麼壞事。我不會⋯⋯甚至感覺不到這種可能性。」

頭巾以某種方式保護了她，讓她不受到自己和外在力量的影響。我詢問了她戴頭巾和她母親的去世時間點。它是一個過渡的物品，一種同時擁有並拒絕母愛的方式嗎？

「巧合吧，」莎拉說。「但我就知道你會這麼說。或許它感覺像是一種權威，一種掩護，以母性來看，有一點像是這樣。但我也不喜歡一直戴著它，所以我會拿下來。有時戴有時不戴，每天如此。」

頭巾決定了分裂，形成了雙重身分。

「你現在沒戴蓋頭（Head covering）了。」我評論道，突然意識到我採用了不協調的用詞，即使從頭巾（Headscarf）改為蓋頭，感覺也不太精確。

「我們來做個約定吧，我不想像你課上的那些人一樣，過度淨化或修改自己說的話，但我也

許會弄錯一些事情。我們能不能約定，如果我犯錯或說了什麼有文化誤會的話，你會告訴我？我對你提到的，想要與人有不經審查的對話感觸很深。」

「當然，」她說。「我希望我們兩人都能自由發言。如果你要幫助我做自己，而我也必須做我自己。我想那才是我來到這裡的真正原因⋯⋯先回答你的問題，用哪個詞都可以──頭巾，或蓋頭。我在獲得第一份新聞工作後便完全不再戴它了。雜誌上的其他女孩都有著一頭直髮，沒有人將頭蓋起來。還有短裙、性感的雙腿和化妝這些。有一天早上，我就摘下它，放進抽屜裡，再也沒戴過。就這樣。」

我們探討了她不再戴任何類型頭巾的感受，並且（令我驚訝的是）她描述自己在追求能解放她的事物時，反而失去自由的感覺。「關於我的穆斯林成長背景，我拒絕了很多部份。我不贊同我母親對待女性的大部分態度，也不贊同我父親和阿姨們仍然延續著這樣的態度，不過配戴頭巾保護了我的自由，它讓我不被物化。有種相關於頭巾帶來多大限制和壓迫的討論，你在學校也讀過各種相關爭議，但是我⋯⋯陷入兩難。我曾在文章裡寫過，面紗一般來說可以讓人感覺受到掩蔽和保護，並以某種方式帶來解放。它們使我們遠離傷害，我個人也喜歡將髒亂的頭髮藏在頭巾下，但同時，面紗也阻止我去做蠢事。」

她停住，表情陷入沉思。「我在青少年時期將它摘下時，我以為那是自由，但是相當可怕。那些經歷，我甚至連一半都記不起來，一切都像令人頭昏眼花的模糊畫面。感覺不是太好。」

What We Want　　　　　　　　　　我們想要什麼？　162

從受限的拘束到無限的自由所帶來的釋放，讓她感到招架不住，也將她置於險境。「那麼你覺得你是自由選擇脫下它，並完全不再戴它，還是你是感受到壓力而做？」我問。

「我們總是有壓力。告訴我，地球上有完全沒感受到壓力的人嗎？即使是想要開心的壓力也一樣。」

「你感受到什麼壓力？」

「我感到想要自由的壓力。對我來說，堅持獨立性十分重要。我不能放棄，這是得來不易的。但這意味著我不能在乎任何人或任何事物。我不能。如果我在乎，我就會失去自由。」

我仔細思考了她的評論。如果我在乎，我就會失去自由。

她是否在乎她的母親，卻失去了她？

「你在乎你自己嗎？」我問。

「是，」她說。「我在乎，然後失去了。我不會再這樣做了。」

「嗯。不確定。」她說。

我們花了好幾分鐘回到在乎或不在乎這個議題，和保持超然是否是一種自由的選擇，以及它是否帶來自由。這件事似乎與失去她母親有關。避免親密和親近的脆弱性，可能以某種方式保護了她的自由，但這難道沒有限制她全心投入的自由嗎？她不願承諾的態度似乎也和母親帶給她的遺棄感有關。母親的承諾和照顧代價太大了。再也沒有下次了，她說。

163　Chapter 6｜自由　　　　　　　　　　　　　　Freedom

「我可以依靠我自己。我會對自己的生活負責,就這樣。我不需要照顧其他人或和他人依附在一起。如果我是心理治療師,我會觀察人們,但我不需要過度涉入。我想觀察,但會從房間的另一邊,我不需要更接近。」她反覆重申自己不需要的一切。

在第一次會談結束時,莎拉和我約定合作,我重申我們的工作會被即將到來的產假打斷。她說這個約定的有限性更適合她。

在我們一起合作的過程中,莎拉常常談論規則、文化規則、宗教規條、習俗、需求等等。當我們探討自我揭露的重要性,以及她是否覺得能自由地與培訓小組談論她內心最脆弱的一面時,心理治療的規則也成為討論焦點。

「他們以為了解我,因為我給了他們一些能轉移焦點的文化創傷,但我給他們的不是真正的親密感。」她說。

她描述了各式各樣的壓力與誘惑,以及自己在二十歲出頭時,如何藉由肛交而非陰道的性交來保護自己的純潔,以及如何找出規則漏洞和方法來調和互相抵觸的內在衝動。那些反抗和順從她內在權威的方式,她在扭曲規則。

我更臃腫了些，我們的休息時間快到了。

在一次會談開始的時候，莎拉一來便顯得有些煩惱、緊張。

「我遇到了一個人，我覺得我喜歡他，」她說。「事實上我真的喜歡他。」

「哦！然後呢？你對這件事有什麼感覺？我之前沒聽你談論過喜歡誰。」

「那是因為我從沒喜歡過誰，我被自己的感覺扭了。這種體驗太強烈了。」

她似乎因為我從沒喜歡過誰而感到無所適從，彷彿她的整個系統都因此失去了平衡。

「我想，我們都選擇了自己的限制，」莎拉說。她指著我的寶寶。「你難道從來沒有覺得你的寶寶很無聊，就這樣被困在你裡面嗎？他一定很想出來。」

我倒從來沒想過這一點。我假設胎兒在子宮裡是滿足的。我請她再說明一下她的問題。

「我為寶寶如此依賴而感到難過，」她說。「還有你。你也依賴著寶寶的安好。你看，在乎會干擾自由。」

當然，她是對的，當我們有更多事需要在乎，就會有更多可以失去的東西。我們更容易受到事情出錯的影響，不只對自己而言，還有我們的至親之人。她堅持不讓自己去在乎他人，並無法讓她從憂慮中解放。

莎拉是在讓自己在乎治療或是自己嗎？她說不是。如果莎拉故作灑脫淡定，她或許會體驗到另一種形式的失去，讓她的世界變得更冷酷，但這就是她處理失去母親的故事。我們執著於自己

處理創傷的故事,我們珍視那些使自己度過難以承受之傷痛的信念。我們認為,之所以能在可怕的經歷中倖存下來,是因為那光榮的故事。莎拉應對母親過世的光榮故事,或許是她爭取自由與獨立的嘗試。因此,任何挑戰這個故事的企圖,都可能被她視為對她賴以維生的威脅。

幾週之後,我的身形更龐大了。我得承認,在這個笨重的第三孕期,我感到有一些幽閉恐懼。雖然我不覺得嬰兒想離開我的身體,但我想讓自己暫時解放一下。

莎拉感到自己被往不同方向拉扯、壓迫。她喜歡的對象是摩洛哥人,完全不是虔誠信徒。但她突然想念起她的頭巾,她想念設置屏障的輕鬆和明確。

「我想念那種保護,那種簡單。」她說。我問她現在如何保護自己。這感覺似乎不可能。

「我……呃……我有點被困住了。」她猶疑地說,避免了眼神接觸。

她經常描述被困住和受限的話題,但這次感覺不同。

「我懷孕了,我不知道自己會不會留下這個孩子。」莎拉漠然地說。我一時間對這個消息感到驚訝萬分。我們檢視了這些矛盾的渴望,以及保留嬰兒或終止妊娠的意義。她問我,當我明顯快要生下一個寶寶時,她卻在考慮如何處理自己的寶寶,會不會覺得奇怪。對我來說並不奇怪,對她來說呢?看著我懷孕,同時思考該如何處理自己的懷孕?

「有點詭異,但還可以。」她說。莎拉在大多數的依附和承諾關係中看見的是陷阱與困局。

她告訴我,保護自己的獨立性是最重要的。她一直在為自由而努力,她不想放棄。「我是一個遊

蕩者（Flâneur），」她如此形容自己。「我四處漫遊，四處張望，但我不需要過度涉入任何一件事。我可以繼續遊蕩。」

承諾成為一名母親令她畏懼，那些義務和無止境的責任，以及獨立性的喪失。她似乎不想要孩子，至少現在不想。莎拉說她喜歡這個男人，但她並未多做說明。她沒有告訴他她懷孕了，也許她永遠不會告訴他。她還沒準備好應付他麻煩的反應。她已經不堪負荷了，她交叉著雙臂說。她對自己的魯莽行為感到焦慮。她沒有保護好自己，現在才必須面對這種情況。她必須決定怎麼辦。她說選擇已經很明顯，而且，要如何選擇完全取決於她自己。這部分就是她珍惜但也討厭的部分。她感受到必須做決定的責任重擔。

她說：「我不能太在乎，我需要不去在乎。」

隔週，莎拉缺席了我們的會談。我發電子郵件給她、打電話給她。我再也沒有得到回應。

她突然人間蒸發。

自由來去。

167　Chapter 6｜自由　　　　　　　　　　Freedom

追求自由的天性

曾經，為了一個播客節目，我訪問了一名記者兼更生人厄文・詹姆斯（Irwin James），他在監獄度過了二十年，我們談監獄如何塑造了他的生活。他描述釋放的感覺：「那是一個陽光明媚的八月天，我可以向左走，也可以向右走。」能夠選擇左邊或右邊的自由幾乎意味著所有的事，但自由本身或許是可怕的。我們擁有犯錯的自由、踏入險境的自由。令人覺得充滿希望的是，我們擁有理解自身限制和局限的自由，去思考何謂界限，並探索是什麼驅使我們打造出牢籠。

有些人陶醉於自由的概念，但是若我們對生活中的任何事物產生強烈依附，我們就無法完全自由。將我們束縛在一起的不光是責任與承諾的要求──還有一個事實，亦即一旦我們對任何事物產生依附心理，包括生命本身，我們就有東西可以失去。事情也許出錯，我們很容易受傷。在乎與關心為我們的生活增添了價值和意義，但也讓我們付出代價（而不在乎不關心也會讓我們付出代價）。

沙特說：「自由是我們對自己身上發生的事情所給予的回應。」無論自由以什麼形式存在，我們都想要它，而通常這是一場鬥爭。我們覺得受到規則、家庭、宗教、文化壓力、時間限制的局限。任何形式的關係既能解放我們，也能踐踏我們。有時我們反叛得太徹底，導致我們藉由反叛和做出相反的行為，以另一種方式被囚禁了。有句諺語說，碰到社會的規則時，你可以選擇遵

從、反叛或自由。

自由的問題之一是我們內心的不信任。

我們以意想不到的方式尋求、抗拒自由與安全。我們可能欺騙自己，以為自己隨心所欲，事實上，我們在心理上已經被內化的權威聲音牽著鼻子走了。我們心裡可能有一部分想要獨立，但又會恢復到被告知該怎麼做的熟悉模式，然後懷疑自己。

人本主義心理學家埃里希‧佛洛姆（Erich Fromm）捕捉到這種緊張心理：「除了對自由的天生渴望之外，是否還有一種對服從的本能渴望？如果沒有，我們該如何解釋服從於一名領袖，在現今社會如此有吸引力呢？服從永遠是針對一個明顯的權威嗎？還是也有服從於內化權威（如責任或良心），對內在衝動或匿名權威（如輿論）的服從呢？」

即使我們生活在一個所謂的自由世界，可以做我們想做的事並做出自己的選擇，但我們卻鮮少感到完全的自由，這通常是因為我們內在的聲音會評斷我們。正如神經科學家克里斯多夫‧科赫（Christof Koch）所言，「自由永遠是一個程度問題，而非我們是否擁有的絕對好事。」

對情感自由的覺察，提醒我們對機會保持警覺。一定程度的內在自由幾乎是一直存在的，問題在於，我們並未被教導如何追求健康劑量的自由，而且「自由」的意義和定義著實令人困惑。美國女性主義詩人雅德里安‧瑞奇（Adrienne Rich）是這麼說的：「從解放政治裡被綁架的詞彙中，沒有一個詞彙像**自由**一樣被大肆渲染。」

如果我們太輕易放棄並犧牲自由，事後懊悔時，我們也許會嚇壞。我們或許會發現，自己在工作或人際關係中像個**跟風仔**，行動如夢遊，然後我們可能會驚慌失措，開始逃跑，不了解自己正在做什麼。隱藏的花費、外遇、飲酒和嗑藥，耽溺於不健康的習慣，甚至是欲罷不能地狂滑手機，全都可能是我們渴望逃離當下處境的跡象。有意識地覺察到自由的各種形式，有助於讓我們優先考慮適度的自由。

你所認為的自由，或許不符合其他人對自由的看法。請思考自由的種種形式，並持續問自己你想要什麼樣的自由。我們在二十歲時想要的自由，不一定是六十歲時可以獲得的自由（雖然我們可能會幻想）。更新並修正你追求自由的機會。調整承諾的條款與條件，為自己騰出空間。在獲得自由的方式上，亦要保持靈活、發揮想像力。有時候，就只是抬頭看看那片藍天；而有時候，生命的自由令人眼花繚亂。去找出你的極限吧。

Chapter

7

創造

To Create

創造力的特徵是靈活性。

如果我們缺乏信心、充滿不安全感,

新的創造性事物

可能會讓我們覺得承受極大風險。

十一歲的時候,我的老師出了一個不尋常的家庭作業。他要我們在晚上抽出三十分鐘的時間,想像一些東西,任何東西都可以。班上的一位女同學焦躁地向老師提出問題,希望他能更詳細的釐清、說明並指導。他拒絕提供更具體的說明,表示這個練習的目的是讓她的心思隨意漫遊,這不是為了成績,不會打分數。她越來越心煩意亂,身為一名成績優異的學生,她想要把它做好,但她就是搞不懂這個練習,最後她哭了出來。

「只要告訴我該怎麼做就好!」她喊道。

幾年前我再次見到她,回顧那段經歷,她說他是唯一一位曾邀請她發揮創造力的老師。

童年結束之後,社會幾乎無法在日常生活中培育我們的創造力。在童年時期,提供孩子們藝術材料、邀請他們寫故事、唱歌和跳舞是很普遍的活動,不必擔心追求完美這種事。想像力、遊戲——這些是孩子們的事情。孩子們被告知要「玩」。遊戲是學習不可或缺的一環,但成年人很少被要求這樣做。遊戲和創造都涉及富有想像力和衝動隨性的行為,以及願意編造、發明、冒險賭一把,放棄確定性。在遊戲中,即使存在著一些規則和指示,也有神祕和發現的部分、犯錯的可能性、走向的改變,還有不知接下來會如何等情況。童年之後,很多人就不再有充分的安全感去「沉迷」在創造力和遊戲當中。

如果我們擴大對創造力的理解,以及它對我們生活方式的影響,便能以無數種方式豐富日常體驗的質感與色彩。保持玩心,允許自己去想像超出一己經驗的事物,允許自己去參與一些蠢

事,或是盡情陶醉在烹飪或家事等日常家務的樂趣中,這些都能為自己帶來新的機會。要發揮更豐富的創造力,第一步是有意識地為自己定義創造力,並認出能夠採取創造性做法的機會,革新熟悉的事物,使它煥然一新(套用詩人艾茲拉・龐德〔Ezra Pound〕的話)。

我經常被問到,為什麼要人們改變是如此困難,以及心理治療有何裨益。我們每個人都會陷入困境,創造力與遊戲可以將我們拔出泥沼。這需要勇氣、不確定性,還要真誠地敞開心扉接受新的思想、感受與經驗,甚至是驚喜。或許最為根本的是,創造力的特徵是靈活性。如果我們缺乏信心、充滿不安全感,新的創造性事物可能會讓我們覺得承受極大風險。我們執著於熟悉感,執著於確定性的幻相。

詩人W・H・奧登(W. H. Auden)在《焦慮的年代》(*The Age of Anxiety*)一書中寫道:「我們寧可毀滅也不願改變。」儘管極度渴望改變,他這句話說中了我們內心那個不惜以殉道抵抗改變的部分。完美主義可能會將一日的祕密幻想儲藏在心裡。我們堅守著那些可靠但註定失敗的事物。生產力很容易佔據創造力與遊戲的空間,尤其是當我們感到缺乏靈感或興奮的時候。我們會匆忙地完成任務,著迷於社會對進步和成長的定義。在生命中,休息也同樣具有價值。我認識一位作家,她把自己不積極寫作的時候稱為「輪作制」。

心理治療本身就是一種創意的合作。我們調整自己以進入他人世界的節奏,同時密切關注自

己的反應。我們聆聽細微的音符、建立連結、提供洞見與好奇心，邀請對方反思與聯想。我們使用譬喻、審視象徵意義、從廣闊的視角去辨識更大的主題，並透過變焦鏡頭的聚焦來探索細節。從某些方面來說，這樣的努力極具獨特性。每段關係都是無法複製的，兩個人走到一起，創造出獨一無二的東西。

若我們事先編寫自己的故事、講述故事，再帶著對故事完全相同的理解離開，那就不是一個創意性的過程。創意是當我們講述或重述一個故事時，發現了某些東西，聽到了隱藏的音符，無論有多麼大或多麼小。我們看見了一個主題或模式、一個角度、一份連結、一種感受、一個想法，甚至是某種神祕的東西。

我們可以在既有的生活中，以玩樂和創意的方式看待並體驗這個世界。有時候，我們害怕玩耍時，身體會變得很有創意。

我的治療工作對象蘿西，是一位有性行為障礙的年輕女性。她的身體在表達自己的親密障礙方面，具有高度的想像力與象徵性。蘿西想要創造新生命，這意味著我們彼此都意料之外的事。我們需要足夠的安全感才能去冒險並發現新事物。亞里斯多德（Aristotle）「**萊斯比亞尺**」＊的靈活性概念浮現在我腦海——根據經驗的細節進行彎曲和調整。蘿西對玩樂和遊戲心情的抗拒心態是我們工作的核心。

蘿西的房間

也許有時我愛挑釁，但這不表示我真的想摧毀你。

我一見到蘿西，馬上就感覺到她很僵硬。她有著誇張的精確說話方式，單是她待在房間裡，便立刻引起了我的興趣。她靜靜坐著，像是愛爾蘭舞者那樣挺直、沒有一點彎曲的姿勢——她的手臂從來不動，手掌朝上，彆扭地放膝蓋上。她毫無彈性的狀態讓我感到不安。

「顯然我的身體沒有任何問題。」她說。蘿西是一位二十出頭的行政助理，已經結婚一年了，但婚姻尚未圓滿。

她想要懷孕，但每次一嘗試性行為，她就會變得很緊張，然後什麼事都沒發生。她被診斷出患有**陰道痙攣**（Vaginismus），一種陰道肌肉緊縮，導致任何物體插入變成不可能或疼痛難當的情況。用小說家艾德娜·歐伯蓮（Edna O'Brien）的話來說，「身體包含的生命故事和大腦一樣豐富。」我很好奇蘿西的身體想要表達什麼。

＊ 註：古希臘石匠所用的鉛尺，在此用以比喻靈活、彈性的標準。

這次的轉介是來自我在一次醫院募款活動裡認識的私人婦科醫生。我很感謝這次的轉介，我對陰道痙攣的議題特別感興趣——針對親密關係本質上的緊張，它是個精彩的隱喻。我們都有關起門來的時刻，或者被拒絕進入某人內心世界的時刻。

所有人類，不分性別或年齡，都能追求並抗拒與身體、思想、他人和空間之間的親密關係。性行為困難可能象徵的是關係的極度多樣化，它點出了我們設置來防止自己接受並給予的障礙。在見到蘿西之前，我已經做好準備，我全心投入並充滿好奇心。我的開場問題是策略性的，也知道自己必須慢慢進行。開場，慢慢來。甚至連我思緒裡的話語都感覺有象徵性。

我請羅西談談自己，談談結婚、她的成長背景、對性的感受，以及讓她前來接受診斷的困擾。我說如果我能了解她並對她的生活有概略的了解，會有助於治療。

「嗯，好吧。」她盯著我說。「醫生給了我一些在家用的擴張器，我的健康保險已經授權我和你進行六次會談。如果我做這兩件事，能解決問題嗎？」

「治療並不完全是關於解決問題的，」我聽到自己在深呼吸，然後再次開口。「它的重點是理解和逐步化解問題。陰道痙攣很好處理，談話真的會有很大的幫助。」當這些話從我口中說出時，我已經對自己的聲音感到厭煩了。我說的話聽起來單調乏味，聽起來像是藥物說明小字上的防禦性聲明。我與她的第一次接觸實在乏善可陳、頗為勉強。我們的開局有些平淡無奇。

她問這個問題是否常見，以及它是怎麼回事。我告訴她每個人的故事都不一樣。

What We Want　我們想要什麼？

有人用「恐慌的陰道」來形容它。人們可能會對恐慌感到恐慌，默默承受痛苦，覺得羞恥、尷尬、沮喪不已、求助無門。這個問題是跨宗教、文化、教育程度和年齡的。它也許來來去去，也許變成一種慢性情況。

我很高興她能來這裡尋求協助，這已經是一個令人感到鼓舞的開始。性心理的問題很容易在醫學、治療和人際關係之間的空隙中迷失。在面對性行為困難時，不知該去哪裡、該面對什麼問題、該找誰，如何整理思緒，或許既如字面意思，也是象徵性的。

我們尚未討論到蘿西的任何私人和具體事情。我有種一絲不苟的特質，使她同時像個小女孩，又像老太太。她顯得比大多數二十二歲的人更天真、更青澀，但也更理智、更成熟。

她身形嬌小，十分纖細，感覺整潔有序因而頗為迷人。她有一雙藍灰色的大眼睛，深色頭髮編了兩條辮子，臉部輪廓棱角分明。她說話急促乾脆、斷續而不連貫。雖然她的措辭很有禮貌，但有些好鬥、憤怒。她尚未展現出來，但我感覺到她身上有一種頑強的堅韌。她想拒絕什麼呢？

蘿西在一個極為虔誠的基督教家庭長大，父母都是傳教士。她的父親是一位福音牧師，經常搬家。蘿西的童年曾分別在德國、肯亞（Kenya）、法國北部和布萊頓（Brighton）度過一段時

間。當我問到兄弟姐妹時,她說她是家裡最年長的孩子,但她不確定要怎麼算,因為養子女和非血親的親戚也被視為家人。

「在我們家,我們接納所有人。我們一直很歡迎他人,」她說。「我們不會區分誰是真正有血緣關係的人。*Mi casa es su casa*(我家就是你家)。無論我們在哪裡,都有人會來和我們一起生活。有些人會待個幾星期,有些人會停留好幾年。身為傳教士,帶領進來的人越多越歡樂。」

而現在她的陰道在抗議了。取消門戶開放政策!禁止進入!

「對你來說,一直不停搬家,一直有這麼多人住在你家,是什麼樣的感覺?」

「很辛苦,一團亂,無止境的洗衣循環,但那就是生活。身為最年長的孩子,我被指派為負責人,不停打掃和照顧每個人。我要監督功課、家務、雜事、餐飲、時間表。永無止境。我做了大部分打掃整理的苦差事,但到處都是人和東西,永遠都是這樣。」

模糊的界限迅速成為她成長過程中的一個主題。很多規則和責任,但缺乏明確的界限。成年人要不像個巨人(蘿西的父親),要不就像個孩子(蘿西的母親)。而孩子(蘿西)更像父母,而其他與自己無血緣關係的孩子,則變成了兄弟姐妹。陌生人成了家人,而家庭卻可能消失。她的童年風景就像情感的流沙,沒有誰來誰去、哪裡是上哪裡是下的概念,也不清楚何謂穩定和一致。沒有安全的基地,沒有穩固的立足點。蘿西的堅定和冷靜令人欽佩,但這一直是她生存的防禦機制;這是有代價的。

What We Want　　我們想要什麼？　178

套句蘿西的話來說：「我們還有寄宿的人。他們來自四面八方，我會看到一個新人坐在餐桌前。我會看過去然後心想，喔，這個人可能會在這裡待上一段時間。由於爸爸在教會的角色，我們的家和心都有很多空間，有足夠的東西能夠回饋，我們感到很幸福。」

蘿西說的一些話聽起來像是直接繼承來的，像在鸚鵡學舌，而有些觀察似乎比較像她自己的看法。來自她個人聲音的一個例子是：「人們會突然出現，你知道，就像在夢中。你不會質疑為什麼有人在那裡，或是為什麼有人突然消失，或是發生了什麼事。事情就是這樣。」

她開始詳細描述共用的床、共享的餐點，不知道哪把牙刷屬於誰的情況。接著她描述了母親的酗酒行為，她母親整天胡鬧，會醉醺醺地把她叫醒去見陌生人，嘮叨著她不想聽的故事。蘿西自從有記憶以來，就被當做成年人，成為母親的家長。她形容她的母親是「一個沒出息的酒鬼，總是大哭或大笑。懶散又誇張」。

蘿西本人似乎和「懶散又誇張」相反，她僵硬的舉止和緊繃而謹慎的聲音，似乎代表了她對母親的「反向作用」（Reaction formation）。

「爸爸，我信任他。」她說。她在座位上微微挪動，表情平靜下來。「他很嚴格，但很公平。他是教導我關於道德和上帝的人，他不像媽媽那樣經常在我們身邊，因為他一直以無私的奉獻精神在為社區服務，但是每當我們在一起，我都會聽他的話，遵從他的指導。我現在依然如此。我一直都聽話，做他要求的事。只有一次例外，但只有一次。除了那次之外，我一直是一個

最乖的基督徒女孩。」

她十歲的時候,有個寄宿客爬到蘿西床上,躺在她旁邊愛撫她。他在她的臀部摩擦陰莖,然後射精在她身上,雖然他沒有插入她,她也還未進入青春期,但她還是嚇壞了,害怕他讓自己懷孕。她在對我描述這次創傷經驗時,一直是僵硬不動的。蘿西沒有告訴母親發生什麼事。「沒有意義的,我知道她一定會想辦法轉移焦點,變成是我最後必須確保她沒事。」

但那次事件發生的幾個星期後,她告訴了她的父親。她覺得自己必須這麼做。他聽了之後大發雷霆。寄宿客那時已經離開了,而他們再也沒有談論過那件事。蘿西未能遵守父親認可的標準而感到十分羞愧和內疚。

「他總是說,如果你觸摸了玫瑰,它就會失去光澤。他為我取名為蘿西(Rosie,意指玫瑰),就是知道我會成為一朵美麗的花,但他告訴我要為婚姻守身如玉,我也確實做到了。除了那一次,我從來沒有逾矩。」

她將這次的襲擊視為她逾矩的一刻,這讓我感到難過。她厭惡被觸摸,是否與玫瑰失去光澤的矛盾信念有關?

最近這幾年,蘿西一直與母親保持距離,她們交談時,她母親常常會對她發洩怒氣和哭泣,而她通常會後悔接聽了電話。不過她喜歡和父親通電話。「但自從我結婚之後,爸爸和我就不那麼常說話了,麥可現在是我的家人了。」她說。

在她現在的生活中，她表現出對秩序、清潔、規則和界限的強烈需求。她從未被充分允許做一個孩子，一個可以自由探索、夢想和玩耍，可以弄得一團亂的孩子。她沒有得到保護，也沒有感受到情感或身體上的安全和關愛。而性涉及到以上所有面向。

她再次告訴我她的所做所為，好像她必須捍衛自己的正直誠信似的。「我成績不錯，努力學習《聖經》，盡力照料孩子們和家務，我也從來沒惹麻煩。只有那唯一的一次，就只有這樣。」

我插嘴說，她與那個男人發生的事完全不是她的錯，無論她覺得如何，無論細節如何，她卻一直責怪自己。我要說的觀點是如此明顯，我幾乎覺得不需要說。但對於性創傷來說，未說出口的話經常必須說出來。我覺得我說的話沒有觸動到她，或是她不相信我。她對這些話沒有任何回應，我不強迫她在還未準備好的情況下就回顧這個極為重要的事件。她將這件事隔離起來了。

她似乎很欣賞並保護自己的父親。他容忍了她的母親，忍受了她的混亂。「他一直說媽媽屬於巴洛克（Baroque）風格，他在言辭方面很有才華。」

「我看得出來，你有他的語言天賦。」我說。

「我爸爸在言辭方面的才華，讓他成為一個很有群眾魅力的傳訊者，能夠傳達上帝的訊息。而且他很有智慧，是個謙遜的領袖，幫助了很多人。」

我感覺她沒有將我的回應聽進去，而且試圖將我對她的感受拉回到她父親和他的偉大之處。

可能是她對置身聚光燈下感到不自在。

她的家人問起上帝何時會創造一個孩子。「我們都在祈禱。」然後她補充說：「很諷刺，對吧？傳教士的女兒居然不能採用傳教士體位。」她的一些洞見和觀察十分敏銳而大膽，不過有時她也會展現強烈的防衛態度。

她一直是個盡職的女兒，不過聽起來更像個主婦，操持著沒完沒了的家務，做著那些幫別人善後的隱形工作。她一直是妻子和母親，是個好客的照顧者，但她的陰道拒絕長大。「陰道（Vagina）」這個字源自於拉丁語的「套子」或「劍鞘」，意思是「掩護」、「保護」。我想到她的陰道痙攣或許在某種程度上是在保護自己，即使這阻礙了她的親密關係。

我問她對改變計劃的感覺如何。

「這種情況，我的問題，都不在我們的計劃內。」她說，嘴唇撅起來，看起來很像肛門。

「麥可和我總是堅持我們的計劃。我們很服從，是好人。他從事保險業，是一名風險分析師，很努力工作。我們只有性事不合，那是我需要解決的問題。」

當我問到其他形式的親密行為，譬如親吻、擁抱依偎、觸摸時，她說她不喜歡被觸摸。不是因為痛苦，而是因為煩人。「就像蚊子一樣。自從我們住在肯亞以來，我老是覺得被人碰觸就像周圍的蚊子一樣煩人。我們床上有搭蚊帳，我多希望自己在人群裡的時候，也能有一個蚊帳。」

當我聽到這樣的話時，我覺得自己好像不小心挖到了金礦。我的表情可能漏餡了。

「我是一朵閉合的花,不符合我的名字,」她說。「也許爸爸是對的,從那一次起,我就失去了我的光澤。一朵無法綻放或不想綻放的玫瑰,是嗎?我在想。

一朵無法綻放的玫瑰。」

她形容麥可「敷衍了事」,我問是什麼意思,她解釋說他射得很快。他在各方面都很有效率,包括金錢、食物採買、家居實務方面——顯然,還有性方面。

他們的溝通論性生活嗎?他們在情感上是否親密?「嗯,我們談過我來這裡的事,他知道我正在接受治療。如果你是指這個,是的,我們很親密。」

我覺得自己提出問題的方式很笨拙,我的創造性表達受到阻礙。我是否正在體驗到她所感受到的尷尬和自我意識,勉強地討論性事、思考性事,使勁地投入心力處理這個問題?她在語言方面非常善用象徵和想像力,加上她面無表情的表達方式,都讓我深感興趣。在某些方面,她的觀察相當出色,但她對於要讓什麼東西進入的態度很僵化,很難感到自在或愉快。

「麥可和我做事都很有效率,我們都是超級有條理和務實的人。」她機械式地說,單純報告細節,沒有流露出任何情緒。

她的舉止和克制的敘述,與她混亂的童年形成鮮明的對比,彷彿她因為缺乏外在的安全基地,而迫使她在內在建造一個堅固而剛硬的世界。她難以放手、接受、在她的內心世界和外在力量之間進行協商。由於她從未有過受到保護的界限和清晰的劃分,丈夫的陰莖也許感覺像是對她

的空間、她的隱私的另一次侵犯。如果她的內心世界，她的陰道，是唯一一個完全屬於她自己的空間，那麼接納他並生孩子這件事，可能對她來說是個難以忍受的威脅。

接納我也許也讓她感到威脅。

蘿西的行政工作似乎與她的一些特質一致。她喜歡組織事物，將它們系統化，這可以是有創意的工作，但對她來說是嗎？她說當她的老闆和同事無法合作時，她會感到惱怒。她想要對過程、次序都清清楚楚，一加一等於二，不多也不少。包括我們的治療過程也必須如此，她會問我接下來該做什麼。

我開始告訴她過程，包括每一個步驟和實際細節，我解釋說治療中一個最有助益的重要部分，就是在無固定議程的情況下開啟創造性對話，她聽到我這樣說便開始心神不寧。那麼，她要怎麼做好準備並組織好自己的想法呢？自發的即興時刻可以是解放人心、無比精彩的，也許能導向重大突破。治療過程中，任何一方都不能完全按照劇本進行。一旦界限確立了，到位了，就必須要有漫遊、玩耍和容忍不確定性的空間。如果我們將每一刻都精心設計好，那會抑制創造力。

我對她說這些時，她看起來很困惑，我想說的是：「讓我進去，讓一些東西出來！」但我並沒有這樣說。

我試圖將焦點從她的計劃轉移到她的感受上。她對性和生育有何感受？完整解釋想懷孕的欲望可能很難，不過蘿西立刻回答：「生孩子是每個人都在做的事，而且

「我們現在結婚了,做這件事合情合理。」她將視線往下移,感覺對我不表認同。「我想要孩子,這很正常,我結婚了,這就是下一步。」她補充道。

我點點頭,但沒說話。我想起一句畢卡索(Pablo Picasso)名言,青少年時期的我常討人厭地引用:「創造力的主要敵人是常識」。在所有合情合理的事情當中,她是否有創造力的空間?我想給她一些空間來思考。

「你對想要孩子的感覺如何?」我問。

「我不太明白你的意思,想要孩子不是什麼不尋常的啊。」她說。

「想要孩子不是不尋常的事,也不是每個人都想要,而且可能很複雜,會引發各種情緒。」我說。「你在家庭裡一直扮演著母親角色,對兄弟姐妹是如此,對母親也是如此。而在這個房間裡,你有空間可以看看那樣對你有什麼影響,以及你想要什麼樣的生活。」

「我想要新的生命。」她說。

新的生命迴盪在我耳邊。她此刻丟出了一些內在和真實的東西。想要「新」的東西是有創造力的。

185 Chapter 7 | 創造　　　　　　　　　　　　To Create

我是一個要求很高的治療師。我希望治療能引發一些變化，進而改變生活。套句心理治療先驅卡倫‧荷妮（Karen Horney）的話來說：「在生命的最後一天到來之前，我們都沒有理由不繼續進步和改變。」這對每個人都意味著一些不尋常的事。我無法確切知道我們會去哪裡，或是如何抵達那裡。

在最初的幾次會談中，蘿西需要一些彈性的空間，我們才能共同創造出一些東西，我很難解釋這一點。蘿西異常地在某些方面表現的十分坦率，但她仍保持距離。她對回顧或檢視故事並未表示興趣，她感興趣的是什麼呢？

「合理」是蘿西經常使用的字眼。她盡力計劃和編排即將發生的事，做出合理選擇，並為她人生的每一刻做好準備，包括結婚，然後為人母。但是，嬉鬧、欲望，你在哪兒呢？我想知道她的身體想傳達什麼。

我知道這聽起來極其古怪，但我發現自己很欣賞她的陰道，因為它拒絕了她的常規操作。這場對峙告訴我們什麼？是她的身體試圖取回身為小女孩的狀態，是不是一種保護的屏障，阻絕她所經歷的入侵呢？危險是否為雙向的，不僅包括她接受的東西，還有她可能釋放出去的東西？她的小心翼翼、她克制的敘述——她是否對自己放鬆控制的後果感到懷疑、恐懼？

在兩次會談的空檔，我注意到櫻花盛開了，倫敦的春色美景。新生命無處不在。蘿西以她自

己的方式傳達了一些大膽、勇敢的事，但重點不見得是關於擁有孩子的渴望，而是關於創造屬於自己的人生。

在接下來的一次會談，蘿西帶著沮喪的表情前來。她很有禮貌，但說話很簡短。我們協議的時間已經過了一半，但她還是沒有和丈夫發生性行為，也沒有進一步嘗試，我問起自慰的事，她也沒有這麼做。這個問題沒有像我預料的那樣讓她畏縮，但也沒有引發她的興趣。她很認真地做功課，試用了最小的擴張器，而且插入成功。「就像俄羅斯娃娃一樣。」她說。

「有趣的比喻。」我說。

「嘿嘿。」不帶任何情感，她也沒有進一步描述這個想法。

「感覺如何？」

「不錯。」她說。

我問她是否曾自慰過。「我盡量不要，」她說。「在我們教會，他們稱之為『干涉』。上帝會看到我是否干涉。」

我問她，如果她做壞事會被上帝看到是什麼感覺。也許她想要性行為，但充滿了對愉悅的恐懼。我一直在想將自慰稱為「干涉」這件事。她生活中還有什麼其他事感覺像是干涉，包括字面上和情感上的意義？

當我問她目前為止對治療的體驗如何、對我們的會談有何感覺時，她重複了自己早些時候對

187　Chapter 7｜創造　　　　　　　　　　　　To Create

某個問題的回答：「不錯」。

不多，也不少。這感覺不是創造性的。

「這是你的空間。」

「我想告訴你我的一週。」我說。

「每個人都很沒用。一波未平，一波又起。我要告訴你乾洗店的事。」她說，那雙大大的灰色眼睛亮了起來。

「請繼續。」我說。

「乾洗店收了我十二點五英鎊修理一件夾克，回來卻完全沒修好，氣死了。」

「天哪，聽起來不太妙。」

「我在想，這有沒有可能暗暗象徵著你對生活其他方面的感受。」我說。

「我勃然大怒，送回去讓他們好好處理。」她說。

「嗯，不是。」

我又一次問得太急、太快了。「好吧，我明白了。我只是在想，你是不是有一種模式，感覺事情的發展老是不如你所願。」

依然是否定的回答。

她描述了其他家務上的挫折，鉅細靡遺地抱怨和發洩情緒。她體型嬌小，但是她對這週的具

What We Want　　　　　　　　　　　我們想要什麼？　　188

體抱怨足以填滿整個空間。我發現自己感覺被逼到角落，同時又被排除在外。這是她在生活中的感受嗎？還是她帶給他人的感受呢？

在我們的下一次會談裡，她再次對我說了乾洗店的事情。她用了和上週一樣的方式報告，同樣的詞彙、同樣的細節。

「真是氣人。」她說。

「聽起來確實很氣人，事實上你上週就告訴過我了。」我說。我不是每次都會指出重複的部分，重複和重述能發揮修復和安慰的作用，可以讓人熟悉並吸收新的理解方式。但我不認為蘿西再次告訴我乾洗店的事對她有特別的幫助，這不會帶來任何進展。

「你是否認為這反映出更大的挫折，也許是為何這些問題在你思緒中佔據那麼多位置的原因？」我問。

她皺了皺眉頭。她告訴我一件送貨出錯的事，還有個咖啡師搞錯她的訂單，墨水匣出問題，有個人插了她的隊，有個公車司機繞了一段遠路，有個同事排時間表時犯了大錯。我想要做些什麼來處理她的抱怨。她很有趣，既敏銳又犀利，我相信我們的討論有更多是超出表面層次的。

這是我的失敗。我接著討論治療對話涉及不確定性和不知，但我強硬的語調打斷了她。我必須容許意外、發現和神祕發生，而且是以她的步調，而不是我的步調。這些是不可或缺的創造性元素。

靈活性。萊斯比亞尺！我必須調整自己，配合情況的特殊性，讓事情的輪廓浮現。我和主管對話時領悟到，強迫蘿西發揮創意的做法是毫無創造性的，自此之後，工作才開始取得進展。在心理治療的相關格言裡，有很多提到要信任客戶對素材的選擇。不要設定議程或操縱工作的進展，不過我們可以鼓勵人們以新的角度看待事物。我希望治療能提升生活，我不想改變自己的這一部分。所以，就這樣，我們都拒絕讓步。

「我們的屋頂漏水，但房東還沒派人來處理，人們就是可以那麼無能。」蘿西說道。

她所謂的「人們」，我想我也被歸類到其中吧，我感覺自己徒勞無功。整段會談充斥著抱怨和不滿，哪裡還有親密或樂趣存在的空間呢？

「看來所有的事情都不順利，遇到了這麼多無能的人。」我說，仍堅持努力梳理出她滿腹牢騷的重點。

「顯然如此，」她說。「唉，房東無法解決這個問題，真的讓我很火大。」

「你都在哪裡表達你的挫折？你如何處理負面情緒呢？」我問。

「就在這裡。」她說。

她是對的，她正在做她想做的事情，但我很難接受這樣就足夠。我依然想讓這個空間變得有樂趣、富有創意，我像尋寶一樣在尋找樂趣、惡作劇、遊戲，還有一些啟發。我就像一名偵探，想要解讀她的抱怨，看看它們是否隱藏了渴望的線索。但也許這一點都不神祕，而且事情不能只

What We Want　　　　　　　　我們想要什麼？　　190

蘿西似乎不急著加快她的治療進度，性事方面如此，其他方面也是如此。她的內在和外在世界之間的協商模式，似乎持續代表了她在成長和改變方面的衝突。一方面，她表達出想要孕育新生命、想生孩子的願望，卻把自己變得很小、很局限。她能傳達但無法接受，當我試圖改動她的故事，試圖穿透、深入、去到別處時，她總是圍繞著這些故事不停轉圈圈。

我一直努力引導她關注更大的問題，表面下的潛在感受，但我覺得自己好像被她抱怨裡的各種瑣碎事物吞噬了。我在心裡將她歸類為我前主管所謂的「TAT」（The Aggrieved Type，容易感到委屈的人）。TAT人總是對生活有一整串的怨恨清單。我們都可能成為TAT人，通常會覺得自己不被看見，而這就是我們執著於挫折與障礙的原因之一。我們需要炫耀自己如何克服生活中的磕磕絆絆，但其實不只是如此。批評和抱怨感覺比創造東西更不會令人感到畏懼，我認為她是在擋住自己的侵略性，她的抱怨和她身體的抗議都在傳達這一點。如果我對她說這件事，她會更加封閉嗎？

我對她而言是什麼人，我毫無頭緒。我是她冒失和強勢的母親嗎？她熱衷教條主義的父親？另一個侵入者？還是一個無能的服務提供者，就像她的丈夫、乾洗店、同事？這份工作的重點不應是我，但是，治療關係是兩個人的事，我不知道她如何看待我。

我想聽聽她內心的掙扎。我想和她一起好好吃一頓正餐，但她的抱怨感覺卻像是難吃的零食

試吃包。在我們相處的時間裡，惹惱她的事越來越多，我聽到了家務雜事、瑣碎的洗碗機、擋她路的愚蠢行人、網路購物被詐騙、送貨出錯，以及其他許許多多惱人的事。這些煩心事在某種程度上有其重要性，因為所有的素材都是重要的，但這對蘿西來說是一種慢性、消耗性的狀態。

有些東西仍是碰觸不到的──她對我保持距離，不想更深入。無論她是對人們的惱人行為給出抽象描述、象徵性的洞見，還是具體的細節，我都覺得自己被禁止以任何方式來處理它。

她仍然沒有要求我給予任何反饋、解釋、見解、連結，什麼都沒有。或許她抱怨時是在要求認同，或者她要的是不同意？她很挑剔，但我甚至不知道她心目中的成功治療是何模樣。此刻，我不確定她是否想改善陰道痙攣的問題，還是根本不想討論這個問題。我想幫助她的決心正在把她推開。我們的互動方式反映了她在親密關係和阻礙方面的內在衝突，她的陰道痙攣問題在我們的關係中像是巨大的隱喻。我感到十分受限，她沒有讓我**進去**。當我試圖和她談論這個問題時，她會更進一步拒絕我。但她會一再回來，她也希望從我和治療中收穫一些東西。

「我想堅持下去。」她說。「堅持」（Stick，也有戳刺的意思）似乎是這裡的關鍵字。

我很想放手，不要那麼賣力。我開始想像她丈夫的持久力不佳，他的早洩問題。我想知道是他的症狀先出現，還是她的，它們之間的關聯性如何。我感覺她在閹割這場治療，將我**「去勢」**──無論你怎麼稱呼都好。當我試圖構建一些東西，她就將我打倒。我遇到阻礙。這就像是一種創造力的阻礙，一種生殖的阻礙。

我在回顧時才發現,當時我忽略的是,她表達出希望告訴我她一週大事的願望,這就是她想要的。當我在督導會議中進一步討論她時,我的主管談到了那些使我們又氣又惱的案主。他們會測試你的界限、挑戰你的極限,以各種方式使我們心緒不寧。蘿西讓我覺得奇怪地不成形,也不可見,和她在一起時,感覺和其他案主在一起時不同。而另一方面,不彎曲的東西容易斷裂。我不想要斷裂,我仍決心弄清楚如何有效地與她合作。

在我們的第五次會談中,我指出我們規劃了六次會談,這是倒數第二次的會談。她問我們是否可以延長合作時間。這是她第一次提出大膽要求,這偏離了她的嚴格路線,我很驚訝她會表達出自己想要的東西。我同意繼續,並針對第六次會談後的治療協商出一個她負擔得起的較低費用,因為那時她的健康保險將不再支付費用。

雖然當我提到我們的關係時,她仍然會將我推開,但她當下的回應方式,感覺像是一種被否認的侵略性。

「你戴的那個是什麼?」她在我們的第六次會談中問道。

她注意到我了!我在這裡,我是一個人呢!在一個身體裡!在我有機會回答之前,她又說

了句：「看起來好像有人切斷了你的脖子。」現在我完了。順便一提，那條項鍊是一條帶有一小紅寶石的鏈子。對我來說，那條項鍊看起來再也不會像以前一樣了。

在另一個場合，她告訴我夾克上的拉鍊看起來像是會割傷我的臉，這都是工作的一部分。她在**明褒暗貶**，做出感覺有敵意的評語，卻又宣稱無辜。

蘿西很難承認她的攻擊性，但我能倖存下來那麼久，能耐也不容小覷。她對我產生了影響，即使方式令人沮喪，甚至改變了我對一條心愛項鍊的看法（和那次之後我再也沒穿過的夾克）為她的創造力加分！

在我們的第七次會談中，一件非常奇怪的事發生在我身上，在那個和她一起在房間裡的身體上。時間到了之後，我起身讓她出去，而我的左腿因為坐姿而完全麻木——我跌倒了。彷彿我的穩定性完全凹折，我的身體讓步了。在她面前摔倒實在尷尬，我感覺像路上被撞死的動物。

「你還好嗎？」蘿西問。

「沒事，我沒事，抱歉！」我一邊這麼告訴她，一邊掙扎著爬起來。「我的腿麻了，但我沒事的。」過了好一會兒，知覺才恢復過來。多久呢？我也不確定，因為我的自我意識太強烈了，以致無法清楚思考。

「我很高興你沒事。」她說。這一刻改變了我們之間的互動，儘管我感到尷尬，但承認這次的倒下來得很突然。我失去了控制。

發生這樣的事，我覺得狼狽不堪，我告訴了主管這件事。如果我長時間保持一樣的坐姿，通常會注意到肢體開始發麻。但這現象發生時，我在哪裡？靈魂出體？解離狀態？以某種方式被困住？反映她凍僵似的舉止？像她母親一樣軟弱？這種麻痺似乎與我們之間的障礙有關。

在下一次的會談裡，我向蘿西承認了自己跌倒時有多尷尬。我談論了當時的情況。「我的腿完全沒知覺，直到我站起來時才注意到。我彷彿被凍僵了。」

「沒關係的，」她說。「我很高興你沒事。」

「有時候我感覺我們的工作好像凍結、卡住了，」我說。「我這麼說或許會讓你不高興，但我一直想知道，這是不是你也有過的感覺。麻痺，與自己的一部分隔絕，也許倒下。」

「卡住。是的，我不知道怎樣的行動才算正常，」她說。「所以，我讓你覺得麻痺了嗎？」

「有時候確實有這種感覺。我會覺得被我們的對話限制住，被我說出口的話所評斷。在威脅之下工作很困難，當我和你一起在房間裡時，我的感覺是我搞錯了。我覺得我在努力，但也許努力過頭了。有時你會對問題給出非常具體的描述，並以十分有趣的方式玩弄文字遊戲，然而每當我試圖參與，甚或是回應時，你就會把我推開。我想，我也希望能利用你的具體描述來做些什麼，利用這些具體的素材來構建一些東西，但如果我拿著你帶來的素材，試圖將它帶去某個地方，就會好像我奪走它、冒犯了你。」

「我覺得你對我很嚴厲，」蘿西說。「好像你在逼我跟你跳舞，而我不知道該怎麼跳。」

「我懂你的意思。我認為這樣形容我們當前的處境,是十分有力且想像力豐富的方式。我太努力想回應你說的話,去反駁,去找出解決方案和解釋。天哪,如果你不想跳舞,我還不斷逼你和我跳舞,你會有何感受?」

「我不知道。我很感謝,儘管這也讓我感到有些沮喪、不知所措。但請你不要停止努力。」她說。

「好,但我不想強迫或讓你不知所措,你對我有這種感受很有趣。讓我們設法讓我們的腳步合拍、一致。」

「我真的不知道該怎麼跳舞,那是問題所在。我象徵性地說你在試圖讓我跳舞,但其實我真的不知道該怎麼跳舞,從來沒跳過,從來沒有。」她說道。

「從來沒有?家裡,小時候?在學校?沒有跳過一些愚蠢的舞嗎?」

「沒有,從來沒有。我從來沒有跳過舞,一次都沒有。我的兄弟姐妹跳過,媽媽和她的朋友也跳過,但我老是覺得他們太蠢、太傻。我從來沒有這樣做過。麥可和我結婚時,我們沒有跳第一支舞。我們讓每個人挽起手臂,集體做一種動作,而不是我們跳舞。他也不會跳舞,但他在家裡假裝跳過,我沒有。」

「這裡似乎是一個開始的好地方。讓自己跳舞、移動、變得愚蠢,讓自己跳一支很爛的舞!看看會怎樣,回家後試試看如何?」

「好,選什麼歌?怎麼跳?跳多久?」蘿西問道。

「隨便!我相信你可以想出一首歌,什麼歌都行,然後自己一個人隨意舞動,想跳多久都行。」

「好,」她謹慎地說。「你跌倒的時候,覺得尷尬嗎?」

「是啊,我覺得很尷尬,但我挺過來了。你也挺過了我的倒下。有時候我們會倒下,變得混亂。我想我對你的抱怨有些不耐煩,因為我渴望這些會談能對你有意義的,只是並非以我們兩人期望的樣子呈現。你告訴我你這星期以來的情況、你的一天,這十分重要。」

「聽你這樣說,讓我意識到自己的生活有多受限。我想要體驗更多東西,我很容易為事情出錯感到沮喪。」

「你的沮喪感很有趣,我認為你的破壞性、你的挑釁,也是你創造力的一部分。」

「我從來不覺得自己是有創造力的。」蘿西說,表情懷疑。

「就我體驗到的,你是有創造力的。但對你來說,玩耍很困難。就好像你說服自己放棄了。阻塞,你的陰道阻塞,情感上的阻塞,或許與此有關。和生產力、順從、在待辦事項打勾、只是熬過日子有關的事太多了。」

「我想我不知該如何玩耍,你是第一個說我可能有創造力的人。」她說。「你為什麼會這麼

「你的挑釁言論，你沒有明說的攻擊，都很有想像力。你對我的項鍊、夾克的評語，還有你對象徵性語言的使用。你有一個活潑的頭腦。」

「這些話我倒是第一次聽到，」她說。「我想我很喜歡，你認為我是有可能敞開心胸的。麥可曾對我說，和我在一起就像擁抱一個刺蝟。你沒有被我那些刺殺死。」

「很有趣，你覺得你的尖刺會致命。它們是透過攻擊任何接近你的人來保護你嗎？」

「是的，但我已經厭倦這樣了。夏洛特，我開始領悟到，我從來沒有擁有足夠的安全感讓自己去玩。」

「可以理解，」我說。「孩子需要一些安全感才能自由自在地玩耍，而你的童年可能沒有給你這樣的安全感。」

「沒錯，我總是緊張兮兮、保持警惕，我必須這樣，我沒有任何隱私。我一直想擁有自己的房間、自己的物品，但所有東西都被分享、拿走或不見了。無論我去哪裡，無論誰在我們房子和我的床上進出，穿走我的衣服，我的內心世界是唯一屬於我的，我自己一個人的空間。」

「蘿西，你那份赤裸的覺察和願意了解自己的心態很迷人。這很新鮮，你正在實現它——你正在創造新生活。」

「孩子們拆掉建築物時的熱情，比他們建造時的熱情更大，」她說。「我一直被我的兄弟姐

妹的這一點感到震驚,他們破壞的方式。而我一直是個收拾殘局的人。也許我想破壞什麼東西,將它當成一種玩耍的方式。所以我在某方面會覺得你是因為我而跌倒。」

我問她這對她是何感覺。

「感覺很糟,覺得好像是我把你撞倒了,你會跌倒是因為我緊抓著你。我想衝過去確保你沒事。也許有時我愛挑釁,但這不表示我真的想摧毀你。」

我們檢視了她如何努力創造出那個自己在從未擁有過童年的情況下去擁有孩子這件事,同時也希望成為那個她從未擁有過的母親。但是對於自己沒有機會當過的孩子,她的心情很矛盾。

「我想玩,我想學會怎麼玩。二十二歲還來得及嗎?我想放開自己。」

「我想玩。」

放開自己有很多意義——對我們兩人來說都是如此。

蘿西和我剛開始的時候很吝嗇、固執,彼此都不肯讓步。我以為我很寬宏大度、很勤奮,付出了很多時間和想法,而她相信自己也全心投入這項工作,但我們一直都沒有真正以嶄新、富有想像力的合作方式來體驗一些事情。我們一直在將問題歸檔,將彼此歸檔,成為僵硬死板的理解系統。我們需要的是運動、靈活性、動感、遊戲的心情,也就是創造力,才能釋放自己。我們越來越接近這個目標了。

我是那個有機會了解她的一天、她的一週、她的一生的人。

作家艾瑞斯・梅鐸(Iris Murdoch)寫道:「當我們回到家裡,『講述我們一天發生的事』

時，我們會巧妙地將素材塑造成故事形式。」她解釋說，我們用這種方式「將那些原本可能只是一堆無意義的碎石塊建構成形」。我領悟到，蘿西向我報告這些，是她講述自己生活的方式，這是她無法向喝醉酒的母親或嚴厲的父親講述的方式，或者對她高效率的丈夫述說，他或許不會給予她空間，也沒興趣聽她講述一天的經歷。對蘿西來說，告訴我關於乾洗店、不見的筷子、送貨失誤和各種惱人的事——就是講述她生活的一種方式。她需要我聆聽她講述這些細節。

最後，有一些事發生了變化，是我沒有預料到的。

在下一次的會談中，蘿西前來報告說她和丈夫發生了性關係。她漫不經心地說她達到多次性高潮，我很懷疑，但沒有說出口。我問她感受如何。

「我其實沒有達到多次性高潮，但我覺得自己很無聊、很拘謹，我就像一個播報無聊新聞的疲憊記者，我想改變這種狀況，所以我動用了想像力。」她面無表情地說道。

「在你的想像中是什麼感覺？」我問。

「很刺激。事實上，我們確實發生了性關係，並不是很棒，但它發生了。他射得很快，像往常一樣。但他同時也設法完全進入我，所以問題解決了。」

她看起來垂頭喪氣。

「你在想什麼呢?」我問。

「我可以再約幾次會談嗎?拜託。雖然我不需要再來了……這不合理,但我喜歡了解自己。」

「當然沒問題,繼續來(coming)吧。」我說。

「這可不是雙關語喔。」她說,然後真切地笑了。

我們一起坐在滂沱春雨的聲音裡,這是撫慰人心的聲音,在我們的所在感到安全、乾爽,就只是兩個人一起在一個房間裡,舒適而開放。

創造與遊戲

莫扎特在一封寫給表弟的信中運用了大量雙關語,說了一些猥褻骯髒的笑話。嚴肅和趣味是盟友,我們可以用有趣、想像力豐富的方式表達自己。我們可以遊戲,我們可以愚蠢。無論是塗鴉、手作、用發散性思考解決商業問題、規劃菜單或以特定方式插花等——我們都可以從自己的日常創造力中獲得樂趣。每一天那些最微小的時刻,都是我們本人的表達。當

然，生活中有許多面向需要順從，需要遵守規則，但陷入忙碌生活的老舊軌跡很容易讓人感到受限。與你的創造本能保持聯繫十分重要，無論它們以何種形式呈現。

試著成為一個創造意義的人，而不是一個收票員。若我們機械式地遵循著老路走，只因為認為自己應該想要某些東西，我們可能會感到動彈不得、阻礙重重。合作確實需要一些收票似的機械行為，但我們可以在責任繁重或有壓力的處境下，優先考慮對我們重要的事物，以此創造意義。在我的培訓中，有位受訓中的講師和心理治療師瑪利亞・盧卡（Maria Luca）曾與我談過她的職業生涯。

「我想成為一個建造者，卻成了一個清潔工，」她這麼告訴我。「我在管理上的職位越高，就有越多收拾的工作要做，而非創造。」她辭去了治療機構負責人的資深主管職，放棄了她的職位，好讓自己可以成為一名治療師、教師，以及學者。「我已經受夠收拾殘局的工作，該是創造的時候了。」她決心改變自己。

我們有來自日常事務、工作要求和社會的壓力。注意並歡慶我們所獲得的成就固然重要，但也要了解到生產力與創造力並不是同一回事。要願意讓自己驚訝，並嘗試從日常事務中跳脫常軌，無論是穿衣打扮、做一頓餐點，或只是寫一張卡片都好。文化人類學家瑪格麗特・米德（Margaret Mead）直言不諱的性格讓她成為傳奇演說家，套句她曾說過的話：「每天煮午餐是重複，但準備一場盛宴的食物是創造。」當然，不是每一餐都能變成盛宴，但是當生活充斥著各種

責任和義務時，很重要的是要為它增添光彩，盡可能讓平凡時刻搖身一變為特別場合。除非我們主動去爭取，否則鮮少有人能擁有足夠的創造空間。

創造力有一個矛盾的面向。在某些方面，你需要獨自一人才能創造，但另一方面，與其孤立自己，不如讓自己和才華洋溢的人聚首，從中汲取靈感。一場對話也可以是創造性的。明的人一起聚會、參與、聯手，會發揮協力合作的魔法。因此，與其孤立自己，不如讓自己和才華洋溢的人聚首，從中汲取靈感。一場對話也可以是創造性的。

限制與界限能讓遊戲和創作更容易進行。灰姑娘的神仙教母告訴她必須在午夜前返回，需要時間限制才能產生魔法，界定和限制可以產生激勵和克制的效果。太多選擇、太多空間、太多時間會使人不知所措，阻礙並消耗掉參與和創造的緊迫感。因此，為自己設定限制、定義界限相當重要——無論是用幾樣食材做一頓餐點、用少數關鍵詞寫一則故事，還是為一個熟悉的任務設定物質方面的限制或時間限制，挑戰自己以新的方式完成它都可以。

即使我們擁有空間，羞恥和恐懼也很容易阻礙成年人玩遊戲。我們覺得玩一個對自己來說已經太幼稚的遊戲是件蠢事。我們害怕笨手笨腳做一件事，害怕犯錯。我們還擔心自曝其短，即使只有自己看到也尷尬不已。我們甚至連承認對某事充滿熱情都會感到尷尬。

我們的創造力可能會轉而成為隱藏的想法與感受，滲透到幻想和信念之中。例如，將焦慮生動地災難化通常非常富有想像力，嫉妒也是極富想像力的行為；我們會抓住一絲絲線索，去構想

各種情境。創造性表達可以讓我們的幻想顯露出來，幫助我們處理現實狀態。看看你是否能注意到自己的頭腦所創造的一些小劇場，如此你便能欣賞內在世界的繽紛色彩，而不任其擺佈。

蘿西不認為自己有絲毫的創造力，但其實她是有的，我們所有人都有。無論你遭遇何種情況，試著看看能否以創造性的方式重新建構你生活裡的每一樣素材。當蘿西開始進行心理治療時，她一開始說她想創造新生命——但最終這不代表是個寶寶，至少現在還不是。她想創造的新生命是她自己的生命。

在你的生活中，也許有些限制並非你所選擇的。思考一些方法，將你向來視為的負擔轉變為可能的資產。反之，也請思考一下，你認為是資產的事物也許是負擔。

如果你能堅持，只要藉由觀察並保持好奇心，每天都能擁有充滿創造力的時刻。不用完美的表達自己；改變你對問題的觀點；接受新事物並抒發個人情感；體驗新鮮的事物。

Chapter

8

歸屬感
To Belong

沒有歸屬感或不再有歸屬感的危機，

或許會促使人們尋求心理治療，

不過在最初不一定會被認出或陳述出來，

而是以疏離感表現出來。

在我的職業生涯初期,我曾與一名住在重症病房的年輕女子工作,她在派對時從陽台上摔下來。現在,二十二歲的她不得不接受再也無法走路的事實,她在醫院病床上哭了起來。

「我還能去哪呢?」她問我,眼神充滿震驚。「再也不能跳舞了,永遠不能。」她的故事深深烙印在我心坎裡。如果我的工作有時讓我遠離了個人生活,那是因為我刻意讓它如此。

歸屬感的主題已成為媒體寵兒,人氣高漲。據稱它能提升員工的留任率和生產力,因此工作場所會培養歸屬感,學校會滋養它,社群也會大肆宣揚。對歸屬的渴望存在於每一個文化中。社會心理學家亞伯拉罕・馬斯洛(Abraham Maslow)將歸屬感放在需求金字塔中;我們是社會性動物,我們喜歡成為群體的一部分,無論是朋友、家人還是同事,至少有時候是如此。社群給予我們支持、保護,有時甚至給予意義。我們受到認可與接受的支撐,然而對於那些沒有歸屬感的人來說,現實是陰暗的。推廣歸屬感並無法解決沒有歸屬感的危機。

強大的治療關係未必一定足夠。人們就算在房間裡感到安全,離開之後又進入了寒夜。當他們結束線上會談,他們就必須打開門走出房間,回到排他的環境中。當人們在治療過程中表達歸屬的渴望,這便是個值得探索的議題。對歸屬的渴望也許是針對早期遭排斥經驗的一種補償,對於在家庭、學校、文化、國籍中無法完全實現的歸屬感的一種延遲願望。有時,它是對壓迫文化的延遲服從,或者是對個體化的渴望。

沒有歸屬感或不再有歸屬感的危機或許會促使人們尋求心理治療,不過在最初的會談裡,它

What We Want 我們想要什麼? 206

不一定會被明顯認出或陳述出來，它會以疏離感表現出來。

我們需要更深入探討沒有歸屬感的問題。沒有歸屬感可能是一種危機，一種災難性的孤獨和絕望感，而且它遭到了汙名化。歸屬感的大受歡迎，使沒有歸屬感的族群變得更小，而且更憂愁，至少感覺是如此。「他們在假裝，有些人，假裝有完整的歸屬感，對吧？」一名案主在公司的集體度假結束後問我。「這是個有趣的可能性。歸屬的壓力，以及那些過分簡化的期望──她應該或能夠從工作場合獲得歸屬，都讓她感到窒息。

「永遠不要告訴別人他們應該屬於哪裡，或是他們想要屬於哪裡，不要假設任何事，」一位活躍的系統治療師德莎・馬科維奇（Desa Markovic）曾這麼說過。「邀請他們告訴你吧。」她被問到是哪裡人時會惱怒──她的口音明顯標誌著她是外國人，而這個問題暗示她不屬於這裡。

我曾將沒有歸屬感的心情浪漫化。孤獨的藝術家、流亡者、那些異類，我將沒有歸屬感視為高貴的、有原創性的。我對高貴、精神堅定的局外人的天真崇拜，其實並不算什麼有原創性的事。直到最近我面對自己的偏見後，我才看見自己對沒有歸屬感的浪漫化問題有多大，我覺得既震驚又難為情。

沒有歸屬感的問題，以及對歸屬的渴望，在我最近與德懷特（一位年過四十五歲的黑人男子）相處的經歷中以令人驚訝的方式浮現。他來找我是因為他發現自己的白人妻子與他同為白人的前男友出軌。

德懷特的憂傷藍調

我一直努力像我媽媽一樣保持愉快，不抱怨，不悲傷。但是當你試圖放下妻子與前男友出軌這件事，這就沒有用了。

「我很好，沒什麼好抱怨的。」德懷特抿著嘴微微一笑地說。他的聲音非常輕柔、低沉，我經常必須要求他說大聲點。他身材高大，帥氣逼人，四十多歲的時候曾一度成為下級聯賽的足球運動員，目前在一家國際線上音樂平台擔任產品設計師。他散發出一種綜合了精力充沛與羞怯的氣質。雖然他向我描述了妻子的不忠行為，但是在我們的對話中，他似乎相當克制，避免讓自己情緒爆發。我不確定他何時會讓自己去充分感受情緒，如果他會的話。對於深入探索，他既躍躍欲試又不情願，彷彿他帶著我走向不同的路徑，但最後我們通常會走到懸崖邊，無路可去。後退。錯誤的方向。

他將之描述為「憂傷藍調」（the Blues），他父親的心情是憂傷的。德懷特記得，他父親長時間幾乎都不離開房間。每個人都盡可能待在自己的房間，這感覺更像是溺水而不是憂傷。無論如何，他以「不待在房間」為榮，在這些時刻，他抱持著旁觀者的態度。憂傷在某種程度上是他

的出身之處，但他絕對不可能走向那裡。他說，他來接受治療是為了「保持正面態度」。

幾個月下來，我對德懷特抱有期待，我們正在朝著某種東西接近，它近在咫尺。他出神的雙眼中有一種不可動搖、難以確切形容的特質。他靦腆而私密，我們也討論過這一點。他一向如此，但尤其是最近。他沒有告訴任何朋友自己的婚姻出現危機，在社交上也與人疏遠。他和妻子潔西卡已經結束了這段外遇，他們正在努力修復關係，從中復元。德懷特決心懷抱希望。他和妻子正在和我的同事進行夫妻治療，潔西卡也正在接受生活指導。他們有兩個小女兒，他們將會「攜手抵達彼岸」──他們已經如此了。「我們會更堅強的。」他告訴我。在這場危機之前，他從未接受過心理治療。他覺得很感激，並已經「成為信徒」。

從我們合作一開始，德懷特便堅稱他已經對這場外遇釋懷並原諒潔西卡了。他相信和平與寬恕，他一再這麼說，他堅持要正面樂觀。他有時會帶來關於寬恕與看見生活光明面的詩歌，他喜歡閱讀這一主題的金玉良言。感恩似乎是他心態中的基本原則。不生氣也不感到悲傷是他哲學的一部分、他的信念，是他想與自己苦悶有所不同的決心展現。

「我爸覺得他的生活永遠無法順遂。他腦袋裡有一個持續終生的怨恨清單。」回到憂傷藍調。陰鬱、可憐、沮喪。德懷特的父親對於自己的來處或去處，沒有一句好話可說。德懷特更加認同他那位「正面陽光又快活」的母親。他像向陽的向日葵一樣，深深被母親的快樂所吸引。德懷特的父母在他十多歲時分開，不過從未正式離婚。童年時家庭的瓦解仍讓他感到痛苦，

但是他剛在會談中提到這份痛苦，便迅速轉念，回到正面積極的行動模式。對德懷特來說，一切發展都很順利，他和潔西卡正在往前走，而且往上提升。

「我們很不一樣，」他說。「我們一直都不一樣，彼此之間，還有我們的出身。不僅僅因為她是白人，來自利物浦（Liverpool），還有我們的個性也很不一樣，但這是屬於我們的事，這種陰與陽的關係。她健談，喜歡計劃事情。她是喜歡社交的一方，而我是比較安靜、鎮定的人。她很容易生氣，而我不是個沉浸在情緒裡的人。我可以讓她穩定下來，效果很好，我們彼此相屬。」

然後他補充道：「是的，我覺得自己很幸運，有很多事都進展得很順利。」他的舉止帶有一種我無法完全理解的冷靜。令人極為愉快，但是在我們的會談中與我始終有一步之遙。

德懷特和他的妻子之間的差異和區別將他們結合在一起──只要他們保持在各自的性格軌道上。沒有什麼緊迫感，但除了他進展順利的事情之外，我想聽到進展良好的事，我確實也想知道他生活中有什麼出錯的地方。我真的很喜歡聽到進展良好的事，但我想聽到關於美好時光的事，而非只有黑暗時光。然而，當涉及到內心的脆弱面時，心理治療師就像是一頭尋找松露的豬──我們會去獵捕、翻找挖掘，直到找出要尋找的東西為止。我們必須碰觸到痛苦，至少一點點，這樣我們才能開始一起努力，讓生活變得更好。他讓我意識到他真正的傷痛，但我們不斷朝它緩緩推進後又回到原處。他父親的悲傷似乎像一片海洋，彷彿德懷特在奮力將它推開，為自己的存在戰鬥。我覺得自己像松露豬

一樣，不斷嗅探著更多線索。

德懷特是家庭和父母之間的和事佬，對潔西卡的家庭來說也是。他說自己通常能順利融入各種群體，而且對自己能與每個人相處融洽感到自豪。他也和自己相處得很好，無論發生什麼問題皆然。要跨越他所堅持的那種和平是一項挑戰。

當我問起他和潔西卡平常的性生活如何時，他說他們之間的連結不僅僅是關於性，而且在有兩個年幼孩子的情況下，誰還會有時間呢。「沒事的，這不是問題。」

他又補充道，「我一直都將不確定性處理得很好。」他繼續說著看見生活光明面的確定性。

這句咒語似乎一貫適用：不要執著於負面情緒。我彷彿正在看著他理想的自我（正面陽光）與他不屑的自我（憂傷藍調）在進行一場決鬥。他提到自己的這一面，只是為了解釋他不想有播放它的時間。

有一句關於心理治療的陳腔濫調是真的：「我們所抗拒的將會持續存在。」事實上，更棒的是：你所避開的事物，正是**最關鍵**的事物。為它正名，才能馴服它。在我們的會談中，我依然能感受到他有種沉默寡言、不願多談的心態。他正在疏遠什麼東西呢？當我問他時，他經常又回到希望在生活中保持正面積極的願望。就像那首歌，〈陽光明媚的街道上〉。他是否認為走進街道的陰暗面，會將他帶往一個沒有回頭路的危險境地？

211　Chapter 8　歸屬感　　　　　　　　　To Belong

「我不想去那裡,我不能去,」德懷特苦笑著說。「我是個內向的人。對你說出心裡話已經是件創舉了,我不會對任何人說這麼多的。也許對你來說這不算多,但對我來說是。」

我的日常對其他人來說其實是陌生而罕見的,這是一記當頭棒喝,讓我驚覺到自己的職業偏見。只有在接受督導時,我才了解到德懷特每天都處在對我來說很陌生的境地,而我依然不願意承認——那就是種族問題!

我和一位黑人同事維多利亞・烏瓦納博士(Dr. Victoria Uwannah)討論了種族問題,以及在案主並未提起的情況下是否值得提起。我向她承認我尚未提及這個問題。我不僅迴避了這個問題,還一直在催促德懷特談論他的痛苦、憂傷、種種艱難的事。

我聽見維多利亞聲音裡的微笑。她說:「這可以是一份邀請,你可以把它扔出去,看看人們會怎麼做。」我問她對於按種族來安排心理治療師和案主的看法。她說,大多數的黑人客戶之所以找上她,都是因為她的黑人身分。

「我相信大多數刻意尋找白人心理治療師的黑人案主,都在為身分認同的問題所苦,或擔心黑人心理治療師會對他們妄下評斷。」她重申,我們在房間裡時,我應該提出自己覺察到的差異。開誠佈公地討論這些問題有助於讓黑人案主感到被看見、被認可。

顯然,從我和她的討論可以得知,比起德懷特,我才是那個在逃避這個問題的人。

我問德懷特,和一位白人女性進行心理治療的感受如何。

「嗯,你是個白人女性,和潔西卡一樣,或許有關聯吧,」他說。「但也有更多白人心理治療師可供選擇,這並非全是心理學方面的問題。我喜歡你的工作方式,並不是所有事情都與種族有關。」

他停頓了一會兒,手臂交叉,又解開,他看著我的樣子,讓我感覺他正準備說出一些難以啟齒的話。

「我告訴過你,我現在沒那麼有性慾了,自從潔西卡出軌之後,我已經很久都不想要有性生活了。但我已經原諒她了,我想再次和她發生性關係以示原諒,但我辦不到。我們試過幾次,結果都很糟糕。就像塗在吐司上的壓碎酪梨。我在試圖進入時,這就是我想到的東西。這讓我感覺……爛透了。我不知道心理治療如何幫助我解決這個問題,但這是個徵兆,顯示我在某種程度上對生活沒有歸屬感。」

他說出這些話時,似乎滿懷羞愧感。他眼睛看著地面,像一個承認自己失敗的學生一樣,低垂著頭。

壯陽藥也不奏效,他說。「雖然我想原諒潔西卡,但就好像我在疏遠她一樣,我為什麼會這樣?我在保留什麼?我不明白。」

我們檢視了他或許在某種程度上不再將精力投注於性慾,在性事上不信任妻子,不覺得在她體內和親密接觸是安全的。值得注意的是,自從他發現妻子的外遇之後,他們就沒有發生過性

關係，即使潔西卡已經結束這段關係，他們也都想要發生性關係，但他的身體似乎不想要。「我想，我在抗議吧，」他說。「但真的很難說清楚發生了什麼事，這到底是怎麼回事。」

「我喜歡你提出這些問題，你正在建立你的權威之聲。我希望你有充分的安全感能表達出你所有的感受。」我說。

「但在其他地方並不安全，」他說。「真的不安全。我已經習慣了人們用錯誤的方式看待我。」

他看著自己的手，現在幾乎一動也不動，除了偶爾眨眨眼，幾乎整個人凍結住了。我覺得，這時若試圖引起他注意，也許會讓他更加侷促不安，我選擇不要去注意他身體的任何動靜。

「我很好奇什麼是看待你的正確方式和錯誤方式。」我說。

「我不確定你是否能懂，」他說。「這不是你的錯，但事情就是這樣。現今大眾關於真實性、脆弱性的各種吹捧，這些時髦詞彙都是廢話。我不能脆弱，我不能真實。至於我的真實性……那到底是什麼意思？如果我真實地做自己，我會生氣，可我不想生氣。不光是我不想生氣，我也承擔不起生氣的後果。一個黑人不能，我無法向你解釋這一點，事情就是這樣。」

「你已經解釋很多了，」當然，還有更多是你無法解釋的。你選擇我當你的心理治療師，一部分原因就是這個嗎？這樣你就可以強化你的正面態度，提醒自己如何在白人的世界生存？」

「也許吧。一個黑人心理治療師會說正面態度是胡說八道，尤其是在我的白人妻子不尊重我之後，這是我想像的情況。不過你一直那麼地……善解人意。也許你希望讓我覺得舒服自在。認為心理治療可以神奇地讓德懷特感到安心自在，這是多麼狂妄的想法。」「你正在為發生的事命名，你在別處也這麼做嗎？」我問。

「沒有，我想害羞和避免發聲或許是個問題，我不會在工作中發聲。和潔西卡在一起時也是如此。我需要很大的勇氣才能去和人們正面交鋒，若我這麼做，我通常也會受到傷害……但我的傷害大多是在內在的。」

關於憂鬱的一個簡單定義：向內轉的憤怒。

如果負面情緒及其任何表達遭到禁止、否認和阻擋，內化的憤怒會更嚴重。德懷特用試探性的眼神望著我，好似在尋求我的贊同。

「不過，我在這裡表達了自己的感受。」他說。

「是的，你是。你覺得你也在和我正面交鋒嗎？你覺得受傷了嗎？就像你剛剛說你在別處發聲時的感受？」

「我確實感到受傷。但我不認為是你傷害了我，而是你的族群。我擔心冒犯到你們。」

「請讓自己暢所欲言吧，」我說。「我可以接受的。」

「對我來說，這一切都很新鮮，我從來沒有對任何人說過這些話。回到之前提過的內向……

我獨自處理問題,與人隔絕。」

「我想知道,你是否覺得和那些可能利用你的坦露來對付你的人一起處理問題是不安全的。」我說。

「是的,這是部分原因。但如果我在那時不知道自己有何想法和感受,要發聲就很困難。我的意思是,即使我知道,也不能展現真實的自己。真實坦白、承認真正發生的事,並非絕對安全。我是一個黑人,經常被誤解,無論我看起來多麼溫和、合群都一樣,我一出現,人們隨時會誤解我。那就是現實狀況,那就是危險重重的現實世界,承認吧。」

當然,他是對的。而我卻奇怪地被排除在外。即使我盡力了,也不是他世界裡的一部分。我的同理心、好奇心和關注也沒有發揮作用。我感到無能為力,在心理治療的過程中,當我們發覺自己的世界觀何其有限時,就會出現這種情況。他活在這世界上的遭遇對我而言是極大的考驗,因為我的同理心完全無用武之地。

我一直在極力避免對人與人的差異、歸屬感、世界狀況產生憂鬱情緒,我試圖與德懷特建立關係,看見彼此的相同點,而忽略我們之間的鴻溝。

德懷特不斷在證明他不是什麼樣的人,和證明自己可能是什麼樣的人一樣。而我則不斷證明我與他同在,努力融入他,但我可能並非如此。這個世界不允許他充分表達自己。我迫切地想給他一種安全感,好讓他能在這裡展現自己。我無法強迫他。我的過度尊重不但矯枉過正,事實上

What We Want　　我們想要什麼?　216

已經造成了疏離。

如果我要求他在這裡不要自我審查，我也必須做到這點。「德懷特，我努力過頭，想要讓你在我這裡感到舒服自在。你擔心被誤解，而我正在誤解你，告訴你我懂你。我一直想讓你在這裡有歸屬感。讓我們從反向切入吧⋯⋯你不屬於這裡，與我同在此處的我也不屬於這裡。我們不一樣，或說來自不同文化，但我們都想要歸屬感，不單是指一般的歸屬感，而是在這裡，進行這項工作的時候。」

「為了解放，我想說的是：我不屬於這裡。和你一起合作、和潔西卡在一起時我也沒有歸屬感。啊，沒錯，這一切他媽的都沒有歸屬感。對！」

「說出這番話的時候，你有什麼感覺？」我問。

「很好！而且很害怕。我一直隱藏著，不讓自己發瘋。是的，我們不一樣。我們不需要一樣。但這是我們之間化學反應的一部分⋯⋯我們擁抱了彼此的不同⋯⋯但是，天哪，我好想念我們剛認識時的那種連結方式，就像磁鐵自動被吸引就位，我們都信任愛，讓它帶領著我們⋯⋯然後我非常清楚地記得那種感覺，發現她對我不忠之後，我第一次出現在潔西卡的家族晚餐中。我覺得被他們所有人背叛。就像是『沒錯，我不是真正的一份子，這些混蛋非我族類。我再也不是他們之中的一員了。』也許我從來就不是。我依然有點討厭她。」

217　Chapter 8　歸屬感　　　　　　　　　　　　　　To Belong

隔週，他說他並不完全歸屬於白人，但也不歸屬於黑人。「我有兩個混血兒孩子。我已經離開了我的族群，無論他們是誰，或曾經是誰。你記得我曾說過的憂傷，說我不想去那裡的事嗎？」他問。

「是的。」

「我和潔西卡談過那些事，那就是她出軌的原因。我無法證明，但我可以感覺到。我很生氣，多年來，潔西卡一直求我展現脆弱的一面。『展現你的脆弱』是她的確切用語。她對我說過很多次，她希望我敞開心胸，與她更親近，與她分享我的傷口。而當我最終這麼做時，她卻不喜歡。我還記得我們當時的情況。那是一個星期日晚上，孩子們已經睡著了，我們在客廳看報紙，她放下報紙，告訴我別再看了。

「『我們來談談吧！』她說。她總是這樣說。她問我最近如何，我沒有說我很好，而是讓她看見我在財務方面的脆弱，她嚇壞了。她沒有承認，但我看得出來。她躲開了，也許不是在那個確切時刻，但我覺得那是我們之間出問題的開始。你可以告訴我不是這樣，她也可以不承認，女人認為他們希望男人展現脆弱的一面，然而當我們真的這麼做時，她們卻討厭這樣。我敢這麼說。」

他這番話一直停留在我心中，但在他面前我無法充分處理這些訊息。我告訴了他這一點。我想我或許也是性格內向的人！是內向還是怕丟臉呢？

下一次的會談時，我向他承認了一些事。「你說得沒錯，脆弱這件事是複雜的，我們內心裝滿了混雜的訊息。你不是唯一一個這麼告訴我的人，也就是女人認為她們想聽見男人自述脆弱之處，但實際上，當男人真的展現出這一面，她們的反應反而很糟。潔西卡也許曾希望你向她展現脆弱面，但你的金錢問題可能引發了她自己的焦慮和不安。」

「我懂你的意思。這些來龍去脈。喔，天哪。有時我錯過的不只是我們之間的親密感，而是那份信念，相信我們可以……我真的相信我們。我們屬於彼此，即使再困難的事也感覺可以辦到，現在感覺不可能了。」

「這一定很難受。」我說。

「是啊，我們兩個，潔西卡與德懷特隊。但她和她的白人前任出軌，我從來沒想過那會是故事的其中一章，但也許就是。該死。」

我們一起靜靜地坐著，他的臉突然看起來很扭曲，近乎發狂的表情。他的眼神迷茫困惑，眉頭緊鎖，我從未見過德懷特在我們的會談中讓自己感受到這種深沉的痛苦。這是痛苦的表情，儘管很難熬，但這是一種解脫。我們在一起，充滿差異與各自獨立的特質，但又緊密同在。他願意充分信任我，讓我看見這一切，這是一種慷慨。

「我很孤單，我想再次歸屬於一個團隊，但我不確定自己是否有機會，或是否曾經完全如此。我有許多質疑，我們為什麼想要歸屬感？這到底怎麼回事？」

「我想這是因為渴望感到自在和獲得認可吧，」我說。我正在摸索方向。「這不單純是與人們變得熟識而已，重點是接受和支持。」

「你在哪裡會感到自在呢？」他問。「拜託，謝謝了，如果你願意分享，對我會很有幫助。」

「我們能將重點放在你身上嗎？」我問。

「是的，但與某個人嗎？某個團體嗎？誰跟你一隊？」他歪著頭，斜眼看著我。

他的聲音聽起來很有禮貌，無可挑剔。

「在某種意義上，我在什麼地方都覺得自在，同時也沒有一個地方讓我感到自在。這是我的一部分。我與不同文化建立關聯，但從未百分之百如此。」我說。「我喜歡成為事物的一部分，也有各式各樣的團體會讓我獲得些許舒適感，但從未百分之百：心理治療模式、母親、朋友圈、文化、學校、家庭，無論是什麼，我都能與這些團體的某些方面產生共鳴，但不可避免地，我也覺得自己對大多數團體和體制的某些特性來說，是個局外人。」

「你如何處理這件事？」他問我。「不完全有歸屬感的那部分？」我勉力承認這件事，這甚至可能是值得慶祝的。我不會因為自己不屬於哪裡而放逐自己，也不會在沒有歸屬感的地方假裝自己屬於那裡。

有人能在一個地方全然地、百分之百地感到自在嗎?也許有,但我認識的大部分人都不是如此。我們會有幸福的時刻,那個感受到自己完全歸屬於某處的時刻,但通常只有部分的歸屬感。我們所能做的最好的事,就是接受我們在各個地方都是部分有歸屬感,部分沒有歸屬感。但是他所謂的幸運是什麼意思?我問。

「你的局外人身分,比我覺得沒有歸屬感的感受更享有特權。當我在夜晚過馬路時,我會聽到人們在我靠近時鎖車門的聲音。就只是不一樣。」

「是的,確實如此。」我說。

德懷特整個人靠在沙發上,看起來很舒適、安逸。「我看著你,我會假設你屬於這裡。你屬於你坐著的扶手椅,你屬於你的職業。我想像你全然歸屬於你的家庭、母親團體、心理治療師團體——該死,甚至是WhatsApp群組。所以知道你有一部分在任何一個團體都無法感到完全自在,我倒是有點喜歡這樣,非常喜歡。」

「我很高興,」我說,我們微微一笑。「我確實覺得我屬於這個扶手椅,還有你的合作。但我現在也意識到了這個空間之外、我們所處的不同世界裡的各種情況,我不喜歡這樣,但我開始明白了。」

「現在我在自己家裡反倒成了局外人。我過去曾覺得自己和潔西卡在一起時可以做自己,晚上在床上時也一樣,現在我們卻咫尺天涯。孤獨,比實際分開還要孤獨。」

221　Chapter 8 ｜歸屬感　　　　　　　　　　　To Belong

「多談一點孤獨和感覺與她咫尺天涯的事。」我說。

「她就好像和我住在不同星球，我們再也不看對方了。她感覺像個敵人。」

「你覺得遭到她的背叛。她變成你故事中的壞人，同時你卻不斷堅持你已經原諒了她。」

「但我**確實**已經釋懷了。」

「你確定嗎？我知道你想要這樣。如果你想原諒她，如果你想放下這件事，你可以辦到，但是放下需要時間。」我說。「我想，你確實想要放下，也許你已經準備不再懲罰她和懲罰自己抗議讓你覺得很疲憊。」

「是的。難怪我對黑人的抗議活動不感興趣。因為我在自己的生活中一直在抗議。潔西卡她媽的跟一個白人男性搞外遇。我還沒有完全釋懷，也許我還沒有原諒她。」

「德懷特。我從來沒聽你說過剛剛那些話，現在你終於讓自己說出來了：你還沒有釋懷，你還沒有原諒她。太棒了。太棒了。」

「為什麼太棒了？這不是很明顯嗎？」

「根本不是。你不斷堅持自己已經釋懷，已經原諒她。康復的其中一個重要步驟就是承認自己狀況不好——還沒有好。你可以原諒她，但首先你必須接受自己目前的狀態，這就是你現在的狀態。」

「我喜歡這種說法。我一直努力像我媽媽一樣保持愉快，不抱怨，不悲傷。這讓我做為一名

足球運動員時展現良好態度，在其他方面也是如此，但是當你試圖放下妻子與前男友出軌這件事，這就沒有用了。一點悲傷是沒關係的，然後才會康復。」

「我喜歡這種說法，你剛才說的這番話。」

「我想我會選擇一位白人女性當我的治療師，是因為想要有個特殊管道進入她的世界。我以為你會邀請我進入她的存在之道。我不想聽黑人對她的觀點。」

「這很有趣。你認為潔西卡和我會有相同的觀點嗎？」我問。

「其實也不是。現在想起來，你對我比她對我好，很顯然，但她是我的妻子。而且你的友善並非總是那麼有幫助。」

「告訴我你所謂沒有幫助的地方，我需要知道。」我說。

「太友善是一種侮辱，好像你認為我沒有能力和力量去忍受挑戰。直到最近你才開始提出要求，那讓我在這裡感覺更安全，和你一起做著這項工作。」

「那麼我會繼續要求，」我說。「我希望讓你覺得舒服自在的迫切渴望──我完全理解你的意思。我很高興我們的關係曾破裂又修復了，我可能依然努力過頭，拼命追求成功，即使是在我們討論治療的缺失時也是如此。但我們似乎正在取得進展。」

「我更堅強了，我也喜歡這一點。談到歸屬感，我確實領悟到這件事。我總是以為潔西卡歸屬於每一樣事物──屬於白人女孩俱樂部，屬於英國中產階級，屬於私立教育體制，屬於蘇活

俱樂部（Soho House）*。屬於她身為其中一份子的時尚界。我的意思是，我們七歲的女兒問我們『私人』是什麼意思。『私人』是什麼意思！你相信嗎？好妙的一個問題。她學校的朋友提到渡假時的一個私人園區，她想知道那是什麼意思。解釋私人和公共之間的差異很難，但這是一個好問題。這太糟糕了，我們將自己歸屬於不同群體，然後絕望的緊抓不放。」德懷特停下來喘了口氣。

我們看著彼此，然後停了下來。還有更多話可以說，但我們現在安靜地、舒服地坐在一起，完全不需要再多說任何話。

何處是你的歸屬？

永遠不要告訴人們他們歸屬於何處。在我對沒有歸屬的浪漫化中，我並沒有看到德懷特的恐懼。我看到了他的不情願，他對痛苦和悲傷的逃避，但並未覺察到他的恐懼。憂傷是德懷特童年時期的一個恐怖回聲——當他覺得無助、脆弱和依賴的時候，他父親的悲傷幾乎淹沒了他們所有人。德懷特害怕跌入這個深淵，害怕重蹈覆徹，複製父親的角色，成為他曾發誓永遠不想成為的那種人。以新的角度看憂傷後，他對出身決定命運的恐懼才得以解除。

一開始,我用理想化的方式對待德懷特的歸屬感。我懷抱完美主義的願景,努力讓他感覺更好。當他說他想保持正面態度時,我以為他需要去探索我自己的不適。對於外面殘酷世界裡的種種恐怖和不公,我所做的是在我的諮商室裡培養尊重、洞察力和安全感。我希望人們感到舒適,覺得這個空間屬於他們,他們置身此處可以像在自家一般自在。然而事實並非如此,世界會進入這個房間,我們也會離開房間,將治療帶到外面的世界。

承認我們不了解的事,找出我們抱持偏見的立場,以及認識自身技能的極限,都有助於讓我們對自己產生歸屬感。在治療關係中假裝了解不同的經歷,而其實並不了解,將阻礙我們建立情感上的安全感。承認我們不知道的事並想要找出答案,是一個更有助益的出發點。我們可以繼續投入自己並未有百分之百歸屬感的關係和文化,但是心中要有清楚認識,如此才會有幫助。

我們的體系與文化在許多方面都存在著缺陷,我們無法一直控制著他人對自己的定義,以及他人塑造、描繪自己的方式,生活中存在著深深的不正義與不公平。作家詹姆斯・鮑德溫(James Baldwin)在一九七一年與人類學家瑪格麗特・米德(Margaret Mead)對談時曾做出精彩的評論:「你必須告訴世界該如何對待你。如果是世界告訴你,你就有麻煩了。」

我們很容易陷入麻煩。我們會被排斥、在刻板印象中被定型、與我們不想歸屬的群體關聯

＊註:會員制私人俱樂部,在世界各地都有會所,會員多為頂尖文化創意媒體工作者。

在一起。我曾詢問心理學家法蘭克·塔利斯（Frank Tallis）對於沒有歸屬感的感受如何，他認為「沒有歸屬感也有好處」。我們之所以尋求對群體的歸屬感，有明顯的演化原因，但是成長也需要不順從的不適感。「如果你死守著已經有歸屬感的群體，你雖然會感到安全，但你無法走太遠。」

有時候，你可能會覺得疏離，覺得自己是異類──包括與自己相處、與周圍的人相處時──但是如果你能舒坦地接受自己的全部，就能更輕鬆地體驗沒有歸屬感的感覺，甚至有時還會覺得頗為愉快。重點是要對自己的一切感到舒服自在，包括對那些尷尬、笨拙、奇奇怪怪的時刻──尤其特別是在這些時刻！想想圍繞著你存在的一切。要有耐心。試著融入通常與產生歸屬感相違背，它是一種自我呈現、表演性的，通常並非真心誠意的。歸屬感是真實無偽的。

Chapter

9

獲勝

To Win

當一段關係裡的競爭變成對立的,

往往會出現強烈的匱乏感和無法滿足的渴望。

但我們一貫的做法不是承認真正的需求,

反而是進行攻擊。

對獲勝的渴望可能是狡猾、矛盾的。勝利激勵著我們學習與成長，但它也會以破壞性的方式，讓我們變得像孩子一樣。甚至，在我們沒有充分意識到的情況下，許多關係都存在著競爭。

「你認為對我而言，」心理學家阿德勒（Alfred Adler）問佛洛伊德，「一輩子處在你的陰影下是件愉快的事嗎？」阿德勒和佛洛伊德多年前寄給他的褪色明信片，最終卻成了長期不和的敵對關係。阿德勒一直攜帶著一張佛洛伊德最初是友好的同事，如果有人問起，他就會拿出來證明是佛洛伊德邀請他見面，而非像佛洛伊德所說的反過來。

他們彼此顯然都感受到對方的威脅，多年來炮火猛烈，一來一往互相譏諷、挖苦。即使在阿德勒去世後，佛洛伊德依然心懷不滿，寫信給一位朋友說：「我不明白你對阿德勒的同情……世界的確給了他豐富的報酬，感謝他在反對精神分析上的貢獻。」在他們持續不懈的敵對中，這是一個勝利的決勝點。他們有任何一方贏得了這場戰鬥嗎？他們在放大的威脅感和不斷貶低、推翻對方的企圖下，似乎都變得更渺小了。他們心胸狹小的表現真是驚人啊，特別是阿德勒還創造了「自卑情結」（Inferiority complex）和「優越情結」（Superiority complex）這兩個詞彙。阿德勒和佛洛伊德似乎都失去了洞察力或冷靜。

阿德勒主張，人一出生就是自卑的，終其一生都在努力證明自己的優越。多麼諷刺啊，針對他們多年的敵對行為，阿德勒和佛洛伊德似乎都失去了洞察力或冷靜。

心理治療鮮少有直接競爭的情境，但它卻可以是一個很棒的空間，可以用來檢視我們所玩的隱蔽遊戲，想贏的祕密渴望會偷偷溜進對話裡。我們勉強慶祝朋友工作上的飛黃騰達；苦心解釋

自己對室友毫不嫉妒；而貶低兄弟姐妹的評價聽起來像是在抗議。我們在空中抓到故作謙虛的自誇泡泡，並在想像他人看待我們的目光時，注意到羞恥的暗示。我們思考自己的這些較勁到底**真正**的意義是什麼。

對獲勝的渴望而言，正式比賽是最明確的機會。在清楚詳細的競爭和比賽裡，我們了解規則，分數清楚可見，有裁判和仲裁人，而且無論比賽有多麼高潮迭起、衝突不斷，都有明確的終點線或最高分。輸贏清楚明瞭。

然而在人與人之間的遊戲中，界線是模糊的。從童年開始，許多人便感到需要證明自己。可悲的是，我們通常是藉由向他人展示自己的優越來達成這個目標。在許多方面，我們都會問，誰更好？誰更大？誰擁有更多？魔鏡啊，魔鏡，請告訴我。我們想贏的渴望和理性互相糾結。看見耀眼的孩子，很容易說出「她以後不知要讓多少人心碎啊！」這樣的話。想想它意味著什麼——由於孩子如「贏家」般的迷人性格或外表，有人會因而受苦。我們能在他人不需要輸的情況下贏嗎？在強迫性獲勝之後，緊接著發生的，是不足感的緊迫威脅。

想贏的渴望是我們試圖應付不平等和稀缺狀況的方式之一，我們可能是在回應父母的愛、金錢和機會方面的有限供應。但即使我們受到平等對待，依然可能感受到來自對手的妨礙，威脅著我們的平靜感、安全感和豐盛感。我們會覺得沒有足夠資源能滿足每個人。為了爭搶安全與保障，我們將精力浪費在努力擊敗對手。

「角色吸力」（參照〈附錄〉第三六九頁）使我們陷入尷尬的對話互動，難以清楚注意到正在發生的競爭，我們被捲入「誰更好」的遊戲裡，其中的規則與條件通常隱而不顯且隨時改變。人與人之間的競爭焦慮並沒有一定的規則，可以是開放式的。「誰更好」的奇怪遊戲可以吸引到任何人，令人震驚的是，這種情況會在發生某些人身上，而其他人不會。在開放式關係中，可能與某人共享**多元之愛**（Compersion）*，同時與另一個人競爭⋯⋯競爭以令人驚訝的方式形成。

我們也在與自己競爭──我們實際過的人生與充滿可能性的幻想人生之間的競爭。無論我們未曾活過的人生是一個恐怖之屋，還是充滿勝利榮光的烏托邦，如果我們能對自己有所覺察，就能帶來幫助。當我們沒有意識到自己的把戲，往往會做出糟糕的行為。

我們也許會一頭栽進一種想法，認為必須證明自己，無論賭注多麼小都無所謂，而且這種情況可能會持續數十年。對於自己到底希望從競爭對手那裡獲得什麼，我們的答案經常莫衷一是，而且我們通常和來自過去的幻影，以及眼前的事物在競爭。拼命想證明自己較優越的渴望，可能會淹沒我們的正確觀點和自我感。

然而，無論多麼不合理，我們經常想得知對手的最新消息，或許這是出於對歷史的喜愛與懷舊情懷，因為我們這些年來一直用一套祕密的心理系統，來定位自己的價值和地位。這聽起來不太對，通常也確實是錯的，這也是我們不願完全承認這種心態的部分原因（即使是在做心理治療時，這也很困難），但是我們能透過競爭來定義和理解自己的一些隱藏起來的智慧。我們可能也

What We Want　　　　　　　　　　　　　我們想要什麼？　　230

會因競爭而失去自我，用正直換來微不足道的勝利。我們和年輕時期的競爭對手共同經歷了許多事，彼此都能在眼角的餘光中看見對方。以新的視角看待競爭對手，同時也自我更新，這也可以是一種勝利。

當人際關係變成戰場時，雙方同歸於盡的可能性也增加了。夫妻可能為了尋求安全感，但在爭奪優越地位的鬥爭中，卻危及了安全。「我是對的，你是錯的」這種態度成為驅動的力量。合作被競爭劫持。有時候，人們為了爭辯誰更糟糕而永無休止地競爭。誰做更多家務？誰工作更努力？誰負擔更重？誰的空閒時間最少？誰受最多苦？當一段關係裡的競爭變成對立的，往往會出現強烈的匱乏感和無法滿足的渴望。但我們一貫的做法不是承認真正的需求，反而是進行攻擊。

我與蓋布瑞爾、莎曼莎見面，他們是一對三十出頭的伴侶。他們之所以來這裡，是因為他們始終不斷爭吵，而且都聲稱對方是始作俑者。無論是大事小事。「我早就告訴過你」是另一句經常出現的台詞。他們用極其嚴肅的方式進行著一場迷你戰爭。他們都指控對方錯了——包括重大問題和繁瑣小節都是如此。他們很清楚地意識到對方令人失望的地方和問題，儘管彼此相愛，但

＊註：或稱「共喜」，是指對他人的幸福或喜悅感到高興。這個詞經常用於非一夫一妻制或開放式關係的情境中，描述伴侶與其他人建立親密關係而感到快樂和滿足，都能替伴侶感到喜悅而非嫉妒或不安。

他們在現實生活中卻鮮少表達愛意。他們用對話刺傷對方而非安撫。他們的爭論展露無遺，但他們競爭的原因卻被爭吵和憤怒聲淹沒了。我問他們如何修復，如何解決他們的爭端，但他們不，反而會互捅、互相消耗、大吼大叫，然後把混亂和傷痛留下來。過去，他們曾以深情的姿態修補裂痕。「我們真誠地重修舊好，感覺很幸福。」莎曼莎說。但他們太生氣、太固執，不願擺出慷慨的姿態。雙方都試圖給對方上一課，雙方都拒絕合作或學習。在他們開始接受治療之前，他們的爭吵是慢性的；他們的裂痕尚未修復，他們的觀點並未被彼此傾聽。這是一場充滿敵意的僵持局面，他們陷入了一場誰也不讓步的遊戲裡。

選擇最大阻力之路

有時，我們之所以追求危險與黑暗，是因為那是讓我們覺得活著、覺得真實的東西。

我在房裡面對他們時，感到十分焦慮，我被捲進了他們炮火四射的唇槍舌戰裡。在這場無處可去的競賽中，瀰漫著一股緊迫感。蓋布瑞爾說起話來非常激動，他蓄著黑色鬍渣，臉上表情生

動又認真。我看著莎曼莎那張饒富吸引力的臉，被困住的臉，我納悶著她笑起來是何模樣。他們彼此除了打壓對方之外，沒有任何計劃或目的。

他們已經在一起八年了，雙方都下定決心要好好維持這份關係。他們住在東倫敦一間一年前買的小公寓裡。蓋布瑞爾的父母在他五歲時離異，他大部分的時間都是由祖母撫養長大的。他以羅馬尼亞人的身分移居英國攻讀大學，成為一名生物醫學工程師。莎曼莎是英國人，在倫敦長大，八歲時父母離異，在一家小型媒體機構從事行銷工作。

他們的戀愛故事基調是勇氣與個體化，蓋布瑞爾和莎曼莎堅決不跟隨父母的腳步，組成了自己的兩人小家庭。他們不想要孩子，覺得沒必要結婚，也認為那無法為承諾提供任何保證。他們兩人在描述、形容各種事情時都自信滿滿。

「喔，非常重要的是，我們有兩隻驕傲的貓。」蓋布瑞爾說。莎曼莎笑了起來，表示同意。

他們兩人都對自己的工作意興闌珊。即使只是稍微提起，莎曼莎的表情也會立刻變得遲鈍，他們的公寓原本應該是個令人興奮的地方，標記著成人的世界、成功與自我表達。但它有各種問題，這個沉重的責任讓他們不堪負荷。

他們對自己工作感到非常沮喪。蓋布瑞爾對他工作的機構感到非常沮喪，他已經完全不在乎了。他們似乎只是因為不知道該怎麼辦，而且需要一份收入，才不得不繼續工作。

我問他們對什麼事情感興趣，各自和一起喜歡做什麼事。莎曼莎喜歡去花市，蓋布瑞爾喜歡

騎自行車，但他最近很少騎，她也懶得去花市了。他們似乎沒有盡情投入生活，只是在熬日子。

我問了他們一些關於找樂子的問題。「我們忙著吵架，」莎曼莎說，一邊翻著白眼。「沒什麼好開心的。」蓋布瑞爾對她的負面態度發出噓聲。他們很開心，生活沒那麼糟，他不想要我產生誤解。他告訴我，她天生有張苦瓜臉，這讓他心情沮喪。

「假期」是他們定義的玩樂，他們齊聲說。他們活著就是為了度假。他們為了度假而工作。但日常生活嘛，並沒有那麼有趣。許多人都有著同樣的想法。

令人感到驚訝，同時也詭異地熟悉的是，他們因為生活不像是精彩華麗的假期而對彼此懷恨在心，彷彿彼此都把現實生活的責任歸咎於對方。他們互相指責對方沒有解決問題，也剝奪了對方的某個烏托邦。

我問他們對烏托邦的憧憬是什麼樣子——永恆的假期嗎？但招來的是他們對彼此的嚴厲批評。蓋布瑞爾希望莎曼莎減重，莎曼莎則希望蓋布瑞爾賺更多錢。這些批評成了解釋他們生活為何不如預期的原因。我眉頭深鎖地看著他們互相抨擊，努力思考其中的潛在欲望。

我不想深入探討他們爭執的細節，細節往往會分散注意力，讓事情變成一場爭論誰是對的、誰更好的複雜辯論。相較之下，他們更喜歡討論共同生活的各種問題，而不是想毀滅對方，如果真想要做什麼的話，他們似乎拚命想讓對方持續參與，保持戰鬥狀態。他們似乎喜歡矮化對方、貶低對方的價值，以某種方式證明自己比較優越。

他們會挑起任何話題來互相抨擊。

和諧的模樣。莎曼莎吹毛求疵的批評，具體程度令人瞠目結舌。她重講了一遍蓋布瑞爾洗衣時犯錯的細節，彷彿我是洗衣警察，在調查什麼重罪。

「我真的再也受不了！」她說。她在描述他失敗的地方時，表情驚恐，從沮喪轉變為毀滅性的暴怒。蓋布瑞爾看起來受傷又退縮，而他真的從她身邊稍微移開了幾英寸的距離。犀利的腦袋並未幫助他們有效溝通，他們使用了刻薄的措辭，用伶牙俐齒的口才在傷害、侮辱彼此。

蓋布瑞爾在批評時如入雲霄，浮華而模糊的浪漫理想與真實生活的殘酷失望互相碰撞。莎曼莎應該看起來像某個樣子，以某種方式行事；尊重人、美麗又有趣。這是一種極為過時的女性概念，我努力不去反駁，但也不想成為共謀。在督導會議中討論這一點時讓我想起，如果他在對莎曼莎的極度失望中存在著過時的觀念，他的男子氣概或許也嚴重受傷了。確實，他受傷的自我感，他自覺渺小的感覺，驅使他努力更勝她一籌並反駁她。

當她談論政治時，他反駁她，指責她說錯一個事實，並拿出手機迅速查找資料。他宣稱他是對的，她是錯的。

「你們兩個都錯了，」我說。「試圖以小聰明來得分似乎沒有幫助。」

莎曼莎問我是什麼意思。

「你在一開始就說了一些幼稚的話──你先開始的，我早就告訴過你──我覺得這些話貫穿了你們的爭執。你們就像被冤枉的手足一樣不停鬥嘴。你們被扯進硬要一較高下、駁倒對方的糾

葛之中，我認為，與其陷入這種**代價高昂的勝利**，我們需要的是釐清前進的方向——我們治療工作的目標，以及你們的關係。」

我們討論了「代價高昂的勝利」的意思——艱難而痛苦的戰役，即使最終取勝，雙方也都受到了嚴重損害。如果他們用侮辱彼此來毀滅對方，那麼他們的關係還剩下什麼？我的注意力放在關係上，而非誰是贏家。當我這麼說時，蓋布瑞爾回我：「我以為我贏了這場治療。」我笑了，但我懷疑他是認真的。

我將焦點重新放在他們想要從關係中獲得的東西，以及成功時可能的模樣。他們是妥協的新手，評對方，卻對他們可以共同為關係做出什麼貢獻毫無想法。他們是妥協的新手，卻是貶低彼此的專家。

「貶低彼此的專家。哎呦，夏洛特！」莎曼莎說。

「對我喊哎呦？還是對彼此？傷害彼此的是你們。」

「好嚴厲。」蓋布瑞爾說。

「是，」我說。「這個房間裡有很多嚴厲的話，既然你們來尋求幫助，我希望我們能找到前方的路在哪裡。」

也許我偶爾需要當個壞人，給人們一個共同目標來讓他們重新取得連繫。但成為新的被蔑視對象也不是長期的解決之道。這對情侶需要找出一條新的路。

關係中通常需要一個「我們的故事」。他們的故事是什麼？妥協並不是犧牲，他們都需要保有自我感，或是發展並修正自我感，同時允許對方的影響。「我們的故事是關於當彼此最好的朋友。」莎曼莎在隔週這麼說。蓋布瑞爾同意道：「我們曾經是站在同一邊的，是我們在對抗全世界，以一種正面的方式，但我們背叛了彼此。」

蓋布瑞爾認為他原本可以找到「更好」的伴侶，一個更性感、更整潔、更和善的人。一個更愛他的人。他對自己夢想的理想型只能望而興嘆。這是一種懷舊的情懷，他的渴望。他想起羅馬尼亞那飄著橡木味的冷冽冬天，為了考試努力用功，他祖母做的鬆軟杏仁巧克力蛋糕。他渴望過著他夢想中的生活，擁有一個美麗又鍾情的妻子，是他多數的信念和期待中不變的情節和目的。他對愛的幻想如此緊密地依附在他心中、記憶中，以致他認為自己的理想是真實的。他對愛與婚姻的幻想應該可以實現。「我為我的標準感到驕傲。」他告訴我。

但是當他聽到自己的想法從嘴裡說出時，他也對自己曾抱持的期待感到驚訝，不僅是對莎曼莎的期待，還有對自己的。他們彼此都希望對方能像以前一樣。他們也煩惱自己僅有微小的改變，有什麼進步呢？他求，好像這是理所當然的、必須的。不過，他們也煩惱自己僅有微小的改變，有什麼進步呢？他們的爭吵感覺像是一種運動，但是循環的，不是線性的。

「莎曼莎，別對我說的這些話生氣，我要說的是……我想我有些害怕。我擔心自己就是個普通人。和你爭吵耗盡心神，但這也是一直以來我唯一真正在意的事。」

一個微妙的轉捩點。我輕聲建議道：「可以將你們的二人對決（Duel）變成二重唱嗎（Duet）？」

這句話整個星期都在我的腦海中迴盪。將一場對決變成一首二重唱是我們可以一起下工夫的概念。一個字母之差就可以造成這麼大的不同。對我們此刻的工作來說，鼓勵與清晰是兩個關鍵元素。我們見識到二重唱可能擁有的意義。

「在任何一種二重唱裡，每個人會唱著不同曲調，但都會意識到對方的曲調，互相配合。」莎曼莎說。

他們在一開始便這麼做了，了解彼此的文化和成長背景，並希望對方過得更好。然而，開始出現停滯，他們為了生活領域、空間與資源而不斷爭吵。自從疫情爆發以來，情況變得更糟。加上英國脫歐，生活空間問題、有限的時間、財務壓力、在各方面意義上爭取居留權。儘管他們在許多方面其實已經相當接近一對等的伴侶，但那些微小差異卻顯得事關重大。於是他們展開了一場爭奪小小優越感的遊戲。那些爭論對錯的小口角，是對於一種模糊而高傲的無能感，以及生活應該要更好的渴感的替代品。

兼顧個人成長和考量對方立場，對每個人來說都很重要。他們的態度需要一些鼓勵。他們兩人都被對關係的期望壓得喘不過氣。「我們要過幸福生活不應該這麼難，親愛的。你太不可理喻了，不應該這樣的。」蓋布瑞爾說。

「你懂我的意思嗎？

莎曼莎也認為他們的關係應該更輕鬆。「如果他愛我，他應該讓我感受到關懷，」她說。「這是相當基本和明顯的。」這包括一些具體的舉動，例如替她泡茶和付錢。對他們來說顯而易見的事，對另一方來說卻不是直觀的，他們因為必須解釋和澄清對方理應知道的事而氣憤不已。長期承諾所需的努力比我們預期的更多。在我們幻想擁有輕鬆的戀愛關係，而對這對情侶來說，他們的幻想應該更浮誇。人們經常幻想擁有輕鬆的戀愛關係，而對這對情侶來說，他們的幻想應該更浮誇。他們堅持輕鬆的愛情童話時，也同時不必要地讓關係變得更加困難。他們的困難比他們意識到的更加一致，但他們來自不同地方，在各種意義上都是如此，而且沒耐心、沒包容心。他們正走上一條阻力最大的路，藉由爭鬥贏得小小的勝利，卻不了解戰爭的目標。

持續的衝突似乎是他們未實現之欲望的一種轉移性表達。他們不是公開向對方要求更多，而是互相貶低。他們在談判並試圖保住自己的價值和地位。他們都在爭取自己的權利——情感公民的身分與尊重。但他們試圖獲得更多的方式是從對方身上奪取，雙方都為了爭取更多而互相貶損。他們已經深深陷入這種骯髒和破壞性的鬥爭模式了，不停剝奪、詆毀對方，但他們的目標是什麼？

我在與作家凱瑟琳·安吉爾（Katherine Angel）對談時，曾問她為何人們會選擇帶來痛苦的事物、會傷害我們的事物。我告訴她這是心理治療中經常出現的問題——選擇破壞而非健康。這對情侶的持續互相貶低是一種自我毀滅。

「有時,我們之所以追求危險與黑暗,是因為那是讓我們覺得活著、覺得真實的東西,」凱瑟琳說。「也許它在某種程度上帶來滿足。」

有很長一段時間,每當我與莎曼莎和蓋布瑞爾見面,他們尖銳的批評聲就沒有停下來過。正如心理學家馬歇爾‧盧森堡(Marshall Rosenberg)所說:「所有的攻擊、指責和批評,都是對未滿足之需求的悲痛表達。」他們需要的是什麼?我想起凱瑟琳‧安吉爾說過的,關於追求危險是因為它讓我們感到活著的那番話。她的洞察對我的許多案主(就算不是全部也是大多數)都在某種程度上適用。但是針對這對特別的情侶來說,生活讓他們感到極度無聊,成為一種苦惱。他們的公寓是一份責任,他們的工作僅是義務。生活讓他們感到極度無聊,成為一種苦惱。他們需要去感受活著的感覺。戰鬥一直是他們的生命力所在,但戰鬥引發的令人焦躁的腎上腺素正在消耗他們。

我建議他們更新自己的角色和責任,包括在個人身分和做為伴侶這兩方面。這是我們在工作中會做的事,也有助於在心理層面上下工夫。他們都將一己幸福的責任歸咎於對方,彼此都覺得被關係中的工作分擔所束縛和剝削。蓋布瑞爾指責莎曼莎誇大事實,莎曼莎指責蓋布瑞爾大事化小。有時,他們甚至對現實狀況也很難有一致的看法。

他們帶著功課離開,而且要以書面敘述的方式回報。中心主題是認知與承認,但要說出這些需求並不是件容易的事。

「我覺得自己像是童話故事《侏儒怪》（Rampelstilskin）裡的**過勞的侏儒怪**。」莎曼莎說。那是她童年的最愛，她突然意識到了侏儒怪本身的可悲困境。她現在和那則寓言裡的侏儒怪產生了共鳴。她努力工作，將稻草紡成金子，卻沒有獲得應有的功勞。為了獲得認可和應得的功勞，她攻擊蓋布瑞爾並貶低他，好像這樣可以彌補她覺得被低估的地方。

「我也覺得自己像侏儒怪！」蓋布瑞爾說。

「抄襲！」莎曼莎驚呼。「他所有的好點子都是從我這裡來的，」她告訴我。「但我會將它當做恭維。我想要平靜一點。」

「需要有人鼓勵你們重新編寫你們的故事，這樣你們就都不會把金子紡成稻草了。」我說。

他們一路艱難地走來，他們努力慶祝彼此的勝利，而且經常迅速揪出對方的毛病。他們選擇了一條阻力最大的路，幾乎毀了彼此，只為了感受到活著的感覺和一種勝任感。

結果，當持續不斷的批評和競爭遊戲被喊停，他們只能面對自己的內心和生活。蓋布瑞爾和莎曼莎以較柔軟的方式找到了挑戰自己界限的平衡點。柔軟雖然有些乏味，但是能撫慰人心。有時，成功也有點乏味，而有時，乏味就是成功。

他們的生活不會是馬不停蹄的精彩假期，但他們可以過得更健康、更快樂，總比過一個贏得勝利卻留下痛苦的生活好。他們的二人對決可以成為一首二重唱。

241　Chapter 9　獲勝　　　　　　　　　　　　　　　　　　　　To Win

贏的意義

贏的力量可以很大，但是讓我們感到強大的，也可以造成我們心理的崩壞。當我們沉溺於自己那好鬥、小心眼和競爭的心態，可能會毀掉人我關係並削弱自己的力量。

競爭的最大問題是目的不明確。沒有終點，沒有界限，就不可能獲得太大的滿足感；如果沒有公開宣布誰是贏家，我們不知道如何停止、何時停止。卓別林（Charlie Chaplin）曾說過：「一場偉大的表演，關鍵在於知道何時退場。」這句話也適用於競爭遊戲。不斷證明自己比較優越，並不會特別帶來滿足感。真正有實質意義的勝利極少。請思考自己想從這種情況中獲得什麼、你想要去哪裡。要留意，也許這是一種慘勝，請想想你因為堅持贏得每一分而可能失去的東西。請自己決定何時要從這場決鬥中退場，或退出競爭行列。

獲勝並不能保護我們免於損失，正如西蒙・波娃所說：「如果你活得夠久，你會發現每一場勝利都會變成失敗。」貶低他人獲得的勝利，常讓人感覺像是一場保護生命力的爭奪戰。持續的指責是在回應「失去」的威脅──最重要的是失去自我。

當我們感到安全，不需要證明自己或比較時，這是一種喜悅。但是，當我們感到足夠安全，能夠承認自己的嫉妒和羨慕，承認威脅並意識到自己暗地裡有多麼渴望贏時，這也是一種喜悅。

能清楚、誠實地面對這些令人不適的情緒，能使我們更有行動力。

如果我們沒有覺察到競爭的互動，可能會認為自己被忽視、不被感謝而感到受辱。在心理治療中，案主常常談到「拒絕讚美」這種情況。什麼兄弟姐妹、朋友、同事和父母不表達對他們的驕傲之情，為他們的成就、技藝，以及一切的成就感到開心和激動呢？拒絕讚美本身就是一種競爭策略，一種藉由刻意不注意來降低對手價值感的被動攻擊。

或許「共喜」之心是「**幸災樂禍**」（Schadenfreude）的美好解藥。為他人的成功而喜悅，為他人感到開心是一種罕見的美好心態。收到一份貼心的禮物時，表達喜悅與認可甚至會帶來慷慨的感受。這是在分享喜悅，讓對方感受到他們的重要性。但要做到「共喜」，我們必須克服自己的黑暗面。

除了外在的競賽，我們也可能羨慕自己，生起競爭心態——與我們覺得更好、更得意、更有成就，或幻想中那個飛黃騰達的自己競爭。我們也可能因為成功而沾沾自喜，向年輕的自己炫耀。這種自我競爭也許激勵人心，也許帶來的是威脅。

當我們痴迷於競爭，我們是在與不間斷的威脅戰鬥。當我們感到針對性的威脅或被剝奪時，別人的成功會讓我們心生一種可怕的不滿感受。作家戈爾・維達爾（Gore Vidal）以擅於挖苦和尖酸刻薄的言辭而聞名，他捕捉到了一個黑暗的真相：「每當一個朋友成功，我的內心都有某種東西死去。」

認知到自己的幸災樂禍，並坦率說出我們對威脅的真實感受，也可能是一次突破。我們不喜歡自己這樣，但別人的成功可能會引發我們混亂的情緒反應。這是一種古老的感受。我們想贏，而如果有人在贏，那是否會妨礙我們的成功和擁有滿足感的機會？如果有人在輸，那是否有利於我們的成功呢？

多數人的心情都是矛盾的。一方面，我們希望與成功更接近──這能以一種好的方式感染著我們。如果我們的朋友和至親蓬勃發展，那是生活過得有多好的一個徵兆。擁有活力十足、有趣的朋友是許多人所渴望與珍惜的。我們也可能抱持著正面、美好的心態，真心希望別人成功。我們希望朋友快樂，希望兄弟姐妹過得很好，過著充實的生活。但是，當我們看到其他人蓬勃發展時，我們覺得有點難受，也許有一些合理的理由。

有比較，就有失望。我們在某種程度上，感覺到他人的成功會從我們身上拿走一些東西。一個獲得重大事業突破的同事，將在某種程度上取代我們的位置，即使這不是一場明確的競爭。很多事都可以追溯到我們早年在接受愛方面的經歷。這些記憶可能在學校、社交場合與家庭生活中對我們產生深遠的影響，解釋了為何當其他人得到他們想要的東西時，我們會感到難受，無論有多麼不為人知都一樣。我們覺得世界上就是沒有足夠的東西能分給每個人。

當我們不斷對可能發生的可怕事情做出災難化的想像（但多半並未發生），我們會習慣性地玩著「萬一」這種焦慮和漫無目的的遊戲，將可能出錯的情景宣洩出來。或者我們會反覆咀嚼並

What We Want　　我們想要什麼？　244

玩弄「只要」的痛苦遊戲，相信自己可以重演、取消和重做那些出問題的部分。我們基於幻想玩著重複的遊戲，希望有一天能向某個懷疑、不懂欣賞、讓我們感到渺小和無助的人，證明我們的榮耀。我們夢想彌補自己過去的傷害與不足。案主們經常透露出想要贏的幻想，以此證明那些懷疑者錯得有多離譜。

我們複雜的競爭心態通常與不安的自我有關。當事情進展順利時，我們會因為朋友的洋洋得意而感到不爽，並自我提醒自己，千萬不要如此明目張膽地表現出來。大多數人對擁有「自我」（Ego）權利這方面，接收到的訊息相當矛盾。無論我們的環境和成長背景如何，都可能會在文化潮流的影響力下受到拉扯。自我賦權、自信、自尊、身體積極性，這些都是美好的事物（儘管我們深植內在的信念或許會與個人歷史產生衝突），但「自我」卻被視為一個髒字。更不用說自戀了……**太多的自我**仍然是一個嚴厲的訊息，讓我們噤聲。

「遠離自我以策安全──它是個致命的敵人！」

自我以引起麻煩、危險、混亂而聞名。**「自我的危險」**這句話我們經常聽到，大多數文化對自我的可接受性這方面傳達的訊息是混雜矛盾的。我們很容易被要求要隱藏並否認自我（無論對他人，還是對自己的意識）。被放逐的自我會以曲折的方式表現出來，像是透過他人、透過堅持在小地方爭強好勝、透過憤怒、挫折、帶著批判的羨慕等。自我意味著自己（Self），它來自拉丁文的「我」（I），意思可以是自尊和認可。當我們摒棄虛偽的謙遜，在心理治療的隱私中，

245　Chapter 9｜獲勝　　　　　　　　　　　　　　　　　To Win

簡單地享受著真正的自己，這可能是一個突破。若非此時，更待何時？

最近有位案主對我說：「我為自己感到開心。我表現精彩。我，幹得好。」我也為此開心。

想想獲勝的意義。定義會改變，規則也會不同。你需要重新定義自己的角色，玩一場能讓你感受到成功的遊戲，無論成功意味著什麼，一切都取決於你。

Chapter

10

連結

To Connect

連結意味著參與共同的經歷,

它的重點是相互參與。

我看見你,聽見你,

你也看見我,聽見我。

對連結的渴望是人類存在的核心，好比吃東西。這是關懷和體貼的表現，為疏離、薄弱的體驗帶來安慰。只要有共同的參與和開放的心，我們便能在生命中的任何階段建立連結、重新連結。我們在治療中與朋友、同事、陌生人等建立連結。沒有連結，我們很難知道如何看待自己，甚至能否將自己概念化。當然，斷開連結或斷線也會在這些地方發生。

我清楚記得，我第二個孩子在大約七個月大時開始拍手。他看到自己的雙手合在一起時驚奇不已，並本能地模仿人們拍手的動作。齊聲拍掌讓他感到歡欣鼓舞。他會試圖吸引我的目光，若成功，他會開心地笑容滿面，我們兩個都笑容滿面。當我對他驚嘆時，他的臉會整個亮起來，反過來凝望著我。我們體驗到的交融既是向外，也是向內。我們朝著自己的外面看，並加入其中。拍手是人類表達感激和團結的獨特手勢。我們對連結的渴望是關於分與合的二分法。

關注與連結意味著被看見和被聽見，然而，大聲喊叫雖然可能引起注意，卻無法建立連結。連結意味著參與共同的經歷，它的重點是相互參與。我看見你，聽見你，你也看見我，聽見我。當我們全心全意地誠心參與，我們會體驗到一份團結感，讓我們感到舒服自在，並能了解彼此、了解生活。連結是我們彼此關心並處理自身經驗的方式。

最初的舞蹈是從出生開始的，新生兒藉由觸摸和餵食建立起連繫。與他人和自己的某些部分建立連結，將破碎的經驗片斷帶入一個容易理解的、連貫的敘事中。我們如何發展、如何與世界建立關係、如何辨別自己的不同與相似之處──這就是我們定義自己的方式。

What We Want 我們想要什麼？ 248

不過，建立連結可能是件難事。我們迫不及待地告訴摯友一個超好笑的故事，但就在這麼做時，突然被打斷了，或是朋友沒有笑。我們發出一則簡訊卻沒有收到回覆。我們為自己經歷的尋求認可，卻感到被拒絕或被漠視。斷線就像單手拍手。我們逃避向愛我們的人承認內心深處的痛苦，因為我們感到惶恐、尷尬、害怕。我們覺得自己被忽視了、被誤解了。我們對一個不如預期的尷尬或無聊的社交場合感到猜疑、不安。我們覺得自己沒有受到關照，沒有被他人以我們想要呈現在眾人面前的樣子認識。我們被那些突然覺得無法接受的回憶所糾纏。

在治療關係中，建立強而穩固的連結是非常寶貴的。治療空間就像一個情感實驗室，讓我們能觀察並處理問題。建立連結、找到並重塑我們告訴自己的故事，以及藏在心中那些不曾說出口的故事，是工作中極為重要的一部分。我們可以對過去的事件有更深入的了解，從不同角度看待事情，逐漸接受那些糾纏的記憶，在當下體驗到轉化的經驗，並為某些困難與挑戰賦予意義。

亞絲翠是一位在六十多歲的女士，她願意將她的故事交託給我，前來找我接受治療。我喜歡和不同年齡層的人一起工作，不過我大多數的案主年齡都偏年輕。起初，我與亞絲翠建立的連結感覺有些膚淺，但後來證明其實十分重要。亞絲翠需要治療，但她心裡卻很害怕。

「沒有什麼比背負一個未說出口的故事更痛苦。」作家瑪雅・安吉羅（Maya Angelou）曾如此寫道。亞絲翠有一個未說出口的故事，那是她努力不說，卻需要說出來的故事。說出這個故事改變了她，聽見這個故事也改變了我。她一再重新定義了連結的意義。

亞絲翠的當下

瘋狂的是，我需要恨才能去愛，但是我一輩子從未被允許去恨任何人，除了我自己。

我們都會妄加臆測，我也不例外。我努力以新的眼光去看待新的體驗，與人接觸，並允許發現和驚奇發生，暫且放下評斷，不為人們套上刻板印象。有鑑於心理治療曾有把理論強加於個人的歷史，認為我們已經完全了解他人是一個極大的錯誤，特別是當我們根本不了解他們時。

治療師總是對第一印象特別重視，因為評估會議的筆記通常包括了我們希望最終能讓自己覺得充滿遠見、很聰明、觀察入微的內容。我們也會評估風險與適應性，確保面面俱到，並確認是否需要轉介或進一步的支援。

我們會在會談中草草寫下這些筆記的一部分內容，或是之後如果計劃繼續為案主安排更多治療時段，評估筆記可以供自己參考。而如果我們要轉介，可以將評估筆記交給同事。我們的描述會依據不同的目標讀者而有所差異。我們總是以自己的主觀方式在構建故事、拼湊和組裝細節、觀點塑造我們的所見。無論我們多麼努力專注於會談的人，或多或少都難免會將自己的痕跡強加在他們身上；房間裡的互動狀態是由在場的人創造的，包括治療師。我們受過專業訓練，知道如

何逮住自己的投射，認出來自案主的投射，但背景、文化、個人生活、外表、訓練、心情、性情、特質等，都會影響我們如何看待人、如何與人相處，並影響人們的治療經驗。這就是使治療過程變得強烈個人化、因人而異的原因。

我們不會讀心術，我們做的是觀察、參與和建構，但也會漏掉一些東西。我盡力接受人們當下的狀態，讓素材自行浮現，而非強貼標籤。不過第一印象在我心中迅速形成，而且我對亞絲翠的第一印象是錯的。我決定原諒自己最初對亞絲翠產生的不正確印象，因為我們往往容易形成這些印象，重要的是願意修正和更新。由於心理治療在很大程度上是關於重塑故事，因此我們也需要重塑關於案主的故事，承認最初的感受通常並非全貌（甚至差遠了），能帶來一種解脫、開闊的感覺。

我錯了，但我也對了。我對她的第一印象是「多麼棒的女士，她看起來精心打扮過」，這結果是真實的，卻是完全誤導的。我假設她和她的外觀一樣精心打扮過，她並沒有真正的困擾。我們第一次會談時，亞絲翠早早便抵達。接待員通知我說：「這裡有一位女士要見你。」她小聲加了一句：「她看起來好時髦喔！」

我向她自我介紹，並提供了一杯水，她客氣地拒絕了，我告訴她自己會在幾分鐘後回來。即使在這短短幾秒鐘的時間，她優雅精緻的外表仍讓我印象深刻。她看起來是如此整潔、有序，脖子上繫著一條小領巾，手提包上方綁著另一條絲巾。幾分鐘後，我歡迎她進入房間時，我看見

她多方展現的淑女穿搭——她掛在衣架上的雨衣、花傘、蝴蝶結鞋子、成套的耳環與項鍊（我不久後得知，她幾乎總是這樣打扮；這些是從她奶奶那裡繼承的）。她的穿著風格幾乎像是華麗的戲服，彷彿她正在扮演一個皇室成員。她臉上的妝化得恰到好處。我心想，她打扮得太精緻得宜了。但「打扮精緻得宜」對有些人來說意義極其複雜。視覺的一致性對她很重要，它掩蓋了內在的混亂。

亞絲翠六十多歲，前來尋求心理治療是「建立連結」。她解釋道：「我過去總是喜歡選擇無賴，請協助我挑選一個像樣的人，我想要一個伴侶。」我問她連結對她的意義是什麼。她告訴我她前夫的事，她孩子的父親，還有他們雖然結婚多年，卻從未特別親近的事。他對她不忠，後來離婚了，十二年前他再婚，而她在此後的幾年裡有過一些短暫的感情關係和一連串失敗的戀情。她在回憶往事時候，即使是有所留戀或悲傷之處，她的表達方式都能帶有一種不誇大與接受的品質。她的英語和許多斯堪地納維亞人一樣，清脆悅耳而流暢。她精確地說出某些詞彙，例如「Scoundrel（無賴）」時，咬字就像咬一口青蘋果那樣清脆。

其他的連結來源呢，除了戀愛關係之外？她皺了皺眉。「你知道，我想要一個好男人，我可以關心他，他也關心我。」她的母親是個端莊的教會信徒，頭髮總是挽起紮好的那種女人，從她有記憶以來，母親就一直鼓勵她找一個可以愛的男人，可以照顧她的男人。「我母親有一種神祕的淘氣個性。她熱愛滑雪和音樂劇，那是她的興趣所在。但即便如此，最重要的還是對一個男

人的奉獻。《窈窕淑女》（*My Fair Lady*）是她最喜歡的其中一部音樂劇，她向我和我姐妹們灌輸的觀念就是要幫亨利・希金斯（Henry Higgins）*這類男人拿拖鞋。我們將這些話奉為人生圭臬，現在依然如此。」

那時，我對亞絲翠產生了一種深深的感情。我很喜歡《窈窕淑女》這部電影，也很熟悉劇中的對白，但那是多麼扭曲的訊息啊！我總是感到沮喪，亨利・希金斯因拒絕改變而受到讚揚，而伊萊莎・杜立德（Eliza Doolittle）卻做盡一切（儘管名字是「做很少」［Do litle］的諧音）。亞絲翠對我知道她引用的來源又驚又喜。「你們這世代的人不了解音樂劇，」她說。「但也許還有希望。」

心理治療的重點並非僅僅是喜歡我們的所見。我們也許不喜歡自己的某些部分，或是彼此的某些部分。除了柔和的粉彩色，我們也需要看看黑黑的煤煙與塵垢。但是在這一刻，只有純粹柔和的粉彩色。她喜歡我，我也喜歡她。多麼陽光、愉快的時刻。

我對她的魅力感到震撼，我也好奇自己對她的發掘能有多深、多強。

我問她對自我的感覺時，她提供了一些特性描述，如同我們常做的那樣。她曾當了幾十年的助產士，但最近退休了。她形容自己在「有益身心健康的哥本哈根」長大──有點像電影《真善

* 註：劇中男教授，傳統社會的優越男性角色。

《美》(The Sound of Music)的場景，只是沒有起伏的山巒或富裕生活。「我姐妹和我在日德蘭半島（Jutland）度過了夏天，穿著漂亮的裙子，做些藝術品。現在回想起來，我們當時實在是貞潔又純真。」後來她搬到倫敦展開冒險。雖然她的財務狀況只是尚可，但還能租得起一間小公寓並且去上園藝課。她不再被無止盡的責任壓得喘不過氣，終於感受到了某種自由。所以前來倫敦對她而言是她「重要的第三幕」。她承認自己受到了珍·芳達（Jane Fonda）的啟發。

她對談話只圍繞著她展開感到很難適應。我倆關係的不平衡本質對她來說是很尷尬的事，許多人也會這樣。她花了許多時間留意周遭環境，細心觀看在房間裡和我身上看到的東西。「你背後的畫很漂亮，」她評論說。「我喜歡這些坐墊。」

我問起她關於內在自我的問題，她竟以評論我的穿著和配飾來回應：「我喜歡你總是戴耳環。我有次嘗試做心理治療時，和我談話的是一個邋遢的女人。」

當我敦促她告訴我她的感受和想法時，她會尷尬地回答，打斷自己，問我是否坐得舒服，說我座位的墊子沒有她坐的那個那麼舒適。

「看起來很硬，」她說。「我擔心你整天坐在那東西上。你應該要求一張更好的椅子，或至少是一張和我坐的一樣舒適的椅子。」

她說得沒錯。我身為心理治療師，卻整天坐在一張從辦公室櫃子裡拿出來的木椅上。那真是一把坐起來非常不舒服的椅子。

她沒放過這個話題。「夏洛特，你很瘦，所以你沒有緩衝。如果你繼續坐在那東西上面，你的背部會出問題的。看看你，真讓我擔心。我是一名護士，相信我吧！」

她對我的關心讓我覺得不好意思，便盡可能將焦點轉回到她身上。她對我身體的評語讓我覺得自己像個孩子，而且不僅僅是身體方面。她讓我警覺到自己對權威方面不成熟的處理方式。

她對我的關心、她提到的醫療專業知識、她對美學的認識，所有這些都增加了我對她的性格、價值觀和興趣的理解。而她的離題，以及將討論繞回我和房間上的行為，當然也帶來許多啟示，向我透露出她在這個世界和人際關係中的模樣。

我不斷提醒她，她的目標是「建立連結」。這表示首先要與自己建立連結。她正在說出她是誰，即使是以間接的方式：身為亞絲翠，一部分的她敏銳地留意外在環境——其他人、表面細節等，甚至覺察他人的內在經歷，但不包含自己的內心。她可以想像我坐在那張椅子上的不適，卻難以訴說自己的內心世界。亞絲翠習慣性地關注他人，確保他人安好，當我試圖將談話重點放在她身上時，她會非常不舒服。她完全符合那種「醫生和護士是最棘手的病人」的形象。

她想要我對她有所幫助，這讓我覺得很榮幸。我希望她喜歡我。我們很快建立起融洽的關係，我很高興，我想她也一樣。我們的工作充滿火花，她告訴我，她一直想知道有個女兒是什麼感覺，她兒媳對她非常冷淡。我對她來說既像個女兒也像個母親，這種奇怪的現象就是在**移情作用**中可能發生的事，真實年齡與情感年齡融合在一起，模糊了界限。我們的對

話大多讓我感到愉快和自信，除了被她發現我對那把椅子打扮精緻的特質相互匹配，我們一起跳著一支和諧的舞。要承認這些事是很尷尬的，我與她那種打扮精緻的能和我的主管討論這些自我的陰暗面，而且是在我自己的治療會談中，甚至只有對自己承認。但如果我不承認這些事，我就是在隱藏並逃避塑造治療關係的重要問題。

在好幾次的會談裡，亞絲翠和我都度過了愉快的時光。這一點都不困難。她總是太過關心我，我也太過關心她，但我們大多只是閒聊著她的生活，並未真正討論它。一直到最後，難受地坐在椅子上的已經不只是我了，她終於讓自己去感受傷口，真正的故事浮出水面了。

在我們下一次的會談裡，亞絲翠顯得比往常少了份沉著，看起來有些緊張。她頭上戴著絲絨的髮箍，腳踝交叉著，像個剛剛跳出社會的嬌嫩少女。她打開筆記本，放在膝蓋上。

「我不想讓自己的思緒斷掉，或是失去勇氣，所以我寫下了一些提示，以確保我能告訴你某些事情，」她說。她的聲音顫抖著，我可以看到她的手也在發抖。

「這是你的空間，」我說。「讓自己安心在這裡，暢所欲言吧。」

「聽起來很好。好的，好的，聽起來很好。你今天好嗎，夏洛特？」

What We Want　　　　我們想要什麼？　　256

「我很好。但是,亞絲翠,請告訴我你好不好。」

「好的。我來見你的真正原因,是為了遇見好男人,我仍然希望如此……我感到很難為情,我讓自己陷入了一點麻煩。我告訴過你我曾經和一些無賴約會過的歷史。好吧,尤其是其中的一個。夏洛特,我不敢相信自己竟會讓這種事發生,雖然我不太知道這個故事該怎麼說起。對我來說這些話很難說出口。」她的聲音斷斷續續。

「我了解,」我說。「給自己一點空間,讓那些話自然流出。我們會將一切好好整合在一起的。」我可以看出她的苦惱、焦慮,只是提到發生了一件不好的事,她就已經在重新體驗那些未經處理的痛苦經驗了。

「好,我會說一些片段,你可以幫助我把它們整合起來,拜託了。」她說,聲音漸漸透露出堅定。

「當然。」

「一切是從幾個月前的一個晚宴上開始的,參加那次聚會的是我和一起受訓的助產士,幾位同事也在那裡,還有一位傑出又迷人的澳洲外科醫生坐在我旁邊。他說他總是更喜歡護士,而不是醫生。那是一個美好的夜晚,在我離開之前,我們交換彼此的聯絡方式。我不確定自己是否會再次聽到他的消息,但他那天晚上發了一封電子郵件給我,我回覆了,然後第二天他又回覆了我,接下來的一週,我們彼此似乎正在建立某種連結。一個英俊的男人,比我大幾歲,非常

257　Chapter 10 ｜ 連結　——————　To Connect

自信，非常有學問。他博學多聞，很久前便離了婚，有一個在美國生活的兒子。他很會調情，但從不會顯得粗俗或什麼的。他告訴我他喜歡滑雪和參觀藝術展覽，嗯，我也是。我們有許多共同點，所以約好共進晚餐，並度過了美好的時光，他隨後建議下個週末做些什麼——我當時非常緊張，但準備好了，也很感興趣，而且我非常喜歡他。所以我們一起開車去了美麗的湖區（Lake District）鄉村酒店，是他挑選的地方。它看起來完美無暇。你知道湖區嗎？」

我點點頭，但沒說什麼，我希望她能專心講述她要告訴我的痛苦故事。

「嗯，如果你想來個週末小旅行，我推薦這家酒店，不過我不會再回去那裡了，但也許你會喜歡，你週末會出遊嗎？」

「亞絲翠，你知道我對自我揭露的態度是相當輕鬆的，但是請讓我們專注在你的故事上。」

「好的，好的。詹姆斯，這個男人的名字。喔。甚至一提到他的名字，我都覺得空氣中好像飄來一陣什麼氣息。」她急促地吸了一大口氣。「我現在還不想進入任何感受，我想先講完所有細節。他似乎很和善、很細心。我覺得我們有一種連結。我很緊張，但也有點飄飄然的，因為我們正一起度過一個浪漫假期。我們共進了晚餐。我喝了一兩杯紅酒，最多兩杯——我不讓他再給我倒酒。我們分享了慢烤嫩里脊牛排，五分熟。我說我不能再喝了，我開始覺得有點醉了，但是一種很好、很溫暖的感覺。我們坐在酒店餐廳的一個小角落，窗外有美麗的景色。一切都進展得很順利，很浪漫。我覺得很開心。這就是令人困惑的地方，我無法將這一切拼湊起來。」這時她

的態度變得嚴厲、克制，有種校長般端正得體的特質。

「我講得不好。」她用一種石頭般堅硬眼神盯著房間的角落，棱角分明的臉龐顯得痛苦、生氣，彷彿她提醒自己想起一件慘痛的事。直到這一刻，我才算是接近了她廣大的內心世界。

「亞絲翠，盡你所能地講就好。」

「我想要把事情原原本本講出來。既然我在這裡，挖掘這些事，我必須一吐為快。但我不知道這些碎片要怎麼拼湊起來，它們沒有意義。」

「暫時不要擔心這些片段如何拼湊在一起，繼續講下去就好。」我說。

當人們經歷創傷時，也許會感受到巨大的壓力，想要正確講述自己的故事，好像表達才是最重要的部分。有很大一部分原因是來自於對發生事件的恐懼，不敢相信它真的發生了，在震驚中被凍結的聲音，以及擔心別人不相信發生什麼事，而且也自責不已。即使在治療中，講述一個未曾說出口的創傷故事也是件可怕的事。

「我們回到了我們的房間。非常甜蜜，非常迷人。經營這個地方的人非常和善，是家庭事業。周遭的一切就像童話故事，都是我在丹麥的童年時代所夢想的，一如我讀過的碧雅翠絲・波特（Beatrix Potter）繪本和許多電影描繪的英國鄉村風光。天堂般的地方，我重複對自己說著，我在回到房間時有點緊張，但我想，讓我們看看會發生什麼吧。我好吧，我會辦到的。晚餐後，我在回到房間時有點緊張，但我想，讓我們看看會發生什麼吧。我以為我緊張的原因是因為我已經很久沒有發生性關係了。」當她說到「性關係」時，她的聲音變

得柔和。「還有約會,嗯,當兩人相遇,然後變得更親密時,它是如此強烈和不確定,而現在它正在進入下一個階段。我已經生疏了。」

「我了解。」我等待著,我不想問她這是否就是全部的故事,但我不確定。這讓我想起,有一次我打開禮物袋時,無法確定最底部是否還有更多東西,但我不敢大動作翻動包裝紙來查看是否還有東西,這樣會顯得貪心或不滿足。

「嗯,就是這樣了,」她低下頭停頓了一會兒。此刻,她沉思的臉龐顯得格外輪廓鮮明。

「這是我記得的最後一件事。直到我醒來,發現自己躺在淋浴間冷冰冰的瓷磚地板上,到處都是血。我的頭⋯⋯感到劇烈抽痛。全身都感到疼痛,到處都是瘀傷。我麻木了,但卻疼痛不堪。」

「喔,亞絲翠。」我說,突然一陣痛楚湧上心頭,我知道她一定發生了不好的事,但我沒料到會是這樣。她也沒有。

「我知道我必須告訴你這件事,」她說。「我想要說。」她從一個漂亮的花紋面紙包中拿出一張整齊折疊成方形的面紙,動作精準地打開,然後小心地擦拭眼睛。我希望她能用放在她面前的那盒面紙,但她對自己的行事曆、面紙、衣服、領巾和各種物品都準備得很周到。她以這些方式維持自己的狀態。

「我很高興你告訴我,」我說。「聽起來太可怕了,而且是一種創傷。」

「是的,它確實如此,我沒有對任何人說過。我只是覺得很⋯⋯難堪⋯⋯我會回來描述這一

點。我想盡可能多告訴你一些事。總之,當我終於從地板上爬起來時,我想要求助,但我沒有這麼做。這部分……這是我無法理解的部分……這部分一直折磨著我。」她開始哽咽,勉強透過眼淚來說話。

「這很困難,夏洛特,這整件事都是,」我說。「我真心為你感到難過,我支持你。」

「喔,夏洛特。我需要聽到這句話。我需要聽到你說你會支持我。我不懂。詹姆斯穿著一件毛巾浴袍躺在床上,正在看雜誌。一本旅遊雜誌。他就躺在那裡,看著一些奢華的旅遊地點。我爬向床,頭部受到重創,疼痛難當,到處都是血。我拖著自己爬上了床,躺在他旁邊。然後他什麼都沒說。我也沒有說話,我想我被嚇傻了。我沒有呼叫求助,我沒有打電話給警察。我不懂,我就是不懂,我必須告訴你剩下的事。」

「請說。」

「我抬頭望著他,問他發生了什麼事。『你喝醉了,你這個淘氣的女孩。』這就是他說的話。但我沒有!我知道我沒有,但我試圖接受這種想法。我無法相信我睡在他身邊,但我真的這麼做了。隔天早上,我醒來後,頭痛欲裂,我不知道自己是怎麼入睡的,我們穿好衣服,下樓走到酒店那間可愛的早餐餐廳。我們喝了一壺咖啡,吃了些糕點,然後他們端來全套的英式早餐,一切都像雜誌文章寫的,關於一間可愛的湖區鄉村酒店的描述。我們走到附近的一片樹林散步,還拍了些花的照片。他對各種花卉很熟悉,不斷辨識它們的

261　Chapter 10 ｜連結　　　　　　　　　　　　To Connect

種類。喔，我的天哪，我竟然做了所有這些事。我跟著他做了所有的事，散步時，我們拍了些自己的照片。你看，看看這些照片。」

她用顫抖的手握著手機，給我看那些照片。照片裡的她，表情空洞的臉上掛著一個咧嘴、僵硬的笑容，頭髮貼在臉頰上，額頭邊緣有一個明顯的深長傷口，還有些輕微的瘀傷。照片中那個鄉紳打扮的男人看起來很得意，用手臂摟著她。我不禁對他感到怒火中燒，這是她當時沒有讓自己感受到的憤怒。

「亞絲翠，我很遺憾。我真的很遺憾發生了這種事，我很高興你現在願意談論它。」

「我不敢相信我當時竟然沒有呼救或報警，甚至沒有對他說些什麼。怎麼會發生這種事？不僅是他對我的所作所為，我知道他對我下藥，我知道他在我失去意識時和我發生了性行為。」

「你怎麼知道的？」我小心翼翼地問道。我很怕自己的問題聽起來像是在懷疑或挑戰她。

「嗯，精液從我身上流出來，沿著我的腿連同鮮血流下來，弄髒了我這邊的床單，這讓我覺得很難堪。我感覺失去控制。我完全失去意識，不省人事。」

「喔，亞絲翠。」

「我不懂為什麼。我本來就會和他發生關係的，清醒的時候。他沒有必要對我下藥。為什麼？對我來說最糟糕的部分⋯⋯就是我竟然假裝一切都沒事。我們度過了一個美好的週末假期。我甚至沒有告訴你，連對你也在假裝，即使是現在，我也想淡化它，讓它煙消雲

「這不是性行為,這是強暴,這是暴力。」我說。

「是的,確實如此。你說的沒錯,身為護士,這我都懂。然而,然而,我無法相信會發生這種事,我將它正常化,將它淡化,假裝它沒那麼糟。我做了所有這些事。這不對。我太震驚了。程度不下於對這個男人的震驚。這是不對的,他所做的事。這不對。我太震驚了。」

「他所做的確實不對。絕對是不對的。」我也很震驚。我對這個故事著實感到震驚。我相信這個故事,在某種程度上,即使我現在已經能夠冷靜下來而且習慣了,我還是一樣每次都感到震驚。我討厭這種事發生,但我依然感到震驚,而且我認為我**想要**感到震驚。是因為它完全是不可接受的事。我討厭這種事發生,但它不斷在發生。比我們知道的更多。比我們讀到的、報導的、聽到的、甚至治療師所發現的都還要多。

亞絲翠和我一起探討了是什麼阻止了她呼叫求助、報警或檢舉此人。「我記得自己當時感到十分難堪。旅館是如此寧靜,如果我求助,告訴別人發生什麼事,或是報警,想像一下會怎麼打擾到在場的所有人。旅館的經營者人那麼好,我不想引起騷動。」不想引起騷動在許多方面阻止了我們發聲。這是社會教導我們、教導女性何謂禮貌的一個陰暗面,或許吧。「我從小就被灌輸這樣的信念,說大聲喊叫就不像個淑女了。擁有良好、老派傳統的行為舉止,『像個淑女』是最

重要的。這是終極讚美。」

我問她深植在這個「淑女」身分裡的是什麼。

「我想起母親告訴我們姐妹,在星期日的教堂裡要挺直坐好,我們的頭髮編成辮子,跟著大家一起唱歌。不要插嘴、不要爭辯。你知道的,不要惹麻煩。除非有人問你問題,否則不要讓自己引起別人的注意。我們母親說的這些話,也許她母親也曾對她說過——當我們還是小女孩時,祖母也許也對我們說過。」

「天哪,我想起你在我們剛開始告訴時告訴我,你母親總是說伊萊莎・杜立德必須為亨利・希金斯拿拖鞋。你也透過那個細節告訴了我許多事,只是我們當時沒有完全領悟到。」

「喔天哪,我忘記我告訴過你了。但是,沒錯,幫男人拿拖鞋。在這個脈絡下,你認為這意味著什麼?」她問。

「你認為呢?」

「這意味著不惜一切討好男人。要和藹可親、要細心。參與談話要令人感到愉快。保持微笑。」亞絲翠把目光投向一個角落,彷彿在翻閱一本覺悟之書的目錄。

「那麼,當事情出錯時,那些比較黑暗的東西呢,那時該怎麼辦?」

「讓事物保持美好在我們家是很重要的。井然有序。有一個整潔、美麗的家,就有一個整潔、美麗的心靈。不要太生氣,或是太具侵略性。喔,夏洛特,我不敢相信我到現在才領悟到這

些事。我覺得自己彷彿突然張開了眼睛,看到了什麼。」亞絲翠說。

「你的經歷實在太令人震驚了,這是幾個月前才發生的事吧?你可能還處於震驚之中。我覺得很震驚,這是一件可怕的事。讓我們容許一些時間讓這個故事沉澱下來,讓它能夠連貫起來。」

「一切都只有碎片,沒有別的,」她說。「這些我一直推開的碎片,像火焰一樣灼燒著我,這就是我現在的感受——炙熱的碎片朝著我飛來,糾纏著我。我可能正在花園做園藝,和商店裡的人交談,無論我做任何事情,而一個小小的事就能突然提醒我,再次引發火焰。這是怎麼回事?」

「聽起來你可能正在經歷『閃回』(Flashback)現象。你以一種增強的、感官的方式儲存了創傷的記憶,而且對威脅保持高度警覺。」

「我有一些記憶,有些部分的記憶片段太多了,有些方面又太少。」

「這在創傷的案例中很常見,」我說。「我們會覺得自己記得太少,又太多。你會開始將這些碎片整合在一起。你已經在這麼做了,你正在發現那個故事。要注意,你也許還處於創傷狀態。不要催促自己,也不要給自己壓力。康復不會在一瞬間發生,但會慢慢拼湊起來的。要對自己善良,保持耐心,拜託了。」

「我喜歡。好,我可以做到。謝謝你,一切會慢慢拼湊起來的。好,好。你知道,我不太擅

長注意到自己出問題。對別人，我比較會注意到一些事。」

「我知道你會，你在觀察周遭和他人十分敏銳，在這裡你也是這樣。你對這把椅子的看法正確，它很不舒服！我在這裡是為了幫助你，但你依然很難為自己發聲。」

我們談論她在與兒子、兒媳與孫子來往時感到虛假的問題，但她不想告訴他們發生什麼事。至少在她自己想通這件事之前，都不想。而且故事還遠遠未結束。她給我看了她和詹姆斯之後的溝通內容，他們交換了郵件和照片。

「還有這個，」她顫抖著說。「這部分真的很糟糕。在這一切發生之後，我與他發生了性關係，這次是兩廂情願的，我們約會了！我為什麼這麼做？為什麼？」她張大嘴，表情激動。

或許她希望解除創傷，讓它變得無所謂、變正常，修補這件事，讓它不再是一個恐怖故事。她一直認為自己能以某種方式解決它。「我想讓它回歸正軌。」她一直這麼說。她講述這個故事時，她開始回答一些關於自己的問題，也逐漸累積了自己的洞察力和力量，即使她仍覺得困惑、憤怒。

「我這個年紀被侵犯實在太老了，誰會侵犯六十多歲的女人？我覺得非常難堪，好像人們會認為我自己想太多，以為我在這個年紀還能成為強暴受害者。我想我再次和他見面是希望弄明白這整件事，你知道，他會設法讓這件事變得好像無所謂。我到底在想什麼？」

她破碎的自我價值觀讓我很難過，我能了解她是為了試圖理解一些無法理解的事而再次回到

他身邊。我知道，往往是因為渴望了解那些帶給我們傷痛的人，促使我們回到他們身邊，彷彿那些造成傷害的人才握有智慧和補救的辦法。我們以為，傷害我們的人可以讓事情變得更好，有時我們甚至以為，他們可能是唯一能做到這一點的人。

「我想我那時回去，再次見他，是因為我以為如果能讓這個壞人變成好人，事情就會變好。如此一來，這件壞事就不再那麼壞了。有道理嗎？」亞絲翠問道。

「是的，有道理，」我說。「但是發生過的壞事依然是壞的，沒有什麼能讓它變成沒有發生過。」

「它依然是壞的。」她搖搖頭，讓自己去感受這個概念。「我想到當時的情況，自願與他發生性關係時，我甚至覺得自己不存在，就好像我只是人在那裡，機械化地做著動作。我想我沒有任何感覺，我甚至沒有想過自己的感受是什麼。我忙著努力讓情況變好，但它並不好，它永遠都不會變好。」

「它永遠不會變好。你經歷了一場可怕的事並倖存下來了。」我說。

「是的，我確實如此。它已經發生了。」

當人們在創傷中倖存時，通常需要一段時間才能意識到壞事真的發生了。接受這個基本事實是件既簡單又複雜的事。

267　Chapter 10 ｜ 連結　　　　　　　　　　　　To Connect

「我想在下週對這個可怕的男人正式提起訴訟。」亞絲翠說。

我們思考了她舉報強暴犯行的過程會如何。當她考慮到一系列事件的複雜性以及挑戰,還有必須向警方講述並形容每一個細節後,她明白自己不想要面對提出訴訟的後果。他們在隔天拍的照片,彼此間友好的電子郵件,以及強暴後十天的自願性行為,這一切都讓她的案件幾乎不可能舉證成功。她知道這一點,我也知道,因為我指導過其他人面對這個充滿瑕疵的司法體制。在這一刻,我想起了一個縮寫詞「LIFE」,是傾聽(Listening)、告知(Information)、協助(Facilitating)和教育(Educating)的首字縮寫組成,能用來幫助人們處理性方面的創傷。我很氣自己無法為她做更多事,我能為她保留空間、支持她、包容她,幫助她在處理一己經歷方面做出自己的選擇,但這個體制仍然令人疲憊不堪。

「我知道正式提出控訴可能會再次受到創傷,而且通常結果不盡人意,但不提出控訴也讓人深深感到沮喪,會覺得完全沒有正義可言。」她說。

我同意。決定該做什麼可以是件很殘酷的事,極其艱難。

亞絲翠決定,她不想打一場她很可能會輸的仗,她認知到這可能會進一步打擊她。

「我不想要更多痛苦了。我可以在這裡和你一起面對這份痛苦,但我不想要體制帶來的痛

苦。我喜歡來這裡，是不是有點奇怪呢？尤其對我來說這一直是個痛苦的話題。」她問道。

「我不覺得奇怪，也許是你已經在這裡走了這麼長一段路，讓你感到寬慰。」

「對，我覺得有點自豪呢。我喜歡我們的會談，」她說。「有時我甚至會特意穿週日才穿的最漂亮衣服來赴約，即使我們不是在星期天見面。你知道我的意思，有個理由穿上漂亮裙子是件好事。我喜歡這個房間，它感覺很安全，好平靜，很美好。現在你有了新椅子，感覺更專業了。」

「你對椅子的看法是對的。我很高興自己有了這把新椅子。」我說。

「還有一件事讓我感到困擾，我可以說嗎？」

「請說。」

「我喜歡這裡的花。你每週都會把這些漂亮的花放在桌上的小花瓶裡。我在心理治療中學到的一切都是關於真實、脆弱，以及新生命。花朵在任何年齡都很美麗。那就是為何我這麼喜歡它們的其中一個原因。」

「亞絲翠，花朵在任何年齡都很美麗，直到它們枯萎。這真是一本回憶錄的好書名。」

「是的！」

就某方面而言，我們談論的是生命本身，我們在體制、政策中的身分，我們呈現自己真實的觀點，而在另一方面，我們卻完全離題了。我們盡情地笑。我了解這些無關的討論，其實是通往

我們所需之處的景觀路線。雖然繞遠路,卻風景優美。從所有可能的角度來看,房間裡只有我們兩個人,是否能從這種情況中找到意義,完全取決於我們。

隔週,亞絲翠手裡抱著一盆玫瑰來到辦公室。「這是送給你的,夏洛特。嗯,其實是給我們兩個的,我想正式捐贈給這個房間,可以嗎?」

「好啊,當然可以。」我說。

透過接受這盆玫瑰叢,我希望自己能向在創傷中倖存下來的亞絲翠致敬,以及所有在這個房間裡述說自己故事的人。

「我喜歡這個想法,即使悲傷的事那麼多,總是有美好存在。」亞絲翠說。

「是的,總有美好存在。這個房間代表了真正的成長,我們聊的花朵話題,就這個意義上也是如此。但同時,你也讓黑暗進來了,你並沒有先將東西消毒過,維持美好的樣子。」

「我喜歡園藝就是因為這個原因。土壤是如此誠實,含著砂石、泥土,我們跪下來,將這些美好的東西帶到地表上。這就是我們在這裡所做的,這很難。但我真正渴望的,夏洛特,是與一個好男人建立連結。我甚至試圖說服自己在一個對我下藥並在我無意識時強暴我的男人身上,或許可以實現。我非常希望這個故事有別於實際發生的情況。即使它是不對的,我也努力將它重新塑造成可以接受的經歷。」

「發生的事情是不對的,它也不是真正的連結,或是任何可以塑造成連結的事,但渴望連結是美好的、完全值得的,而且是可能實現的事。」我知道這是可能的,因為她在這裡允許連結發生了,與我一起。

「我不知為何相信,如果我和這男人合作,取悅他,不引起騷動,做所有我應該做的事,我就會得到我想要的。」

「你當初認為自己想要的,你現在還想要嗎?」我問。

「好問題。」腦海中一直有我母親的聲音在告訴我,要過有意義的生活,讓我對這個男人的可怕行為感到恐懼。事情發生的當下,我或許沒有看清楚,但我現在看清了。我對他的第一印象並不能反映全貌。天啊,第一印象,它可能會誤導你。」

「對,它可能會。」我說。

「我對你的第一印象,我可以告訴你嗎?」

「當然可以。」我十分好奇。

「我以為你也許沒那樣聰明,」她說。「你看起來太時髦了,不像是個聰明人。我就這樣承認這件事真糟糕,不是嗎?我內心很矛盾,我因為你的外表而喜歡你,但也因此影響我對你的看法。我對你套上刻板印象。」

我們都有刻板印象,我對亞絲翠也有假設;她對詹姆斯和我也有假設。有時我們都會擅自假設。我對亞絲翠的第一印象是準確的,但通常我們需要持續評估。

對於亞絲翠來說,有許多層面都很重要,外表也是故事的一部分。「我感覺自己很膚淺,但是是『有深度的膚淺』,」她說。「也許這很深奧,也許不是。我一輩子都躲在我的外表後面,總是看起來打扮得精緻得宜。我以為這會對我有幫助,其實在某些方面確實有幫助,但這阻止我發聲,有時會阻止我變得一團糟。在我母親、父親,甚至是我的姐妹以及昔日的一些人面前,我永遠不可能變得一團糟,甚至和我自己兒子在一起也不會,當然在男人面前也不會。我已經有很長一段時間都很孤獨了。」

亞絲翠開始建立新的連結,她重新聯絡往日的一些友人。她感覺和自己沒有那麼疏離了,她先告訴了她的姐妹,最終告訴了她的兒子和兒媳她的創傷經歷。我的大多數案主都落在她兒子和兒媳的年齡層,我可以想像從他們的角度聽到這個故事是什麼感覺。在關於合意與性別的討論和文化變遷方面,亞絲翠讓我了解到她這一代人心中深植的信念和複雜的內心掙扎。

在她愛上一個名叫艾索的男子後不久,我們決定結束工作。他們是在網路上認識的,關係進

展得相當迅速，因此她計劃搬遷到他居住的斯德哥爾摩（Stockholm）。對於自己的搬遷和未來的生活，她非常興奮。能夠和我一起為治療做出一個整理得當、有計劃的收尾，這感覺和我們的互動很一致。她需要讓我們的工作成為一個有連貫性的故事，包含了開始、中段和結尾。這感覺和我們的互動很一致。她需要讓我們的工作成為一個有連貫性的故事，雖然這不是我該替她注意的事，但我總覺得必須為她保持警覺。而且她是有點無可救藥的浪漫主義者。

她跟我說了他們的計劃。他們平日會住在他位於斯德哥爾摩的房子，但計劃週末到他在山上的小木屋度假。她描述了草皮屋頂，他們如何玩平底雪橇、摘雲莓、吃馴鹿肉等。艾索在為弱勢兒童當山區導遊志工，他們想要享受生活並回饋社會。這就是她修改過的第三幕場景。

我們工作結束時，她不斷謝謝我，說如果不是因為我，她永遠不會找到愛情。我知道這並不完全是真的，這是一種幻想、投射、理想化和移情作用，但她是無法被說服的，她想要堅持這個故事。

「你幫助我面對自己。在我的成長之處，這會是一件很轟動的事。我從未成為我內在真正的自己，」她說。「但你讓我覺得自己是可愛的。你沒有說出來，但我感覺到你將我視為一個可以被愛和給予愛的人。」

「那倒是真的。」我說。

「我覺得真正奇怪的是這個部分。愛的部分我沒有預料到，我需要的是恨，我的意思是真正的恨，才能讓自己去愛。我恨那個強暴我的惡魔。剛開始的時候，我很恨我自己。所有的陳詞濫

273　Chapter 10 ｜連結　　　　　　　　　　　　　　　　　　　To Connect

調都適用,我責怪自己,覺得自己令人厭惡。後來,我開始告訴你這件事,意識到發生了什麼事之後,情況才出現變化。這些年來,我從不曾了解否認的力量,但現在我明白了。花了一段時間我才看到我不是一個令人厭惡的人,是**他**做了一件可怕的事情。

「是的,你所說的一切──你不是令人厭惡的人,你有這種感覺讓我很難過,但也很高興你不再這麼想了,是他做了一些可怕的事。」

「每當我想起他,我還是會憤怒,我恨他。我痛恨他!也許這情況會改變。只有時間能給出答案了,但痛恨他對我很管用,這給了我去愛的空間。對自己的糟糕感受,佔據了我內在的所有空間。我一直在推開它、掩飾它,不僅是針對發生在我身上的事,還可以追溯到更早以前的事,很早很早以前。我甚至可能在利用強暴來解釋一切,將人生的所有問題都歸咎於他。我這樣是不是不公平?」

「對誰不公平?」我問。

「好問題。」

她說:「你經歷了一件可怕的事,如果你能將這些苦澀化為甘甜的滋味,想做什麼就去做吧。」

「對,做我想做的事,我就是在這麼做。當初我來找你是想要連結,與自己脫節了。在這裡連結起來,並以新的眼光看待事情,給了我與艾索連結的機會,而且是用以過去無法想像的方式。瘋狂的是,我需要恨才能去愛,但是我一輩子從未被允許去恨任何人,

除了我自己。不能恨我前夫,當然也不能恨我父母,我的病人、我的孩子,不能恨任何人。然後,終於,我能去恨一個人了。而且你也恨他。這解放了我,讓我能夠去愛。謝謝你和我同仇敵愾。」

「請繼續好好照顧自己。你對別人付出的關注,考慮到他們的舒適度等等,請檢查自己內心,問問自己是否受傷了、是否感到安全,或是否是你想要的。繼續問自己這些問題,你的觀點很重要,想想你自己的拖鞋。」

「啊,拖鞋!我懂這個暗示。我保證我會的。」

我們的工作結束兩年後,我收到一份驚喜,是一雙羊毛拖鞋,亞絲翠寄來的,還有一張活潑的卡片,裡面附著一張照片,是她和艾索站在有著草皮屋頂的小屋前,看起來開心又健康。

這個故事有一個樂觀、快活的結局。美好得不太真實嗎?看到亞絲翠和艾索的完美照片,我有些不大確信。但是為何會這樣?亞絲翠的第三幕戲曾是痛苦的,最終獲得轉化,獲得了她渴望的連結。我了解到,雖然我曾經承諾不讓自己的專業工作澆熄我的熱情,但我已經對幸福快樂產生懷疑。就像那個臨床術語「**幸福恐懼症**」。

我看著那張照片，將卡片再次讀了一遍，決定可以相信她的精彩報告，就像相信那些悲傷故事一樣。亞絲翠得到了她想要的，她正在享受生活。

只是連結嗎？

連結是一種根深柢固的社會需求。在一生中，我們都在追尋人際交往，尋找聯繫，建立關係。我們可以和幾乎不認識的人產生連結的時刻，我們可以與陌生人或自己隱藏的部分有所連結。有時，連結是一種深刻的感受，它能夠超越言語。

永久性連結（Perma-connecting）是新興的情感超級食物，但是當脫節感悄悄出現時，我們會感覺不太舒服。我們假裝它不存在，逃避它，更加遠離它，或者我們會恐慌並感到絕望。我們需要將脫節視為正常現象。向彼此靠近是人性，而有時轉身遠離彼此也是人性，當一些事情令人難以承受，我們也會與自己的某些部分脫離聯繫。亞絲翠努力表達她的故事，她的創傷經歷與她變得疏離了。這可能是痛苦、孤獨、讓人不安的，但它會發生。如果我們能預期脫節現象的發生，便能更容易學會如何修補和恢復。承認連結失敗可能是一種解脫。這種情況不斷發生，例如在工作場所，與朋友、親戚和心理治療師之間。經歷脫節而倖存，並不意味著我們必須感到孤立和茫

然沒有方向，而是意味著我們必須接受所有關係的局限性和不完美。我們可能會重新連結，也將不可避免地會建立新的連結。

連結通常來自各式各樣的來源。沒有人能透過一個人滿足所有的需求，無論那人是自己還是他人。若我們能以靈活、開放的角度看待生活，便更容易接受來自更大範圍的連結。要有分辨能力，不要試圖和遇到的每一個人建立連結。不斷過度努力地想和每個遇到的人建立連結，可能會讓人感到精疲力竭，情感紛亂。強迫性的連結可能會讓你感覺虛假，徒留脆弱感。無時無刻都與你所愛的每個人建立完整的連結，是不可能的事情。

如果你心中帶著創傷、羞恥或傷痛，敞開心扉並與人建立連結是需要勇氣的。當你感到安全、舒適時，透露一些私密之事可能會讓你感到自我接納。當你將創傷故事告訴一個感覺沒有連結，卻以為或希望你們有所連結的人，那就準備好迎接不安吧。這種情況屢見不鮮，而且有時你要到已經開始講故事的時候，才會知道你是否能與此人建立連結。我們透過展現脆弱並敞開自己來建立連結，所以無法總是準確預測每次對話時彼此是否能有連結。

如果你覺得自己和治療師沒有連結，找一個新的治療師吧。如果你偶爾感到脫節，請勇於發聲並看看能否解決問題。脫節和修復的過程可能會讓你們更加靠近。我與亞絲翠的連結是蜿蜒曲折的，我們容忍了這種不確定性。建立連結可能表示要「帶著線條去散

步」（藝術家保羅・克利〔Paul Klee〕在包浩斯學校〔Bauhaus〕談論創造力時說過的話），我們必須沿途不停地穿梭、撮合、聚集和發現。

Chapter

11

我們不該想要的事物
（以及我們應該想要的事物）

What We Shouldn't Want（And What We Should）

有些幻想是更難放下的。

如果你想要的人不可得或無法觸及的，

你或許會更加渴望他們。

曾經有一位滑雪導遊向我解釋，他在教導某些女性客戶時會取下婚戒，防止她們對他有意思。「如果她們知道我已婚，就會更想要我。」這番涉及吸引力與遊戲規則的說法著實令人震驚，當然，其中也包括了他自己的問題。他和妻子最終分開了，我不確定她對他在上課前取下婚戒的做法有何感覺。這個例子很好說明了我們想要不該想要的東西的情況。

「拒絕」或說「不」是一個深具吸引力且複雜的概念。「拒絕」可能包著一層羞愧、驕傲、興奮和焦慮的外殼。你上次對某人說「不」，或者某人對你說「不」是什麼時候？你有什麼感覺？我們受到了制約，要對自己暗地裡想要的事情說「不」，對我們其實不想要的事情說「是」。我們將矛盾的「是」和「不是」訊息內化，而且在互相競爭的各種欲望中篩選。我們不斷地展示並隱藏自己的一部分，為欲望的規則進行協商。生活中所有的「應該」讓我們飽受壓力⋯⋯責任與期望讓我們覺得負擔沉重、受到限制。打破規則是一種刺激又嚇人的誘惑。「拒絕」可能是一個非常棘手的遊戲，我們玩的時候並未在充分理解的情況下。它可以是一種引起性興奮的手段，不一定是對說「不」的人，對被拒絕的人來說也是如此。拒絕之所以能被情色化，部分原因是因為它並非總是完全認真或是被相信的。這種模稜兩可的曖昧性令人感到興奮和危險。

無論性別和性別互動如何，理解「是」和「不」的意義都很複雜，但我的確實認為在這個討論中，應承認性別的存在。以記者萊斯利・班內茨（Leslie Bennetts）的話來說：「雖然『蕩婦羞

恥』(Slut-shaming) 一詞是現代的發明，但傳統上，女性一直被灌輸要把自己的欲望視為可恥和不女性的。直到最近幾年，女性主義的活動才鼓勵女性擺脫這些汙名，並重獲探索一己性欲的自由，但這個過程對許多人來說仍是艱難和痛苦的。」

我們在侵略性和性的幻想和夢想中，打破了「是」與「不」的規則。我們都曾在某個時候，做過與我們的價值觀、選擇和生活方式不符的性幻想。夢境在這方面是沒有審查機制的，我們可以夢見與各種不適當的人發生性關係。我們也許會因為自己汙穢的內在活動而驚醒，驚訝地思忖著我們的某一部分其實在渴望一些完全瘋狂甚至使人厭惡的東西。

大多數的時候，我們並不會將禁忌和不正當的幻想付諸行動，也不會真正想要我們所幻想的事。強暴幻想便是想要讓某事停留在幻想層面上的典型例子。法醫心理治療師兼作家安娜·莫茨（Anna Motz）曾與我談過關於性歡愉那深埋人心的信念。如果一個女人幻想被強暴，她就是不理性、貪婪欲望的對象，她被迫性交，沒有選擇。她可以在不主動甚或不透露一己渴望的情況下獲得性歡愉。當然，這種幻想與真正想要這種事情發生是截然不同的。幻想強暴並不代表你真的想要被強暴。

有些幻想是更難放下的。如果你想要的人不可得或無法觸及的，你或許會更加渴望他們。你知道你不應該一直沉迷於前任、死去的人，或是拒絕你、傷害你的人，但是當某人是無法觸及或是拒絕你時，你或許會對他們產生奇怪的依戀。

281　Chapter 11 ｜我們不該想要的事物　　　　　　What We Shouldn't Want

我們渴望無法觸及之人，是因為我們不相信自己值得獲得真正的互愛。但除了不足感之外，我們也可能懷有遠大的理想、對於可能性的想像。對於無法觸及之事的渴望吸引了我們內心那個分裂的自我，使我們投射無盡的幻想與可能性。這種關係可以保持理想化，比伴隨現實而來的失望和脆弱感更安全、更美妙。如果你保持距離，不受實際親密關係的汙染，你可以保存住理想，甚至讓它成為永恆。我們有時會想要不應該要的東西，是因為我們對自己實際可以擁有的事物較不信任，或者較缺乏興趣。

有時我們受到的吸引力會誤導我們，它們危險、不適當，與我們的價值觀相違背。內心和外在，我們可能會奇怪地被危險、毀滅、對我們不利、不健康的人或情況所吸引。我們可能會被一些禁忌、碰不得、違法的事物所吸引。我們厭倦了一直循蹈規矩，渴望調皮搗蛋。

「是」也有著複雜的含義。你可能會對一個工作機會、求婚或懷孕感到心動，因為你覺得自己應該這樣做，但不見得真的想要這樣做。太過迅速、太過熱切地說「是」，可能會令人倒胃口，因此，有時即使我們想要什麼，也會延遲答應。而當我們感到愧疚、受到壓力、矛盾時，便難以說「不」。我們明知不可能和朋友一起晚餐，但我們不想拒絕，我們就是不想，然後心想或許到時會有辦法。因此，當我們真的應該說「不」的時候，我們會說「是」。

凱瑟琳・安吉爾（Katherine Angel）的著作《明天的性愛將再度變美好》（*Tomorrow Sex Will Be Good Again*，直譯）精闢地探討了「同意文化」（Consent culture）。在同意文化裡，我們應

該說出自己想要的，定義我們的欲望，用完整的句子說出是或不是。明白說出什麼行得通，什麼行不通，這樣做，不要那樣做。但是，讓我們看看有什麼情況可能讓我們無法說「不」。

討好他人，特別是當存在權力差異時，可能會讓「不」這個字眼難以說出口。你可能在工作或友誼中盡心盡力，對淹沒你的眾多要求說是，隨時待命，而努力過頭。有些人無論感覺多麼壓力重重或快被吞沒，也會超出預期地努力。你不想答應，但你很難對老闆說不。你在被要求幫忙時感到高興，即使你也會抱怨整件事多麼不恰當和沒有分寸。

人類可以自毀，也可以自保。在人生的不同階段裡，大多數人都會覺得傷害有某種吸引力——無論是對他人，還是對自己的傷害。我們可能會危險駕駛、惡劣地對待他人、偷竊、欺騙、飲酒過量、飲食不健康、抽菸、逃避或拒絕對我們有益的事物、吸毒、和不適當的人發生關係、不明智地花錢、被不負責任或有害的人所吸引、在錯誤的地方尋找親密感，或以有害健康和穩定的方式虐待自己。我們既想要對自己有益的事物，又想要對自己有害的事物。這些苦與樂、生與死、好與壞，全部交織為一連串觸及我們內在核心的矛盾。

我們會追求舒適、安全與保障，表面上努力做出健康的選擇，但仍渴望著其他東西，一些相反的東西。我們對危險的意義經常有自相矛盾的看法，對我們真正渴望並珍惜的事物抱持模棱兩可的態度，這些情況在一些僵局、障礙或無解的深度迷戀時，都會清楚體現出來。

尋求危險通常是與能力、幻想和擴張有關。當我們挑戰極限、打破規則、測試安全性並得以

283　Chapter 11 ｜ 我們不該想要的事物　────　What We Shouldn't Want

倖存下來時，會感受到一股澎湃的生命力。當違反常理並逾矩時，我們感到非凡。知道自己有能力行為不當，甚至毀掉自己的生活，這讓我們既興奮又害怕。

對許多人來說，成熟意味著盡可能避免傷害，安定下來，像個大人，做出負責任的選擇，而非魯莽行事。我們對關係、房屋、職業，甚至對自己做出承諾——發誓要好好照顧自己、做瑜伽、追求有價值的事物。也許我們仍偶爾會行為不當，並且享受來自遠方的醜聞——我們迷戀腥羶的八卦、含有扭曲情節的書籍和電視節目。我們被可怕的新聞報導所吸引。這種對比會提醒我們自身的安全，就像在溫暖乾燥的地方聽到外面的風暴聲所獲得的舒適感一樣。但我們心中仍有一小部分在尋求毀滅與危險。

我們對苦難來源奇怪地感到依戀，這令人困惑。我們想要蓬勃發展、感到滿足，那為什麼也會詭異地受到痛苦的吸引呢？這個老故事中令人熟悉的誘惑是：我們必須為愛受苦，痛苦能帶來特殊的智慧，其中蘊含著我們所需要的意義。它可能會以和舊創傷有所連結的形式出現。

創傷改變了我們——我們不知道沒有它我們會是誰，但意義可以改變。有時我們可能會感到無助、受害、為他人負責，有時又會感到充滿力量——所有情況都有可能。我們不需要讓創傷來定義自己，即使它們是我們的一部分也一樣。創傷可能會讓我們封閉自我，或是在不同時刻開啟我們的心扉。我們可能會以為自己已經放下某件事，但卻被重新活化過來。領悟到自己仍然不太好時，我們可能會感到羞愧。有時候，我們會單純地覺得很好；我們真正覺得康復了，堅強、

健康，但在某一個時刻，似乎又回到了過去，無論那是多久以前發生的，無論當時的情況如何。「創傷總是發生在昨天。」哲學家弗朗切斯科‧迪米特里（Francesco Dimitri）如此說道。我們甚至可能偶爾還會想念它。

愛麗絲的暗面

他一直填滿我的思緒，擺脫不掉。即使我們的關係根本是災難一場，我現在還是想念他。

我和愛麗絲已經斷斷續續地合作十二年了（是我迄今最長的治療關係），在我兩次產假的前後，以及她的第一次產假期間，我們都一起工作。愛麗絲今年三十九歲，生活相當穩定，有一個不錯的丈夫和一個美麗的一歲女兒。她有一副相當迷人的外貌。她的美貌總是伴隨著一些驚奇——好像她五官特徵的搭配剛好很迷人，而她意外的美貌讓這一點變得更加明顯。不過，她今天看起來極度疲憊，但是健康的那種。她之所以疲憊是因為照顧寶寶和努力工作，而不是因為連續兩天瘋狂嗑藥。

我在愛麗絲陷入危險與黑暗的時刻與她相識，當時她正與巴黎一位已婚電影導演拉法有一段伴隨創傷與混亂的祕密關係，其中存在著性暴力和大量的藥物濫用。她剛開始和我進行治療時，我為她感到害怕，她則感到孤立無緣。在許多不同時刻，我是她唯一的後盾，不過我們努力建構了一張安全網。歷經重重困難後，愛麗絲才從拉法那裡解脫出來，我們花了很長的時間在處理期間發生的種種事情。我們一起處理了這段激烈緊張、充滿創傷的祕密關係所帶來的影響至深，也讓她傷痕累累。我們一起努力讓她認知到拉法對她施加的暴力與侵犯，為她帶來的恐懼、傷害、羞恥、驕傲與悲傷。她學會了接受健康的依戀帶來的美好，以及真實而持久之愛的可能性。我們幫助她康復了。

在我們共同努力的過程中，我見證到愛麗絲的諸多蛻變與成長，離開拉法只是其中之一。她第一次前來接受治療時，她在一家設計師品牌的眼鏡公司工作，一週有一半的時間在倫敦，一半時間在巴黎。她曾描述過無數關於她女王般的老闆情緒失調的故事，但是她在工作和戀愛兩方面都有某種程度的斯德哥爾摩症候群（Stockholm syndrome）。她從拉法和她老闆那裡經歷的貶低對待，滋長了她整體的無價值感和厭惡感（「厭惡」是她常常用來形容自己的詞），也加劇了她渴望受到喜歡的強迫性渴望。

她離開拉法後不久便離開了她的老闆，告別了巴黎，也告別了她過去所有的生活。她創立了一家有機肥皂公司，直到現在仍穩健營運。後來她和西蒙交往。有幾年的時間，西蒙的酗酒問

題，還有拖延承諾、過於頻繁參與節慶活動，以及像學生一樣幼稚的個性，讓她苦惱不已，而他已經三十好幾了。「西蒙需要成熟起來。」她會這樣說。她擔心他永遠長不大。不過最終他似乎成熟了。他們結了婚，有了孩子，而且他是個負責任的人。

我們一起處理了她的過去──童年時父親的暴力相向，以及從未保護過她的母親。她不再嗑藥，不是因為她下定決心戒毒，而是因為她處於產後期，覺得自己責任重大而不能吸毒。她處理了棘手的友誼問題、自尊問題，並努力在許多方面保護自己並做出更健康的選擇。

「但我必須老實跟你說，」愛麗絲繼續說道。「去他的治療，以及它所提倡的所有健康議題。這就是我現在的感受，我想念黑暗。」

「好，我很高興你能坦誠說出來，再多談一些吧。」我說。

我發現這種治療時刻真是振奮人心：在治療關係的安全空間中，進行真誠與坦率的親密對話。我和愛麗絲已經超越了陳腔濫調和禮貌閒聊的階段了。這個空間與普通的社交場合不同，在這裡，沒必要修飾或遵循常規，我們甚至不必假裝讓事情保持平順，我們在此是為了討論難題。我覺得自己受到她的信任，她允許我進入。她讓我了解她的內在運作，她超乎尋常地開放，但是她很倔強，堅持自己做決定，拒絕讓別人告訴她該做些什麼。

「我是個**愛問鬼**（Askhole），」她說。「我請教意見，然後不聽。」

「我喜歡這個字。你自己想出這個詞的嗎，『愛問鬼』？」我問。

「不是,我在別的地方聽到的,但是很棒,對吧?歡迎使用。所以,我現在要當個愛問鬼,告訴你我的窘境⋯⋯」

她的一些決定是立即的、緊急的,而有一些是長遠的。她常常在不同選擇之間猶豫不決,做出權衡輕重的手勢。這通常是二選一的情況,要麼這個,要麼那個。她在講述自己的故事時,還有一個用手勢打引號的習慣,而且經常是在那些嚴肅、真誠的時刻,彷彿她對自己太認真時,就必須輕鬆帶過或是會覺得尷尬。

「我想再和拉法在一起。我應該離開西蒙和他在一起嗎?別回答我。」她說。

「我不會。」我說。

「我覺得暈頭轉向⋯⋯我的坦率和自信,也是騙人的。我不知道為什麼它感覺像在欺騙。你覺得是騙人的嗎?」

「**坦率可能是一種掩飾**。無論你的坦率是什麼,它都不是最終結果。你有不同面向。」

「對,就是這樣。當然,這不是最終結果。我給人一種假象,讓人認為他們的所見即所是。」她說。

我問她對此有什麼感覺。

「這讓我感到更孤單,沒有人完全了解我。我一直刻意選擇展現出什麼,卻要獨自面對所有這些。」

我對她也不太了解。這些年來，我與她有著深厚的連結，在某些方面，我算是有特殊管道。但我的觀點是片面的，有時我會想她是否在對我說謊。她的故事可能是令人愉快的——即使是在她提出要求的時候，就像小小的治療情人節卡片。我們形成了一種共通的特殊語言，充滿豐富的表達、寵溺的用詞和聯想。

「我覺得很困惑、很困擾，我並不像自己以為的那麼直率。現在，我在一些很重要的事情上感到不確定，」她說。「我處在一個奇怪的境地。」

「告訴我你怎麼了。」

「是關於拉法。他一直填滿我的思緒，擺脫不掉。我每天早、午、晚都在想著他。即使我們的關係根本是災難一場，我現在還是想念他。」她優雅地打了個哈欠，繼續說道。「他是個非常可怕、殘忍和破壞力強大的人。」

「是，他是如此。」

「更像是隻牛頭怪（Minotaur，希臘神話中的半人半牛怪物），像牛比像人多。這沒道理。我們已經分開很多年了，我甚至也很久沒見到他，沒和他說過話了，這整件事醜陋又荒謬。從許多方面來看，都是極其嚴重、惡劣的錯誤。我們已經處理過這件事了，我已經痊癒了，我更明白事理了，但是⋯⋯」

「但是？」

「但是⋯⋯我感覺在這過程中某個時刻，也許是自從西蒙和我決定相守並安定下來，不再吸毒，並且要生孩子以後，他學會了對我更好、更有同理心、更可靠，也不再物化我。我們克服了很多問題，修復了早期的創傷。我們知道，我們都知道這樣比較好、比較健康。而且西蒙是一個非常愛孩子的父親。我覺得非常感激，我真的很感激。」

「你可以感激，同時也可以感受其他情緒。」

「我已經做了所有正確的事⋯⋯但我仍然不斷重溫我和拉法在一起的第一個夜晚。當時我二十七歲，住在巴黎的一個屎坑，整天往外跑。我知道他已婚，而且我不敢相信他在誘惑我。回想起來，我看到自己如何踏出了墮落之路的第一步。那是很小的一步，但是當我再走近一些時，我退縮了。我對會發生什麼事感到好奇和恐懼。我一直對有婚外情的人心存批判，而且拉法顯然是個自戀、有毒癮的人，他絕對不是對的人。我以前從沒做過這樣的事，但我知道，世界上再也找不到一個像他這樣的人。他如此堅定地追求我，這讓我感到不舒服，但我也愛上了這種感覺——他愛得發狂，我們的關係雖然瘋狂和不顧後果，但我想我是在懷念那種充滿活力的感覺，那種痴迷。我真的應該更看清一切。我到底怎麼啦？」

「與拉法之間的事帶來嚴重的創傷。他複雜、危險，某方面又令人興奮，但也存在著身體和情感上的虐待。要對自己好一點。你的措辭太嚴厲了——醜陋、災難——也許你正在努力說服自己不要有這些感覺，但無論如何，這不會奏效的，但同時，可以理解你偶爾會想念自己曾擁有過

的東西。」我說。「而且他有虐待行為，是個危險的人。」

此刻，我有些緊張不安，必須重申他的虐待行為。我不想美化他，也不想與她對他的迷戀懷念共謀。我不想藉由過分理解來支持她，但也不想阻止她正在體驗的一切。

「但是我為什麼會想念他呢？我是在想念他嗎？我甚至不確定我是否在體驗的一切。比較像是我再次想起他的事，以及我和他一起度過的那段人生。」

「我很好奇你現在處於什麼心境。你剛才在回憶自己被熱烈追求的情況，以及那種危險——這也許都感覺生氣蓬勃。而現在你有一個小孩了，還有丈夫。巴黎的生活與現在天差地別。你可以承認這份渴望，這不代表你需要做任何事或和他在一起，你認為是什麼造成了現在的情況？」

「毫無頭緒。我以為自己已經康復並向前看。我喜歡我的生活，我不懂。」她的聲音變得柔和。「我付出了那麼多努力才得到我想要的——孩子、先生、有成就的工作、健康快樂的生活。我擁有了這些東西，我真正擁有這些東西！你已經幫助我得到我想要的，扭轉了我的生活。我好開心，但我心裡有一部分卻很難享受我擁有的。」

「當然，」我說。「有時會這樣。我們追尋、我們深深渴望、我們想要很多，然後當我們得到自認為想要的東西時——嗯，享受、滿足感或許會離我們而去。」

「你說『我們』——這表示你了解我為何這麼說？」她問。「請告訴我你是否有時會懷念黑暗？你經歷過黑暗時刻嗎？」

我自己也曾經歷過黑暗。一如許多從創傷和虐待倖存下來的人，愛麗絲非常警覺，即使隱藏的事也能察覺到。她一生中大部分的時間都在保守祕密，但幾乎不可能有祕密瞞得過她。

「當然，我了解你為何這麼說，」我回答。「我曾經歷過黑暗，不是跟你一樣的黑暗，但確實是黑暗，是的。我想有時你會汙名化自己，認為自己孤零零地一個人在掙扎。當然，你是獨一無二的，但你並不孤單。」

「我確實覺得孤單。我不認識任何一個像我這樣陷入和拉法這種麻煩關係的人。我覺得自己很獨特，是特別糟糕的那種。」

「你很獨特，」我說。「但不是因為這個。很遺憾你感到孤單。」她看起來對我說的話感到有些惱火，我想知道她內心之所以有部分仍對創傷有依戀，是不是因為這讓她覺得很有趣。若你相信受虐讓你變得特別，這可能很弔詭地牽扯到自尊問題。我保留這樣的想法，看看她怎麼說。

「製作有機肥皂似乎正好象徵著我變得多麼乾淨，」她說。「我想我想念拉法的一部分原因，是因為我渴望一些汙穢的東西。我來自汙穢，我就是汙穢。我不知道是我那個狂暴的自我，還是我低落的自尊心在想念拉法⋯⋯」

「也許兩者都有吧⋯⋯讓我們來看看不同面向。」由於我們的結盟很穩健，因此我可以直言不諱，有時甚至嚴厲地對待她。

「或許吧。我的『優越自卑綜合症』（參照〈附錄〉第三六五頁）是很強烈的。我無法決定自己是否比所有人更好，或是更糟。我很受傷，或者我想要受傷，在某種程度上變得特別。我只是不太信任自己生活的乾淨狀態。被有機肥皂、嬰兒服飾環繞，那個圓潤、清醒、生活乾淨的我，就是這樣嗎？」

「你真的很難去信任乾淨和健康的狀態。也許你過去的創傷和痛苦讓你在某種程度上感覺很特別，不過這情況很複雜。你對汙穢有何感覺？」

「比乾淨更好。不只是因為那樣比較刺激，而是它不知何故感覺更真實、更熟悉，而且正確，但我承認這一點確實讓我覺得像個怪胎。我一直想要安全與保證，現在我卻搖擺不定。」

「看看你能否暫時停止自責，好讓我們進一步理解這件事。你說的有道理，你不是個怪胎。這種汙穢狀態也許讓人感覺很熟悉。法語中有一個字 Nostalgie de la boue（**底層懷舊**＊），形容人甚至可能會懷念墮落。」

「法國人當然懂，我喜歡。墮落──就是這樣。當我將它拋諸腦後時，我沒有意識到這也可能是我會想念的東西。夏洛特，你已經盡一己所能幫助我脫離拉法，卻沒有充分警告我。」

「警告你什麼？」

＊ 註：指對底層生活及墮落生活的嚮往。

「我們討論了虐待、做出健康的選擇,以及我如何在回顧過往時,帶著同情心看待自己的脆弱與傷痛。我以為我會因為離開他而感到驕傲,你沒有警告我⋯⋯你只是為那些健康、勇敢的選擇拍手喝彩並支持我,但你從來沒有告訴過我,我也會為那些可怕的時光而悲傷。你沒有告訴我,經過這麼多年之後我會有這種感覺。」

如果我當時警告了愛麗絲,她所受的苦會少一點嗎?

愛麗絲在懷孕前體態輕盈,肌肉線條緊緻,有種散發波西米亞風格、微微凌亂的時尚感。她常穿著一襲飄逸的長裙,不穿胸罩。雖然挑逗,但也散發出一種自然的性感風情。她記得自己十多歲,仍是個年輕女孩時,便很早熟、性慾亢進,而且和許多年輕女孩一樣,她覺得擁有性吸引力是她最寶貴的價值。現在她比以前更重、更柔軟了。她更加飽滿的五官,散發出健康的氣息。

我意識到在我們一起工作的時間裡,彼此都經歷了好幾個階段。她年紀比我稍大一點,不過感覺上我們年齡相仿。治療工作剛開始時,我們都二十多歲,未婚。我們在相近的時間點訂婚、結婚、生孩子。我們都曾中斷治療,休息一陣子,但總是又回來聚在一起。在我們一起合作的過程中,彼此都有所發展與成長。

我們已經攜手前進很長一段時間了,我們的聯盟感覺很穩固,而且持久。但是突然間,我被一切的改變震撼到了。看見她在燈光下的臉,我發現一些以前不曾見過的柔軟絨毛和細紋。我瞥見一些粗硬髮絲,納悶著她是否頭髮要變白了。我心中突然生起強烈又驚訝的想法:我們兩人都老了好多。

「西蒙讓我感到好安全,」她說,同時睜開眼睛。

「對你來說覺得如何?」我問。

她不耐煩地拉了拉毛衣的袖子。「拜託。我現在的生活,某方面來說就是我一直想要的。我總是這麼說,但真的是這樣。考慮到我所經歷的一切,面對我童年時期的問題,缺乏不安全感的痛苦,以及和拉法的種種問題,然後還讓他成熟像個大人。我難以做出承諾的問題,他的復元,我懇求他搬來和我同居,最終讓他成熟像個大人。他愛我原本的樣子,他也是個好父親。現在他對我真的很好。他很關心我。我們有一個很不錯的家。他甚至還會洗碗!

我們付出了很多努力才走到這一步,我們辦到了。」

我們辦到了,經過這麼多年的心理治療。愛麗絲經歷了心理治療師所謂的「逃入健康」(Flights into health),她感到神奇地、狂喜地獲得療癒,也許這是一種逃入病態的做法。她突然地感到煩惱,出現一些症狀,被拉回到她以為自己已經走出來的事物當中。這是放手和堅持、改變與不變之間的潮來潮去。我敦促愛麗絲更進一步探索,重新評估她的經歷,不要感覺自己和某

個固定不變的意義綁在一起。

「我必須對自己更勇敢一點,承認我厭惡自己喜愛的某些事。西蒙會做家務,我喜歡這一點,但卻讓他對我失去吸引力。我告訴他要脆弱、敞開,但有時他情緒化的時候,我卻覺得這種行為真的很軟弱、很煩人。這一整個現代男性多元氣質的事,對我來說有點⋯⋯不性感。」

「你很坦誠。」我說。

「當然,儘管我很愛蘇菲,但當個母親是很辛苦的事,」她說。完全合理的評語。「現在,我在生活中的角色也許不是那麼有趣吧。它很充實、踏實,但充滿了責任和義務。和西蒙的性愛也感覺像是例行公事,自從蘇菲出生之後,我們只做愛了兩次。這正常嗎?」

「可能是。這其實取決於你們雙方對這件事的感受。有時只是需要一點時間。你想更常和他做愛嗎?」

「我不覺得自己對他有吸引力,或是夠迷人。考慮到我現在的身體狀況,還有我仍在哺乳,我懷疑他是否對我感興趣。天啊,我們變了!我們曾經去參加各種活動,通宵熬夜好幾天,也曾為了他不斷追求古怪的性愛和吃迷幻蘑菇而爭吵。我總是為他孩子氣的行為煩惱不已,但現在他變穩重了,現在他真的是個成熟的大人,他變得如此理智!我懷念想努力馴服他的感覺。」

「可以理解,」我說。「雖然他若是行為魯莽,或拒絕當一個負責任的成年人,你也會感到沮喪。」

「真的。但我真的騙了自己,認為自己只想要健康和安全。我確實這次來找你時,我一團糟。我和拉法有外遇時,他常打我,還以傷害我為樂。你記得嗎?」她問。

「當然記得。」我說,口氣帶著防備──我確實是如此。我大體上很擅長記住細節,從來不會忘記那樣的事。我發現她堅決地要回憶、保留、緊緊抓住過去的細節。我的好記性是她那個舊自我的儲藏設備。

「我為了釐清一些問題而努力了這麼久,為什麼現在又如此執著地回到這些問題上?」

「首先,你一直非常忙碌,因為各種壓力而做著各種事情、達成各種里程碑。你有太多行動,有太多事情發生,因此在你不停做、做的過程中,可能將關於拉法的念頭推開了。而現在你有一個安定下來的極短暫時刻。我認識你這麼長的時間了,在你想要達成的里程碑路上,總是有危機、有衝突、有障礙,而這向來都是關於接下來的事。現在很多事情已經處理妥當,你此刻的心思卻被拉法佔據──這個時間點很有趣。」

「我內心深處好像需要重溫這件事,因為我不會再經歷它了,我想。我想我需要在這裡處理一些問題,騰出一些空間讓它再次呼吸……*La douleur exquise*(愛的錐心之痛*),這種痛楚……允許我這麼做嗎?我覺得自己應該已經走出來了,已經那麼久了,」她說。「我甚至不應該還想

---

* 註:法語,醫學上指劇烈疼痛,在情感上指愛一個人卻不可與之相戀的錐心之痛。

「啊,那位**不應該瘋婆子**又回來了。她今天很嘮叨而且很吵。」我說。

「天啊,對,『不應該瘋婆子』又回來了!她突然就冒出來,真是最糟糕的客人。什麼都沒帶來,只會評斷我做的每件事。她一直跟在我後面,對我指指點點。」愛麗絲輕聲笑了起來。

「不應該瘋婆子」是幾年前愛麗絲和我為一個角色取的名字——她來自愛麗絲過去的一些同事件和經歷。

「讓我們暫時向她揮手告別吧,」告訴她今天可以去過自己的日子。『不應該瘋婆子』不會給你指引,她只會告訴你你做錯了什麼。」愛麗絲相信「不應該瘋婆子」,有時會被她欺負,而我喜歡介入並勇敢抵抗她。她嚇不倒我的,我會為愛麗絲提供另一種觀點。

愛麗絲揮了揮手,我也跟著揮手。

「啊,這感覺真好,」愛麗絲說。「真是解脫啊⋯⋯好⋯⋯我不會覺得有壓力要放下什麼事情。」

「不要有壓力。你可以去自己想去的任何地方。」

愛麗絲利用剩下的時間回顧她人生的早期時光。她描述了性愛的迷惑,她的恐懼、興奮與孤獨陶醉的關係。她勾起某些回憶,描述了這段黑暗但也令人

「這場疫情真是個大混蛋。你認為是它讓我更執著嗎?」

「種種規則,失去自由,失去冒險、興奮、樂趣,這些都慢慢累積在一起。我想到Acedia（厭世,喪失生趣）這個詞,希臘文中代表遲鈍麻木和無聊的概念,確實適用於這段時期。不光是因為有疫情,除了你的一些獨特因素之外,也可能因為成為母親,加上疫情,所以讓你更加懷念那種年輕的潛力。」

「有道理,」她說。「你一直告訴我我是獨特的,但也是正常的。我不確定這是什麼意思。」

「也許我是想提醒你,你確實不同凡響。和拉法在一起,我總是不斷對自己是否特別或一文不值感到很不確定。又回到了『優越自卑綜合症』的狀態。」

「不同凡響⋯⋯好一個概念!」

「來回搖擺──『我是這樣的人,還是那樣的人?』這正是迷住你的一部分原因。」我說。

「是的──我依然被迷住,仍然在決定我在這整件事中是誰。至少我現在可以和你一起回溯這段早期時光。在我往後的人生中,我注定要活在當下或往前邁進。在這裡,我可以回到過去,不會受到評斷。我很抱歉我對心理治療有所抱怨,你知道我有多麼珍惜這個空間,還有你。」

「你可以珍惜心理治療,同時也覺得它很難受。為不同的感受騰出空間吧,不要再強迫自己只能對事情選擇一種感覺。」我說。

她離開時,我想像了她的歸處。一個雜亂、美麗但擁擠的空間,一個她既深愛又憎恨、嗷嗷

待哺的一歲大嬰兒,一個讓她感到尷尬卻又依賴的丈夫。我想像她走進家門時的自我感覺如何,她去了哪裡,她成為了誰,她保留了什麼,她失去了什麼。

隔週,愛麗絲看起來全身上下都輕鬆愉快,明顯散發出一種輕盈感。

「我停止哺乳了,」她幾乎是炫耀地說。「你猜怎麼了?」

「說吧。」

「我抽了一支大麻菸,距離上一次抽多少年了?」她興奮又淘氣地說。

「感覺如何——你是突然停止哺乳還是漸進式地停下來?」我問。

「突然,」她說。「我原本每天哺乳好幾次,突然就停了,就是這樣。」

「那樣會對荷爾蒙產生影響,的確,這是很大的改變。」我說。

「我感覺很好。我像個小學生般在向你報告這件事,但是抽大麻菸……實在太有趣了,然後它變成……一種著迷。我已經離開這圈子太久,我得找一個新賣家,這不容易,但有個朋友幫我聯絡。整件事都在計劃之中,我告訴西蒙他必須給我這支大麻菸,不帶任何評判。所以我去我們的花園抽,西蒙和蘇菲在屋子裡,一起看卡通《粉紅豬小妹》(Peppa Pig)。我可以從坐的位置

What We Want　　　　　　　　　　　我們想要什麼?　300

看到他們蜷縮在一起。抽大麻菸時，我會陷入一種白日夢，一切都感覺如此生動、有趣，某種程度上⋯⋯這些都唾手可得。這是最棒的感覺──年輕的感覺又回到我身上，和拉法一起聽著路・瑞德（Lou Reed）的歌，當時在巴黎的生活，每天晚上都在陽台上抽大麻，抽到精神恍惚。我的觀察所見又變得重要了，就像在這裡一樣，和你在一起時，但在其他地方並不重要。

「總之，當我坐在那裡深深自我陶醉時（她對自己笑了笑）⋯⋯我將兩隻手指捏著，透過小縫斜眼望著我美好的小家庭。我親愛的丈夫和可愛的小女兒。他們就在那裡，被塞進小小的縫隙中。他們看起來很不真實。然後我捏的範圍越縮越小，直到我捏緊手指，完全看不到他們。我想像他們就這樣消失了。噗！不見了！消失了！沒有責任。沒有成年人的世界。全都消失了。我覺得⋯⋯如此自由自在。再次變得年輕。一種龐大潛力的回歸。風騷的洋裝、高跟鞋、雞尾酒、香菸和唇彩。那感覺太精彩太美妙了，但這就是問題所在。我不想念做出有益選擇的時光，我想擺脫那些有害的選擇，那種危險。我想擺脫丈夫和孩子，單純地回到我蕩婦。我想念那些破詭異情境中，他會物化我、抓我屁股，用力打我屁股讓我痛得哇哇叫，叫我蕩婦。我想念那些破事。還有被搞砸的生活。我不想念好事。我對壞事有種懷舊之情。所以，接續我們上週的討論，我仍然在這裡，渴望黑暗。」

「讓我們繼續思考下去──這種對黑暗和墮落的渴望。即使只是想著這件事，似乎也能讓你很興奮、重新活過來。而且，愛麗絲，這一切都是關於你。」

「什麼意思？」她看起來似乎有些不悅。

「也許你想念那時一切都繞著你轉的狀態。正如你所說，和拉法在一起的那段時間既可怕又刺激。你做出危險的選擇，但是後果只有你承擔，只有你自己。你曾說過你不關心他的妻子，所以她不在你的考量內。你是你生命故事的主角，所有的冒險與不幸，都完全全是你的故事。也許是因為這個事實的緣故，你的角色的核心地位，現在吸引著你回來。」

「我想我不再是我故事的主角了，這是真的。我必須自我犧牲，當一個母親。我必須服務。那麼多責任，那麼多工作。滿足別人，還有他們的需求。我所做的一切，並非總是能被看見。我整天所做的大部分事情，甚至是晚上所做的事，幾乎都沒有被注意到。是的，我想念那個自我毀滅的空間，當時我可以完全自私地承受痛苦，而痛苦也只加諸在我身上。你知道如果我現在崩潰會怎樣嗎？」

「會怎樣？」

「可能完全不會怎樣。首先，誰會注意到呢？如果我用頭去撞牆，西蒙會叫我不要發出那麼多噪音。我有太多東西可以失去。我承受不起徹底崩潰的自由。我想念我的脆弱。我不知道自己是不是想念拉法，或是想念當我們都莽莽撞撞時的西蒙。」一陣巨大的警笛響起，我們暫停了一會兒。

「讓我們回到你剛才說的。想念你的脆弱，當受傷比保護一個嬰兒的安全更重要時。這是很

震撼的說法,我懷疑你最想念的是否是你自己。」

「我不知道。我得想想,你為什麼一直這麼說?」

「你似乎渴望回到過去的自己,也許你在抗議自己身上感覺到的變化,以及新的母親角色,你透過執著於過去的痛苦,來連結並保有你過去的一部分自己。」

「有道理,我想念她——年輕的愛麗絲。我想念我自己。」她停下來,低頭看著自己的腳。

「她去哪兒了?我其實覺得很難過。我是不是正式變老了,就只是這樣?」她問。

「你和其他人一樣漸漸變老,但你不算老。你覺得老嗎?」

「我覺得超級老,突然間就和我熱愛的青春時光分道揚鑣。我腦海中浮現一個畫面:年少的我站在河的對岸,向我招手,漸漸消失,就像一個被永久驅逐出境的移民。那是個無法回頭的一刻,我永遠不會再成為她、看到她,或是再次經歷她。」

她停下來。「喔,我的天啊,夏洛特。我真的覺得很傷心。」

我也覺得傷心,被這個畫面深深衝擊。「這真是一個讓人心碎的場景。我可以想像如果生活真是如此的話會有多麼難過,但事情不是非得往如此極端的方向走。你可以放下青春裡的一部分,保留其他部分。」

我覺得自己似乎在試圖說服自己什麼。

「不要再試圖勸我了。你說過,我需要針對我和拉法共度的時光,將故事重新講述一遍。他

堅持不成長、不長大。我痛恨這一點，也批評這一點，但我也欽佩他。我想他是我的神聖怪物（Sacred monster，指那些在某領域取得巨大成就，同時存在嚴重缺陷或問題的人）。」

「你的神聖怪物，哇。」

「我能再說一次我們曾討論過的一些創傷嗎，這場外遇的糟糕之處，雖然你之前都聽過了。」

「當然可以。」

她回憶起各種墮落和被物化的時刻，這些都參雜著恐懼和敬畏的心情。「我堅決要說出完整的故事。把它說對，還要解決它，這樣我就能了結一切，解釋一切。我已經在腦袋裡重演過我們開始糾纏的那個夜晚幾百次了。我總是試圖弄清楚那個晚上的祕密，那個隱藏的小謎團，能解釋我往後生活中發生的一切。我在尋找意義，彷彿真的有什麼意義似的，我希望能找到為何事情會演變成這樣的原因，不過或許我永遠找不到適當的解釋。在那之後的所有時光是好壞參半的，有垃圾也有寶藏。」

「你用自己的聲音在說這個故事，你正在尋找自己的出路。你不需要掩飾或解釋一切，你會找到需要的東西。」我回應她。

「我會繼續摸索，然後……也許想重回年輕時代的這件事值得深究……我在成長過程中十分早熟。早熟之後呢？也許在某個時間點，我必須要『不成熟』，我年輕時已經太成熟了。

「我一直在重複做一些事,就像拉法以前的行為,他的習慣、他的電影、他的生活。他會一遍又一遍地播放同一首歌,有時簡直把人逼瘋。他還會一直講同樣的故事。這種重複——這是困擾我的一部分原因,也在某種程度上綁架了我。我以為自己已經將一切都處理好了,不知道為什麼又覺得那麼失敗。我在談這些事的時候,甚至覺得自己是不同年紀的人,彷彿我又回到非常不成熟的自己。」

「對了,我懷疑你是否有部分渴望那樣——較不成熟、較年輕。你剛才說覺得自己老了有多可悲。當你想起與拉法在一起的愛麗絲時,是什麼感覺?」我問。

「如此年輕貌美。現在,我看著自己下垂的胸部,看著我的身體,我看到一個不一樣的故事。我不認得自己了。這是何時發生的?與拉法在一起的那段時間——我生命中的那段時光,對我來說有很重大的意義。」

「告訴我它有什麼意義。」我說。

「即便不是真的,但我感到無所不能。潛力無窮。即使事情感覺很糟糕,我仍對生命充滿希望。機會無處不在,選擇一個接著一個來,我常常做出糟糕的選擇,至少我有選擇可做。」

「現在呢?你感覺自己沒有選擇了嗎?」

「不像以前那樣了。我做過很多重要的選擇,不過是好的。現在我可以選擇從線上超市買哪牌優格。這就是我目前的處境——如此動彈不得、盡責,而且無趣。我在二十多歲時很有力量,

305　Chapter 11｜我們不該想要的事物　————　What We Shouldn't Want

即使那只是一種短暫的性吸引力。其實我十分無助,但我仍然敬畏當時的自己,或是與我在一起時的樣子。我想像著自己的身體和臉龐,喔,我的天啊,我那時有意識到自己有多美嗎?」

「我不知道,你意識到了嗎?你說說看。」

她繼續說:「我知道自己在某些時候非常吸引人。感覺我走進某些房間時,世界彷彿停止了。我能感受到自己對一些男人的影響,但我也很難承認自己令人難以置信。我漂亮、聰明、有趣,但我從來沒辦法說『我知道我是』,特別是所有這些特質一起出現時。我記得,我有時候會假裝比實際上更挑剔、更加懷疑自己。當人們發現我很頹廢、被虐待的時候,他們會更容易讚美我——我會告訴他們的故事,關於拉法或是我父親。那就是人們會讚美我的時候。當一個被毆打的女人在憎恨自己,人們很容易為她真心感到遺憾。當一個年輕女子因為自己很漂亮而自覺美麗,而且喜歡自己的外貌時,她卻不知為何變得令人無法忍受。支持一個受害者,比支持一個喜歡她自己樣子的女人要容易得多。麗、她很重要。然而當一個年輕女子因為自己很漂亮而自覺美麗,而且喜歡自己的外貌時,她卻不知為何變得令人無法忍受。支持一個受害者,比支持一個喜歡她自己樣子的女人要容易得多。我們是如此容易受到威脅。」

「你有一個有趣的心靈,」我說。「這說明了你對麻煩和悲傷的追逐,以及你是否願意真正去喜歡自己的矛盾心態。」

「是的,或許麻煩和悲傷感覺起來比只讓自己滿意和正常好得多。我過去的生活很混亂,但我現在回想起來覺得很迷人——我曾經邀請拉法來我亂七八糟的小套房吃飯,我們必須用廁所衛

What We Want　　我們想要什麼?　306

生紙當餐巾。那裡永遠瀰漫著死老鼠的味道，但現在全都感覺好浪漫。就像你說的，當時我是我人生故事的主角，所以無論它多糟糕、多悲慘或多美妙，我都是主角。」

「那現在呢？」

「我不再是主角了。我一直在為別人服務，沒有自己的空間。當我伸手拿剃刀刮腿毛時，我發現裡面有西蒙的鬍渣。當我拿起牙刷，它濕濕的，像是有人使用過。當我在喝剩一半的水時，我嚐到蘇菲留下的口水。我的隱私感、逃離感、可能的自發感受越來越小了。沒有空間可以放祕密抽屜或隱藏的架子。我再也沒有保有祕密的空間了。我想我想念的是可以擁有一些只屬於我自己的東西，即使那是我的創傷。」

在治療時段之間的空檔，我猶豫了一下是否應該穿越繁忙的馬路，還是等待綠燈。我走了幾步來到馬路上，停下來，再開始走，再停下來。有一輛車幾乎撞到了我。如果幾秒鐘前我決定迅速穿越馬路，或是在人行道上等待綠燈，兩種決定都沒問題。但是猶豫不決、優柔寡斷，才是不安全的行為。雖然質疑的態度代表謹慎，但是在這些小小的日常行為上，不下定決心去肯定或否定，也可能會讓我們陷入危險、脆弱的境地。

307　Chapter 11　我們不該想要的事物　　　　What We Shouldn't Want

隔週,愛麗絲說她與拉法的那段戀情仍不斷縈繞在她的心頭。我想起一句我很喜歡的話,即治療的目的是「將鬼魂變成祖先」。我懷疑我們能否辦到——如果愛麗絲最終能接受她與拉法的時光已成為她歷史的一部分,而不再像她說的那樣感到驚恐、失敗、陰魂不散的糾纏,那麼就可能辦到。

「我依然不斷被我對年輕自己的幻想所吞噬。我會在凌晨三點醒來,心悸不停,清楚地想像早年的自己。拉法在我身上撒尿,他會那樣。他喜歡做這種事。我不知道我現在是在幻想還是在回憶,或是兩者皆有。」

「告訴我你在那些時刻是怎麼看待自己的。」我說。

「我可以完全掌控自己,我是如此迷人。我被性愛吞噬,有一個人強烈地、非理性地渴望著我。我對性愛也狼吞虎嚥。生活單純地充滿欲望、衝動與迷戀。為什麼這麼多年後,我會一遍又一遍地重播這些場景,一週又一週?太瘋狂了。至今已經十二年了,感覺依舊如此真實。我可以感受到拉法的溫熱尿液從他身上流下來,濺在我的胃部、我的身體上。太瘋狂了,太羞辱了。」

「或許一部分的你也希望這些記憶不是十二年前的事。」我說。

「我想念拉法。」她說。

「也許你在某種程度上也想念某部分的自己。某種意義上的自我哀悼——那個對著年輕的你揮手告別的畫面。你正試圖重新定位自己,並從這些時刻搜尋線索,所以你一直在挖掘,讓自己

「是的,我四處遊走,感覺好像這些事現在正發生在我身上。我可以想像出我曾經的日常生活。他從附近麵包店買給我的麵包嘗起來是什麼滋味,他夾克的氣味,我發現他和妓女發生關係的房間角落。我大多數的時候都感覺懷舊。痛苦,令人難受的懷念,對我所經歷的種種殘酷與激烈生活的懷念。目前,我只是在夢遊的過日子,基本上很無聊。這就是我的處境。**我想要去感受更多東西。**」

這給了我們一條路徑——這是一個線索,讓我們可以連接到她目前的生活。她想要感受更多東西。

我們回顧了愛麗絲從父親處遭受到的虐待。我們思考了她與拉法的暴力互動也許助長了她的幻想,讓她幻想可以讓她與父親的過往重新來過,將它取消、將它征服。以及與拉法在一起時,她決心修補破碎的過往,讓事情變得更好。

我們一起工作的過程中花了很長時間討論她的性愛冒險與不幸遭遇,她與傷痛、受苦的關係,以及她希望在床上受辱和受傷的部分,如何涉及了將童年創傷轉化為成年人的勝利的心態。她想當一個對自己有主導權的成年人,一個有能力主導一己處境的人,能夠對受傷和受辱做出有意識的選擇。她在與拉法的幻想和角色扮演中,在她被物化、被支配時,感覺自己能主導一切。隨著時間的推移,她獲得一些領

309　Chapter 11｜我們不該想要的事物　　　　What We Shouldn't Want

悟與洞見，她被羞辱的渴望淡去。有一度，她試圖讓西蒙參加一些暴力情境，但他不想在性方面對她施暴或強力控制她，她對此的渴望也就逐漸消退，但現在它又回來了。

她對自己那麼了解，而且願意面對自己的內在世界，這一直讓我印象深刻，我這麼告訴她。

「我又對治療感到憤怒了，」她說。「還有你幫助我建立起來的所有安全感。我想念病態。我不再那麼變態或自毀了，其實健康並沒有那麼有趣。也許治療也扼殺了一些自毀的樂趣，因為我太清醒和太自覺了，不會衝動行事。我能談論它，但我知道不能真的搞砸。」

我了解。誰不會偶爾對一些陰暗、刺激，而且可能危險的東西有渴望呢？即便我們其實心裡有數。

「我想念被物化的感覺。儘管這是錯的，儘管我支持真正的女性賦權，但我想念它，非常想念，那種只有我的身體、我的美麗被需要的感覺。現在我是整個人都被需要。他媽的。」

「你想念有人渴望你的身體，你最近也說過，你不喜歡你現在的身體。我覺得這些事可能有關聯。」

「可能，我完全不會被自己吸引。」

「就是這樣，『你完全不會被自己吸引』。重點是你自己，而不是拉法。」我說。

「我想念擁有一個值得被物化的身體。拉法對我的迷戀讓我既憤怒又著迷。他對我的肉體感到驚嘆。有關他的事，還有我們在一起的一切，都是錯誤的。大錯特錯，糟糕透頂的錯誤。我知

What We Want　　我們想要什麼？　310

道，也了解它有多麼糟糕、帶來多少創傷。而我今天在這裡，已經是個完全的成年人了，有一個愛我的丈夫和一個孩子。我說過無數次，我應該更懂事的。但我想念被物化、被追逐、被獵捕和被壞人吞噬的感覺。」

她最深切的渴望是「無節制的衝動」，她是這麼說的。

「拉法對我無法自拔的這個事實——我喜歡這一點。一切都是大錯特錯。」

「『錯誤』對你來說意味著什麼？」我問。

「說實話嗎？它讓我性慾高漲。」她說。「我喜歡他無法抗拒我這件事。和拉法在一起，每道界限都被逾越了。這很性感，即使這徹底是錯的。」

我們討論了她的性幻想如何與生活的其他方面不協調——我們正常化了她在性慾上的政治不正確。她可以允許自己在意識形態上渴望某些事，同時仍有著矛盾的性慾衝動。

「我想我假裝不再渴望粗暴的性愛，但我依舊幻想在床上被毆打的感覺。我也想要平等的權利，也對暴力感到膽寒，我絕對不想讓女兒經歷這些事。」愛麗絲說。

「我真的可以理解。」我告訴她。

我發現自己常常這麼說，太常了，我確信，尤其是和愛麗絲在一起時。有時候，這就是我能給她的——深刻的、真正的理解，承認事情的複雜性與灰色地帶。

在接下來的幾個星期裡，我們的工作進入其他主題，其實是相關的議題，大部分與她領悟到既然現在青春已遠去，不妨歌頌過去的美好有關，她已經接受了幸福和痛苦不是永久的狀態這個事實，而且對她來說，滿足感一直都是極難獲得的。

一個冬日下午，她回到了拉法的話題。「我從來沒有告訴他我的真實感受，沒有全部告訴他。我甚至不了解自己的感受，所有那些矛盾的感受，所以我也無從解釋，我困惑。現在我懂了，所以我寫了一封信給他。你可以在我寄給他之前讀一讀嗎？」

「當然可以，愛麗絲，我很樂意。但你確定要把信寄給拉法嗎？重新與他扯上關係讓我有點擔心。」

「我想這麼做，我甚至沒有猶豫是否應該寄給他。我要寄，我必須告訴他他對我的意義。請讀一讀。」

「好。」

親愛的拉法，

我愛你，也恨你很久了。也許我永遠無法完全放下你，即使我已經離開你，即使我已經開始新生活。除了一個共同的朋友有一次提到你，讓我感到作嘔之外，我現在對你一無所知，但我想像你一如往昔，只是更老了。我有時會納悶你是否還會勃起或嗑藥，以及有多少風流韻事，你是否還和那位可憐的妻子在一起。有時我希望你不幸，但在比較大方時會希望你幸福。你傷害了我，但我無法完全對我們曾擁有過的一切感到後悔。謝謝你讓我的生活更美好，也更糟糕。

你曾經帶我去看羅浮宮的畫作《塞瑟島朝聖》（*Embarkation for Cythera*）。我甚至不知道你是否還記得，也許你對所有的女友都做過這件事……也許你因為長期嗑藥而早衰了，或者你的精神錯亂……你的記憶不可能那麼清晰……總之，我們凝視著這幅畫，你說不可能知道戀人們是從愛之島出發還是抵達，我們甚至不知道是黃昏還是黎明、是什麼季節，華鐸（Jean-Antoine Watteau）從來沒有回答這些問題。**迷人的曖昧**力量如此強大，我已經接受自己對你永遠都會有著複雜的感受。你既惡劣又美好，你是我的神聖怪物，我已經盡力了。請不要回信，我希望故事到此結束。

懷著愛與恨的，
愛麗絲

我讀完這封信時，不禁心跳加速。從我住在巴黎的青少年時代開始，我父親便多次帶我參觀

這幅畫。這是一幅讓我著迷的藝術品，我喜歡父親在我們欣賞這幅畫時告訴我這幅畫可能呈現多種意義。他會說：「接受不知道。」

我的父親從來不會虐待我，他是一個不吝付出、很有愛的父親。我之所以覺得有必要說這句話，是因為我很震驚，愛麗絲的神聖怪物帶她去參觀這件作品時，竟然也說了類似的話。我被拉法柔軟而寬宏的一面打動了。怪物也可以是可愛的。

此刻，我真的必須努力分開我個人與這幅畫和愛麗絲的人生故事之間的密切關聯。有時，治療師與不熟悉的事物一起工作效果會更好。當我聽到我無法理解的事情時，我會保持敏感度，抱持謙虛、好奇的心態，盡力學習。我知道我不知道些什麼。對愛麗絲而言，我對她描述的一些事有點太過熟悉了。不僅僅是這幅畫，還有她生活經驗裡的其他細節。

我一直在堅持我們之間的差異——主要是她的童年和父母方面，這些與我自身的情況截然不同。我明白神聖怪物的概念，她的一些掙扎對我來說很熟悉，我必須保持警惕。然而，即便我是出於善意，關聯太過緊密仍可能會流於輕視、不耐煩、不敏感、強迫和無效率。當我們自認知道他人正在經歷什麼時，我們便不再去學習、發現。這常常發生在朋友、家庭關係中。我們會假設自己知道情況，就無法用新的方式來看待事物。

與愛麗絲觀看這幅特定畫作的事件產生共鳴，這點讓我驚醒，應避免去過度關聯。這清楚提醒了我，這是她的故事，不是我的。我不能假設自己知道什麼對她是最好的。她想要，也需要去

面對拉法,這就是她的做法。

「愛麗絲,這是一封很美的信,」我說。「我被你的話語感動,你表達得非常有力量。」

「我選擇寫信寄給拉法,我喜歡這種做法。謝謝你。我覺得自己已經處理了一些東西。也許寫信給他有點危險,但這是我願意冒的險。」

然後她說了一些驚人之語:「改變很困難。成長的痛苦之所以被稱為成長的痛苦是有原因的。成長是痛苦的。那麼,當痛苦停止後,我們要如何繼續成長呢?」

矛盾與你

每個人在某些方面都是自相矛盾的。承認我們的矛盾,認知到自己的複雜感受,有助於讓我們了解如何與自己和他人建立關係。有時,若能發揮一點幽默感,我們甚至可以承認自己或許流於虛偽的做法。若能毫不掩飾地坦誠面對自己,或許還有面對少數信任的人,這會是一種莫大的解脫。

有時,矛盾會與成功一起出現:許多人認為我們渴望成功,但當它近在咫尺時卻感到困難,這種矛盾情緒在治療中經常出現。心理學家馬斯洛(Abraham Maslow)稱它為「約拿情結」

315　Chapter 11 ｜我們不該想要的事物　　　　What We Shouldn't Want

（Jonah complex）。他在《人性的更高境界》（*The Farther Reaches of Human Nature*，直譯）中寫道：「我們害怕自己的最高潛能。在這些巔峰時刻，我們看到自己身上神一般的潛能而興奮不已。然而，我們在同樣的潛能面前，同時也會因軟弱、敬畏和恐懼而顫抖。因此，我們經常逃避由自然、命運，甚至有時是意外所給予的責任，正如約拿徒然地試圖逃避自己的命運。」

最後，這部分特別激勵人心：「有意識的覺察、洞見，以及『逐步理解並解決困難』，就是這裡的答案。這是我所知道的最佳途徑了，能讓我們接受自己的最高力量，以及我們可能隱藏或迴避的偉大、善良、智慧或才華。」

我們可能正在與自己玩一場折磨人的遊戲，努力得到我們想要的，但同時也在自我毀滅。大多數人在愛情生活或職業生涯中，在某個時間點都曾這麼做過，在那個時刻，我們追求著重要的事物，同時又在阻礙自己。在治療過程中，我經常將這種現象稱為「拉著手煞車行駛」。

對成功的矛盾情緒是一大問題，因為它深深觸及了自尊與自我價值的問題，對許多人來說，苦苦掙扎的熟悉故事比信任成功更讓我們感到自在。我們必須思考需要付出什麼才能成功，包括允許失敗並在過程中受傷。

思考將鬼魂化為祖先。鬼魂可能會干擾你取得成功。想想你是否曾在表面上做出健康決定時，內心卻存在著心理治療師所謂的「創傷綁定」，亦即強烈渴望回到造成傷害的源頭，那段阻礙你的關係，譬如曾傷害你的惡劣老闆。你內心受傷的這一部分，一方面可能會往前邁進，另一

方面卻對虐待者充滿懷念與矛盾情感，就像愛麗絲的故事。將這些黑暗的欲望和信念命名，並思考你會對鬼魂說些什麼，可能會有所助益。

不要讓旅程變成墜落的過程。對許多人來說，在處理約拿情結時，會發生的其中一件事情，是我們一發現自己迷失方向，便很快放棄。在事情不盡如人意時依然保有成功的感覺，那就是韌性，一種被大肆宣揚的概念。

約拿的故事有個圓滿的結局。他在鯨魚肚子裡度過一段時間，當鯨魚將他吐出來時，他找到了一條嶄新的、更有智慧的道路。

Chapter

12

控制

Control

「所有人的心中,都存在對時間的恐懼。」

我們知道自己會死,

但接受這一事實又是另外一回事,

而時間不斷提醒著我們。

終其一生，我們都會遇到控制問題，無論是食物、毒品、金錢、我們的身體、規則、其他人，以及我們如何被看待、與時間的關係等等，都總是有些我們希望能控制，或是控制得更好的東西。嬰兒可能會執著於最奇怪的物體。在口腔期，他們透過將東西吸收進來而了解事物；他們會將任何東西塞進嘴裡，不管多荒謬、多危險或多不合邏輯。如果我們介入嬰兒和他們拿到的東西之間，就會引爆分離的憤怒。損失和控制密切相關，一生都適用。嬰兒、幼童、青少年和成年人都想要以不同方式來控制。雖然我們會退化，偶爾表現得像嬰兒一樣無助，但我們一輩子都在努力不讓自己像嬰兒一樣無助。

兒童對時間的發現就是對結束的發現。每一天都會結束，生日來了又去，學年結束了，派對結束了，是該睡覺的時候了。我們希望能快速了結某些事情，或者也會請求延期。「還要多久？我們到了嗎？」騷動不安的孩子會這麼問，然後在另一個時刻乞求著說：「拜託，我能晚一點再去睡嗎？」同時，孩子們也學會了對期待樂在其中，希望拖延那不可避免的事：「再一次就好，再一個故事？」孩子們總是希望能有更多，無論那是下個事件、下一個有趣場合，還是一個值得期待的假期。忍受等待的過程，是發現延遲滿足的一部分。不過，這對人生所有階段來說都是一個挑戰。

對控制的欲望，與安全感和掌握力有關。我們喜歡認為自己可以監督發生的事情，而且想要擁有一種具有確定性的安全感。當我們感到無助，或被他人控制時，便會做出強烈的反應。一個

What We Want　　我們想要什麼？　　320

以自己的方式接受懲罰的叛逆孩子會這麼大聲喊道:「我去我的房間是因為我想去,而不是因為你叫我去!」當父母設定的門禁時間很早時,憤怒的青少年會大喊:「你真是控制狂!」工作場所裡注重細節的主管,可能會讓辦公室變成有毒環境。控制慾強的伴侶可能會使每一次見面都變成一場談判僵局。在生活的某些領域,我們或許會很樂意放棄控制,尤其是當我們選擇了值得信任的嚮導和伴侶時。放手並能真心說出「完全由你決定」是件多麼快樂的事啊!然而我們都想要自己決定何時,以及如何放棄控制。

我們努力控制時間。有些人喜歡計劃,有些人則避免計劃,計劃可能是下週和朋友的午餐約會,也可能是夫妻一起白頭偕老。計劃能讓我們對下一步要發生什麼有個概念,也讓我們覺得可以形塑並影響我們所處的環境。我們或許期待一個計劃,也或許對它感到厭惡和抗拒。知道前方是什麼,可能會令人感到振奮或是可以預期的。我們既想要安全感又渴望興奮感,這兩者之間的緊張關係一直纏繞著控制這個議題。我們是否要堅持做著穩定的正職,有穩定感、獲得財務保障但卻生活沉悶,還是願意冒險自己出去闖蕩?我們是否能容忍那些狂暴激情但卻帶來情感不安的風流韻事?

當我們能主導自己的行程、制定計劃並掌握所有細節時,我們會有一定程度的控制感。偶爾,我們會幻想自己是永恆的、不朽的,但是制定時間表的限制會以無數的方式威脅著這種幻覺。我們不能同時身處兩地,我們無法做到每一件事。

我們也許會避免制定計劃，因為我們決心要捍衛自己的時間，或是等待機會。當我們受困、產生衝突矛盾、害怕、出現社交焦慮時，做出任何時間上的承諾都會讓人畏懼，但是對計劃猶豫不決也會令人極度沮喪。一個計劃可能讓一個人感到自由，卻讓另一個人感到受限。當我們的祈禱似乎得到應允，清楚知道前方的每一步時，我們可能很快發現，過多的控制和可預測性令人感到極其受限。有句俗語說：「我們定計劃，上帝就發笑。」意想不到的事件會讓我們想像的情景偏離軌道。生活總是存在一定程度的不確定。

我們與時間的流逝對抗，不僅為了自己，也為了我們周遭的一切和每個人。無論我們認為自己有多麼掌控一切，我們總是不斷在處理周遭的損失威脅。我們會失去至愛之人、失去青春、失去物品、失去時間。我們必須放下很多東西，這感覺或許會令人難以承受。用瑪麗・波拿巴（Marie Bonaparte）的話來說，「所有人的心中，都存在對時間的恐懼。」我們知道自己會死，但接受這一事實又是另外一回事，而時間不斷提醒著我們。生命的稍縱即逝威脅著我們的控制感。找出一個面對這種不適的方法，讓自己自在，是個十分重要且有價值的挑戰。最終，時間會打敗我們所有人。

我們可以選擇暫停，但是在實務上很難做到。我們知道自己已經筋疲力盡、焦慮不堪、睡眠不足，每個人都告訴我們要活在當下，要保持覺察與平靜，但我們生活在一個喋喋不休、令人分心的瘋狂世界，我們盯著太多的螢幕看，已經忘記了當下的存在。

心理治療可以做為我們渴望的一個空間，那是我們偶爾能獲得的，就像詩人艾略特（T.S. Eliot）所說的「轉動世界的靜止點」。我們可以停下來思考自己的所在，如何來到這裡，以及我們想去哪裡。重寫過去有助於讓我們活得更充實、更盡興。在治療過程中，回想並重新體驗多年前的時刻，帶著生動且強烈的情感，是完全正常而且有益的。我們經常會回到過去的時光，以新的方式看待事物，這些記憶將在日後將成為當下豐富的意義與發現來源。

佛洛伊德主張，時間的流逝是讓生活變得豐富精彩的一部分。「限制享受的可能性，提高了享受的價值。」他如此寫道。「想想假期、派對、鱘魚魚子醬、短暫甜蜜的戀情、特殊場合、限量版、候補名單已排了一年的法國包包——我們可能會珍惜罕見、稀缺的事物，對於那些我們擁有太多、太頻繁的事物，或許會覺得效益遞減。不過對許多人來說，有限性帶來的焦慮使他們幾乎無法享受當下。

在我與喬治的工作中，我對時間變得極為敏感。喬治是個年輕人，在一種恐慌和痛苦的狀態下前來求助於我。他心愛的妻子潘妮洛普，同時也是他們兩個年幼孩子的母親，罹患了一種罕見疾病，因心臟衰竭而瀕臨死亡。儘管她仍年輕，才三十五歲，但是她生命的終點已近在眼前。他十分害怕並試著為可怕的喪親之痛做好心理準備。心理治療師將此稱為**預期性哀傷**。時間一點一滴流逝。時間在掠奪他。時間是無法逃離的。

在關係中，我們開始與那個滴答作響的時鐘戰鬥，但這只是引發焦慮、虛妄，不可能實現之

喬治的時間

他依然覺得自己可以拯救她、解救她。怎麼做？他不知道，但他無法放棄這樣的信念。

那是倫敦一個灰濛濛的冬季早晨，天空感覺很低矮，而且咄咄逼人。我在走路上班途中，感覺到強力冷風的威脅，好像它要來找我麻煩似的。我心情煩躁、睡眠不足，寶寶讓我幾乎整晚無法好好睡覺，不過反正我也沒有真的睡著。我那張過長的待辦事項清單讓我焦慮不已，但是在我的諮商室裡，喬治和我面對面坐著，我們之間充滿了光亮與生氣。這是我們的第三次會談，從見面的那一刻起，他就散發出一種既溫柔又熱烈的熟悉感。

夢。時間會以最無情的方式奪走事物，即使這並非針對個人，也感覺像是對個人的迫害。我們也會試圖否認時間，但那根本行不通。當我們了解並接受時間的限制時，喬治也放下了一些幻想，找到幫助他處理痛苦的豐富創造力，在自己心中找到了信任與自在。他開始接受失去親人那種深切的不可接受性。

「這太折磨了，夏洛特。」喬治說。他的聲音悅耳動聽。無論他是在討論三明治還是一個哲學概念，我總是認真以對。他帶著微乎其微的希臘口音，但是他十多歲便移居英國，說起英語來比大多數英語母語者更為流暢。他身材高瘦，臉上表情生動有力，就像一幅艾爾・葛雷柯（El Greco，具有希臘血統的西班牙文藝復興時期畫家）的肖像畫。

我看著他，歪著頭，我之所以突然意識到，是因為他歪著頭回應我，而我們的目光交會了。我不需要問是什麼在折磨著他，我知道他會告訴我的。他的遣詞用字靈活多變，但我們的溝通除了語言，還有非語言的方式。他是一名鋼琴家，他的音樂才能體現在他的手勢中——他會交疊與展開雙手、敲打手指、輕拍、向上劃動、說話時畫出大圓圈。現在，他的雙手緊緊握在一起，他用指甲緊緊扣住自己。

「醫生開始在潘妮洛普身上使用『緩和醫療』這個字眼了。」

天啊，他一直在害怕並預料到這一刻的到來。我們思考了他聽到這個名詞的感覺是什麼。他告訴了我這個詞的來源——它來自「cloak（掩護、斗篷）」這個字的拉丁文。現在「緩和」這個詞變得充滿意涵。他的感覺如何呢？

「我只想要好好利用我還能和潘妮洛普在一起的每一刻，我浪費太多時間了。我們在二十多歲時，大部分時間都在約會，我拖了很久才求婚。我一直在逃避，不想全心投入。我們也推遲了多年才生孩子。為什麼要那麼急呢？我會這樣說。她早就準備好了，而我卻沒有。現在發生了

這種事,天哪。怎麼會這樣?」他喘了口氣。「對我來說,要在今天從容地來到這裡是件很困難的事。」

喬治現在的生活,一切都顯得匆匆忙忙的,包括治療。他歷經一番掙扎才能來到這裡,也歷經一番掙扎才能離開。

「我很高興你給了自己這樣的空間。」

「這是我可以做自己的唯一一個地方,你給了我許可。在這之外,我的煩擾來自四面八方。我有滿滿的情感卻無法表現出來。」

能看見他的內心世界,我感到很榮幸,我問他在其他地方為何有所保留。

「我不想讓我的悲傷增添潘妮洛普的負擔,這對她不公平。」他說。「但這是有代價的,隱藏他的情感拉遠了他們之間的距離,而且這個距離與日俱增。「某些方面,我是在拉開距離,但我也在努力在靠近她,不過卻很難堅持下去。」

他的呼吸聽起來很淺,斷斷續續的。他描述自己進退維谷的困境:「我看著她,知道她很快會離開。我無法忍受,不想讓她看見我的絕望。我試著去接受我能接受的。」

心理治療是他的支柱,他說。「感謝老天,這一直都在。」

在我們最初的會談裡,我們同意彼此的工作會採取開放式的,沒有期限。這是我試圖給他一些恆久事物的方式嗎?例外論(Exceptionalism)已經成為我們互動的特色。我原本打算拒絕任何

新個案，喬治和我已經同意，我會評估他的情況並將他轉介出去。不過，臨床上我覺得與他一起工作似乎很重要，不與他一起工作合作得很順利。在我生活的其他部分，我討厭那種有事縈繞心頭和行程滿檔的感覺，但我能在內在找到夠用的空檔，為喬治保留一個空間。

「我一直在隱藏我的感受，不僅是對潘妮洛普隱藏，在任何地方也是如此。我對女兒隱藏了我的絕望崩潰。我們的親戚太脆弱了，我在工作時必須振作起來。而潘妮洛普的醫生們支持的是她，不是我。有些朋友問我好不好，但我不能深談，所以我一遍又一遍說著同樣的罐頭回答：你知道，好好把握我們的時間。但我無法敞開心扉。」

「你覺得會發生什麼事？」我問。

「一場滔天洪水，那就是會發生的事。如果我開始讓情感爆發出來，我會崩潰──不，我會**溺死**在眼淚裡。我必須讓自己浮在水面上。」

「好鮮明的意象。」即使他說對我敞開心胸，我仍然認真對待他的情感洪水警告。

「我的朋友總是在錯誤的時間點問我，不是周遭一直有干擾，就是附近有人的時候。這太匆忙了。你知道和小孩子在一起的樣子，對話總是被截斷。根本沒有足夠的時間。我們有太多帳單要處理，女兒們有太多行程安排互相衝突。我無法跟上這一切。」節奏加快了，我看到他的額頭冒出一層汗珠。

「你承擔太多了，喬治。那些純粹的壓力。讓自己暫停一下吧，至少在這裡，暫停一會兒。」這是我試圖讓他放慢腳步而不直接叫他慢下來的說法。

「暫停一下。嗯，這對我來說很難。」

「我了解，」我說。「這對我來說也很難。」「在音樂中呢？你對音樂中的暫停有什麼樣的感覺？」

「在音樂中，哇，那很有趣。在音樂中，休止符幫助我聽到我正在演奏的東西。沉默充滿了意義，人們會在你停頓時傾聽。我很擅長為沉默和暫停計時。但是在我目前的情況下，我辦不到。我來這裡的路上瞥了一眼天空，雲朵看起來輕飄飄的。一想到潘妮洛普和我不久後就無法一起看天空，我就無法忍受，我差點就轉身告訴她看看窗外的雲。」

「然後呢？」

「我打了電話給她。我已經在趕過來這裡的路上了。總之，她已經半睡半醒，我想這通電話讓她有點煩躁，我指示她去窗戶那裡看看雲。她告訴我她只看到灰色的天空。我做錯太多事了。也許我不應該離開她來這裡，我們的時間所剩無幾了，我應該一直陪在她身邊，趁她還活著的時候。」

我發現令我感到壓迫的天空，對他來說卻覺得輕飄飄的，視角問題！我今天對天空的感覺是暴躁和討厭。他的輕飄飄聽起來壓力重重，像是在哀悼，而且他還沉浸在罪惡感裡。

「我完全走調了,東奔西跑,卻又不在任何地方,感覺我已經徹底失控,而且我無法放手。」他用一種絕望的眼神看著我。「我該怎麼熬過這一切?如果我做不到呢?我別無選擇,女兒需要我,但如果我無法從失去中倖存下來呢?」

「就像你在會談剛開始時所說的,這太折磨人了。當然,你可能覺得自己無法撐過去。你在如此充滿考驗的處境裡,就算感覺自己好像無法承受,但你已經倖存下來了。做得很好。」我盡可能以輕柔、溫和的語氣告訴他我們的時間已經到了。

「什麼?已經到了?不會吧。」他不敢相信。

「我們下週同一時間再見吧。」我說。

「你能再快速地告訴我一次你剛才說的、關於我的焦慮的事嗎?然後解釋一下我該如何處理我的情況?」他問。

我不可能快速回答完這些問題,而且我們需要的是停下來!這不只是所謂的「臨走前時刻」,也就是案主在離開時突然丟出一個爆炸性消息,這純粹是一個希望擁有更多的請求。我不想拒絕他,或草草用匆忙的總結或輕率的貼心提醒敷衍他,卻破壞我們之前進行過的有意義討論。他讓我很為難,他在拖延並拉著我越過界限。我該怎麼辦?我無法繼續;我必須繼續。

「我們下週再接著討論。我不想在時間有限的情況下倉促給你一些東西,這樣是在幫倒忙。」

「再一分鐘就好？」

「抱歉，喬治，我知道還有很多東西要講，但我們真的必須停了。」我說。

我在喬治的會談之後，已經緊接著安排了另一個會談，我知道這個案主會準時抵達。我口渴極了，我的水杯已經空了。

「好的，拜託，夏洛特，你能發給我一封郵件，告訴我在下次會談前可以做些什麼嗎？真抱歉，我知道我們已經超時了。抱歉，非常感謝你。」

我差不多是在這個時候把他趕出門的。我可能沒時間在下個會談前去茶水間拿水了。

「我會發信給你的。」我匆匆忙忙地說，一邊送他到門口。他打開手機日曆查看下次的會談日期，我們其實已經確認過了。他又問了一個問題，我緊張地回答：「對，對，對，ＯＫ。」在他完全離開之前，又有好幾分鐘流逝了。我的下一位案主來了，我忍著口渴又度過了五十分鐘。

那天晚上，我花了不成比例的時間撰寫了一封考慮周到的郵件給喬治，信中提供了一些會談外時間的自我照顧建議。他非常感謝我。他一直停留在我的腦海中，也許他央求額外時間和幫助的意圖，是他緊抓住我的方式。雖然我已盡心盡力為他付出，但這還不夠。

他的魅力和舉止在我心中激發出一種充滿熱忱卻也夾雜著深深悲傷的情緒。我想起他對潘妮洛普的描述——大提琴家，熱情、醒目、大膽，私底下卻很害羞。還有她們的兩個女兒，分別是三歲和五歲。三歲的孩子會對她的母親有任何記憶嗎？五歲的孩子對正在發生的事有什麼感覺？

What We Want　　　　　　　　　　　　　　　　　　　　　　　我們想要什麼？　330

我一想到潘妮洛普便心痛不已。她的疾病提醒了人們生命的脆弱有多麼荒謬。醫學竟然無法拯救她，這似乎很荒唐。悲劇就這樣沒來由地發生了，我感受到了喬治的痛苦。這是淒慘的、無法接受的、不公平到令人絕望，然而他卻充滿生命力。為什麼死亡的提醒有時反而能提升生命力？

我們的關係似乎很迅速便建立起來，並發展成一個活潑、充滿活力而充實的合作關係。感覺我們似乎在幾次的會談中便已經走得很遠、很深入，比我和其他案主在數年時間裡所做的工作還要多。

我不知道喬治是否一直都是如此，或者我從他身上感受到的一些生命力，他澎湃的生命力，是在回應即將來臨的失去。他的悲傷中有一種熱情，他對潘妮洛普的深愛使她的疾病顯得更殘酷。我覺得他需要紀念她，那也是我工作的一大重點。他告訴我關於她苦澀的笑聲、滑稽的趣事、對海鱸魚的熱愛、對歌手馬文．蓋（Marvin Gaye）的古怪喜愛。他敦促我去看見存在的美好與痛苦，去留意那些太容易忽略的細節。當母親的角色或婚姻的要求令我煩惱不已時，我會想起喬治，然後阻止自己將事情視為理所當然，不讓自己變成被寵壞的小孩，甚至在內在也是如此。我和他的工作促使我好好珍惜自己所擁有的，並更有意識地去感受平凡的日常時刻。

在生活充滿各種不確定因素的情況下，我希望心理治療能成為他每個星期值得信賴的可靠空間，讓他在這個時間裡能完全面對自己。藉由給予他一個安全、充滿關懷的關係，讓他可以自由表達，我也鼓勵喬治去發現他在其他地方極力去逃避或否認的那部分自己。喬治開始調整他的一

331　Chapter 12｜控制　　　　　　　　　　　Control

些世界觀了,他覺得時間已經流逝,他的力量和自由也已淡去。他懷念往昔,到了難以承受的地步,但在描述從前的自己和他想像中和潘妮洛普可能擁有的生活時,又感到懊悔不已。喬治現在身處的階段,是在為失去那健康的、心愛的妻子而哀悼。在為妻子的健康惡化而哀悼時,他也在為過去的自己而哀悼——隨著她的病情惡化,他充滿活力與男子氣概的保護者的自覺正在消逝。

他的處境讓他分身乏術;他的家人需要他,他感受到經濟上的壓力,他必須將一切事情安排妥當,而在內心深處,他卻覺得自己早已支離破碎。他是一個完美主義者,總是期待自己無論如何都要將事情做對。

他能對我表達出自己對其他人隱藏的感受,這讓他得以去探索做自己的意義,了解自己是如何切割了內在那個煩惱的自己。他們一開始相戀時,他覺得自己拯救了潘妮洛普。喬治從她失能的家庭中將她拯救出來,他也從拯救她的過程中拯救了他的自我感。他依然覺得自己可以拯救她,依然認為自己可以解救她。怎麼做?他不知道,但他無法放棄這樣的信念。我們探討了他對強大男性的身分認同源自何處,以及他為何會有自己能夠提供、保護和拯救他人的幻想。他的父親是一位學者,一向鼓勵他要勤奮好學,母親在他八歲時去世,而他的父親完全沉浸在工作裡。喬治怨恨他不夠關心,也為母親的死而責怪自己,這是在他身上烙下一道深深傷疤的情感創傷,而潘妮洛普的病再次掀開了這個傷口。

What We Want　　　我們想要什麼?　332

在成年人的哀悼中，我們會重訪早期的喪親經歷，我們回到了他失去母親的經歷。喬治從四歲起就被點名，是個天賦很高的鋼琴家，當時他的母親為他安排了鋼琴課，他每天都用他們客廳的一架大鋼琴練習。

「我有點像個巨嬰，」他回憶道。「她唯一的寶貝兒子。她熱愛古典音樂，喜歡去音樂會。我記得她盛裝打扮的模樣，戴著高雅的珠寶，身上散發著皮草和香水味。當我為她彈琴時，她讓我覺得自己可以掌控任何事情。」幾年後，她生病了。他相信如果他鋼琴彈得很好，就可以幫助她活下來。

他繼續上鋼琴課，刻苦地練習，同時他的母親也病得越來越重。他討價還價、談判，賣力彈得更好，學習更多東西。他努力學習舒曼（Robert Schumann）的獨奏鋼琴曲《夢幻曲》（Träumerei），當他終於學會時，他為她彈奏了這首曲子，但她似乎對他的表演無動於衷，然後她去世了。

喬治記得當時自己心想，如果他彈奏時能表現得更豐富，就能吸引他的母親。他當時的表演很機械化，他沒有變調。即使在他告訴我的現在，他也彷彿相信一場生動的表演能讓他的母親活久一點。至今，他聽到《夢幻曲》時仍會顫抖。

「回顧過去,只有當我遇到潘妮洛普時,才覺得自己再次擁有能力,」他說。「我終於成為我一直想成為的人——強壯、有力、高貴、能幹。她甚至喜歡性愛後我胳肢窩的汗味,還有我的手,她愛上了我的鋼琴演奏。*Sehnsucht*(**對遠方的渴望**),懷舊的浪漫古典音樂,是她最喜歡的。她喜歡我創作的音樂。她會仰頭閉上眼睛,興致勃勃地聆聽。那些時刻和性愛一樣美好。」

他也想念性愛。「我們當時性慾旺盛,充滿肉慾,對親吻非常飢渴,也樂於給予。她一直都想要我,我感覺自己很強大。那就是我當時的感覺——我無所不能。接著她成為母親,孕育我們的孩子,我益發愛她,她肚子越來越大,我就越加愛她。她懷孕的時候我並不覺得她性感,但我感到驚嘆。」他回憶時驚訝地發現,她懷孕生子不過是近幾年的事,而她的生命就快要結束了。

「或許我們再也不會做愛了。」他說。

她已經如此虛弱,他們兩個都不想要。他們的關係已經轉變為更接近父母與孩子之間的互動模式,這讓這段關係更加去性化。

「我所渴望的,是那段只有我倆瘋狂相戀、尚未有孩子的時光。我想念她看我的方式,以及我看她的方式。我們對自己的感受,以及藉由彼此而發現自己的方式。現在她依賴著我,卻又很疏遠,即使我努力為她做了所有的事,我還是讓她失望了。」他說。

我問他是否也對她感到失望。當事情不如預期,承認這一點十分困難,有機會表達自己被她遺棄的感受,讓他感到頗為寬慰。「她快離開我了,她留下我獨自撫養我們的女兒。孤單一人。孤零零地面對失去她的悲痛。我懷疑自己能否獨自承擔這一切。我能留住那些美好嗎?還是它會隨著她的死去而消逝?」

我們思考了她的情感遺產,突然一陣恐懼襲來。「她還在世!我怎能像這樣將她打包起來?但我也不能指望她了,我不知道該如何自處。」

他哭了起來,用袖子擦拭著臉。「我搞不清楚該如何去看待潘妮洛普。她在這裡,還是已經離開了?我無法拯救她。我能做的就是細細品味她。」他一再這麼告訴我。

我了解到,此刻他已徹底下定決心,不要像他那個疏離、感情淡漠、退縮的父親,但他也不可能正確無誤地處理這情況。我告訴他這一點,他無法控制一切。

他的生活充滿痛苦,還有更多痛苦即將到來。對我來說,和他一起工作能帶來滿足感——到了幾乎有些令人懷疑的地步。心理治療師可能會陷入一種「完美案主」的陷阱。我能在脖子後面感覺到它,一種微微的顫動。我浸淫在節奏裡,陶醉其中。他聰明且技藝嫻熟,願意探究自己說的話,搜查那些隱藏的音符。他的情感表達很豐富,可以描述悲傷,但也能夠笑,而且並非出於防衛心態而笑,而是肯定生命的那種——這是他對苦澀與絕望的一種平衡吧。喬治的幽默感穿插在他的思緒間,讓他的言論有了更寬廣的維度。

335　Chapter 12｜控制　　　　　　　　　Control

僅僅是觀察他,聽他說話,我便覺得我們之間的合作很重要,彷彿我正在和他一起做著了不起的、能夠改變人生的事。我們之間的連結顯然是一種相互的理想化。他告訴我,他覺得我的話「擁抱」了他。我們之間的親近讓我感到既興奮又焦慮。我感受到的焦慮與缺乏有關——我反映出他的焦慮。在我們這些治療時段中,我確實給了他一些重要的東西,但這遠遠不夠。

每當我在我們會談的尾聲宣告時間到了,我都會中斷自己的沉迷狀態。「我們得就此停住了。」每個星期結束時,我都會聽到自己這樣說。

「不!」他噓聲連連,還戲劇性地在空中揮舞拳頭。「怎麼這麼快就結束了?」那感覺像他費盡千辛萬苦、搬移了太陽和星星才來到這裡,而我卻在他才要剛開始的時候就趕他走。送他離開是一種小小的拒絕,他在一週內很難找到屬於自己的時間,但我們每節五十分鐘的時間感覺仍不夠。這個微觀的小宇宙,反映出他與潘妮洛普缺乏相處時間那恐怖且真實的感受。

我的主管幫我了解到,我們的關係有個顯著特點,就是喬治需要參與並掌控會談,藉此緊抓住我,因而有種緊張不安感。他富有魅力的舉止、迷人的語言運用,他想變得傑出的渴望,都暗示著我一種潛在的恐懼,亦即害怕如果他不付出一切,我將不再為他提供支持。而我對他也是全力以赴。在我們的關係中,我們都是完美主義者,這根植於一種榮譽感和對不足的恐懼。喬治正在遵循一種熟悉的模式,那是他父親灌輸給他的工作精神,亦即想得到任何東西,他就必須付出一切。他的努力救不了他的母親,也救不了潘妮洛普,但他仍在重演這種信念。在某些方面,他依

舊是那個為母親彈奏舒曼樂曲的小男孩。而我對他的反應也有些過於著迷了，我太渴望支持他、滋養他。我想要對抗他母親對他無動於衷的經歷。我深受感動！

我們都害怕浪費時間。有好幾個月的時間，這種緊迫的氣氛籠罩著我們的工作。有一種恐懼，就是時間正在流逝，或者已經消失了。生命的短暫讓我迫切希望，甚至有點恐慌地想記住和喬治共處的每一刻。

我為我們會談做的筆記有著過於亢進的強度。我記下了他描述潘妮洛普吃烤魷魚的樣子、兩個女兒的出生、他們跳舞的歌曲、他倆對所有海鮮的熱愛。我想要保留並禮敬他的潘妮洛普故事，以及我們共處的時間、我們的工作，這些都不尋常地凸顯出一種意義重大，甚至是不凡的感覺。我的筆記裡有滿滿的細節，彷彿一切都是非凡的。我認為這些時刻都極為重要，所以我一定要鉅細靡遺地記錄下來。這是一種浮誇的想法。

喬治告訴我，他在等候區時，能從鞋子的聲音辨認出我。「我聽到你從走廊走過來，滴答、滴答。」我懷疑他是否將我的腳步聲與時間的流逝聯想在一起——他是否感覺每走一步，時間就隨之流逝？他是否覺得走到我們的治療室需要花掉治療的時間？然後，時間還會以明顯甚至荒謬的方式，融入我們的工作中，當平常的數位時鐘被換成滴答作響的傳統時鐘時，他會被大聲的滴答聲所困擾，難以忍受。

「我不介意節拍器，只要是在我作曲或是授課的時候用就沒關係，」他說，「但是那個時

鐘，那個滴答聲，就像有個士兵一直對著我大喊，要我大步前進。走！走！走！」他問我們是否可以讓那個聲音消失，我同意了（這為此刻增添了一些戲劇性），因此我立刻拆掉了時鐘的電池！這為他帶來暫時的解脫。然而即使沒有時間流逝的噪音，我們依然是拘謹受限的，我必須做個負責的成年人，負責記錄時間。我瞥了一眼我的手錶，他發現我在看時間時，我突然感到一絲愧疚。為什麼盯著時間對我來說會覺得失禮，就像在一個人面前打哈欠一樣，違論那是我角色的一部分，是我為治療空間維持權威的一種方式？

「很抱歉，我們必須停在這裡了。」我對喬治說。我感覺好像我總是在喊停，結束。對於時間流逝的事實，我總是感到抱歉。

隔週，當慣用的數位時鐘重新出現在治療室時，對大聲滴答聲的消失，他感到如釋重負。我問他是否想要我將時鐘放在一個我們倆都看得到的位置。「天哪，不要，」他說。「我只想忘記它。來這裡的一個好處就是我可以當個孩子，不需要注意時間。」

就某種意義而言，他是對的。我在治療期間問他是否想看時鐘，可能是我想要分攤治療時段結束時負責叫停的負擔；我可以理解他不想要這個責任。隨著我們的工作繼續進行，喬治對自己是否負責時間流逝這點感到矛盾，這是**「時間恐懼症」**的一種表現。潘妮洛普依然沒有康復的希望，他發現自己的心思已經快轉到她的死亡和死亡後，然後又因為希望時間趕快流逝而感到自責。但是，如果他未能珍惜稍縱即逝的短暫時刻，他也會深感內疚。他困在一種過渡空間——類

似等候室的空間。他耗去了大量時間待在等候室，包括實際上和心理上，他被困在一個生與死之間的區域。

伴隨著時間流逝，是漫長的等待。他等待著她的檢驗結果，等待掃描、治療、電話、文件、檔案和處方箋，感覺無窮無盡、沉悶冗長、無法控制，然而和妻子在一起的時間卻太短暫了，時間被她的疾病毀滅性地縮短了。等待摯愛的死亡是件殘酷的事。當康復的希望破滅，期待此人死亡同時又感到害怕，完全是件自然的事。

喬治會感到孤立，一部分原因是因為潘妮洛普尚未表示絕望，所以他覺得自己也不能表現出來。「也許她在否認，」他說，「但她似乎樂觀地認為自己可能可以活得更久。我不認為她已經放棄希望，我覺得我也不能表現出自己已經放棄了。所以，我必須假裝仍懷抱希望。」

「她沒有痊癒或活得更久的可能了嗎？」我問。

「沒有，不是我悲觀，而是沒有治療辦法，她的病越來越嚴重，只是在等著她去世。當我心急、想要快點結束時，我會感到特別難受。我不想要她死掉，但有時候我會希望——不是因為我希望她死，而是因為我知道它終會來臨，我只是在等待結局。這不是很可怕嗎？我不敢相信我會說這些話、有這些感覺。」

他對等待她死亡的矛盾心情是完全可以理解的，我這樣說。他覺得是自己的責任，儘管相信自己的態度能決定時間是快轉、不動，還是倒轉，都是一種**神奇思維**。

339　Chapter 12｜控制　　　　　　　　　　Control

我們討論了他相信彈鋼琴可以決定他母親命運的神奇想法。「不管你的琴彈得有多好，你母親仍會死去。而且，順便一提，我相信你能把《夢幻曲》彈的非常出色，但依然不會改變這事實。」我說。「但你為她學習舒曼這件事，的確非常感人。」

我問了他的完美主義，以及他母親對他彈奏的反應。

我想到他的完美主義，以及他母親對他彈奏的反應。重而無法欣賞音樂——也許那對她來說負擔太大了？或者，也許她聽到你彈奏那首舒曼的曲子，想到會失去你而內心感觸太深。舒曼的鋼琴獨奏曲觸發了強烈的情感。那是一個極為傷感的場景，在聽到她的孩子彈奏這首樂曲時，明白她正在垂死，也許她無法對你說出她的感受。你對她的反應所做的假設，只是關於你的琴彈得有多好，但可能還涉及很多其他因素。」

我想到一位我認識的古典音樂家，他曾經形容聆聽舒曼的音樂是一種喜悅，但是「彈起來真是非常討厭」，我突然意識到，喬治在八歲時為了母親學習這首深具挑戰性的曲子時，給自己帶來多少壓力。現在，他身上背負著那麼大的壓力，試圖掌握一個不可能掌握的情況。

喬治對母親的記憶有限，他對她的最後一個記憶是他去醫院探望她，當時他不知道自己再也見不到她了。把握每一刻。她對他說。他記得這句話的影響力。他記得自己不想離開她卻得走了，因為一位親戚告訴他，午餐時間到了，他們必須離開。

「我至今依然很討厭那位阿姨，」他說。「她把我從她身邊帶走，我不得不去吃午餐，而不是花更多時間和母親在一起。」

「喔，喬治，」我說。「很遺憾她在那個時刻帶走你，我希望你能待更久一點，但無論如何你和母親的相處時間都太短暫。這不可避免，不是因為你太早離開，而是因為她太年輕便離開了。」

「沒錯。她離開得太早了，我當時年紀也太小。現在這種事又再度重演，這是同一主題的變奏曲。」他發出了一聲充滿激情的啜泣聲，但很快又恢復了他堅定沉著的態度。

「把握每一刻。多麼棒的訊息。」

「然後呢？你現在對這個訊息有什麼感受？」我問。

「你的意思是？我認為這太棒了，她說得對極了。珍惜生活。她對我幫助很大。」

我覺得此刻我必須謹慎以對。臨終遺言如果被當成生活指導，可能會帶來困惑與壓力。我們如此專注地傾聽並吸收臨終者所說的話，假定其中帶有深刻的智慧，認為只能服從並牢記在心，別無選擇。

瀕死之人可能會有難以置信的清晰洞見，但無論意圖為何（有時我們不知道──瀕死之人可能會感到可悲、憤怒、恐懼、傷心欲絕、絕望，或可能因用藥變得迷糊、神智不清），臨終遺言可能會讓我們感到迷惑，尤其是因為我們渴望有一個了結與決定，我們可能會將這些生命的最終時刻捧得極高。我們希望結局能具有美好、永恆的意義。但我們需要一些距離，才能思考如何利用這些最後的訊息。

341　Chapter 12｜控制　————　Control

「把握每一刻」是一個美好的想法，但如果從字面上來解讀，這是一個不可能完成的艱鉅任務。有些時刻比其他時刻更重要，我們可以選擇、決定優先順序，但我們無法把握住一切。

我指出，喬治的親戚們沒有，而且至今依然沒有談論他母親的死亡，這讓他獨自一人面對回憶，獨自消化她的臨終遺言，獨自承受悲傷。

是的，他說，在遇見潘妮洛普之前，他覺得很孤獨，現在又再次感覺孤獨了，除了與我相處的時候。他開始考慮要告訴她，說他覺得自己在二十多歲時浪費了許多時間，那也是他現在感到內疚的原因之一。潘妮洛普的病讓他產生倖存者內疚（Survivor guilt）*，違背母親的遺言「把握每一刻」也令他感到內疚。

「我浪費了那麼多時間，我做錯了那麼多的事，我讓母親失望了，我也讓潘妮洛普失望了。現在我想要彌補，我要把握每一個時刻。我無法入睡，我只是盯著潘妮洛普，努力記住她的臉。如果我忘記了她的眼睛、鼻樑、她皮膚的感覺、氣味會怎樣？我還會記得她的聲音嗎？我已經錯過了這麼多。我在這麼多年裡都太過兒戲了，都在浪費時間，有時喝醉了，將她視為理所當然，忘記生命是如此短暫。我會後悔沒有在每一刻珍惜她。我知道，將來我回顧的時候，會懊悔我沒有把握住每一個時刻。」

他強烈地集中精神在回憶、捕捉過去的經驗，以及當下的每一刻上，彷彿潘妮洛普的故事和他的自我感，即將因為缺乏一條串起鮮明記憶的線而崩解。他形容了梳理過的喀什米爾羊毛衣味

道、蘋果、柴火和乾燥的秋天氣息。在所有的感官中，嗅覺最能喚起記憶，只要有氣味聯想就能讓我們立刻變成時光旅人。我喜歡聽這些故事，和他一起珍視這些細節，但我覺得我們必須處理的是那種痛苦不堪的責備與內疚感。

「你那麼盡力真的很浪漫，從某些方面來說，這很美好，而且是發自肺腑的，然而這實在造成太大的壓力了，」我說。「你在二十多歲時，以為不需要急著進入結婚生子的生活，那並非什麼不尋常的事。你當時完全不知道在前方等著你的是這種情況。你不能藉由在現在努力控制時間，來彌補失去的時間。」

我意識到我已經配合了他對把握每一刻的幻想，撫觸著那些細節，彷彿我們可以將它全部做為紀念。他相信慶祝這些回憶可以凍結時間的流逝，當然，沒有人能愉快地品嚐人生的每一刻，我們永遠無法牢牢抓住時間。無論多麼珍貴，我們都會錯過一些東西。喬治過去將潘妮洛普視為理所當然，並非造成會分心，或者我們雖然注意到了，但依然失去了。喬治過去將潘妮洛普視為理所當然，我們會忘記去注意，我們她瀕死的原因。他在預期喪親的狀況下，要自己珍惜每一刻的壓力已趨近極端，他難以接受過去，指責自己對未來生活的想像，而且難以信任自己能簡單地擁有平凡的經歷。

* 註：指經歷重大災難、事故或創傷性事件的倖存者，因自己存活下來而感到內疚和沉重罪惡感的心理狀態。

他告訴我的細節,我珍惜並試圖自動保存,彷彿我是他生活的監護人、檔案管理員,以及歷史學家。我十分不明智。以英國精神分析學家暨文化評論家查爾斯·萊克勞夫特(Charles Rycroft)的話來說,心理治療是「自傳寫手」。然而這本自傳永遠不夠完整。

我喜歡他與我分享的回憶,可能會永遠記著它們——他和潘妮洛普在希臘一艘樸素的船上共度的時光,他們被太陽曬得通紅的皮膚、防曬霜、鹽水和木製船的氣味——但我也必須放下喬治的一些人生時刻,能明察秋毫並挑選出關鍵的細節,而不是試圖捕捉並保存所有的東西。

「囤積回憶並無法阻止她離去,你無法用計謀贏過失去。」我說這句話時感覺有點嚴厲,好像我往他頭上潑了一盆冷水。

他將頭埋在手中。「我正在失去她。即使我無法放手,她還是在離去。我必須接受這一點。」他無法透過凍結時間來控制正在發生的事,他無法透過反覆思考自己虛擲的光陰來改變過去。他開始直視自己與時間的鬥爭,他開始讓自己接受有東西正在逐漸溜走的可怕事實。

「在音樂裡,有一種叫做『**彈性速度**』(Tempo Rubato)的東西,你可以加快或減慢速度——你有節奏和表達上的自由。我喜歡這點,在音樂裡,時間的掌握是關鍵。你控制著時間,但你也在服從它。運動中的藝術。」喬治談到他的畢生志業音樂時,臉色瞬間亮起來。「我想那就是像這樣的矛盾,但我錯過了那個教訓。我幻想過時間旅行。如果我可以的話,我會回到與潘妮洛普墜入情網時的那些陶醉時刻,當時我們健康、年輕,也充滿肉體的愛。也許我甚至會再往前

走一段,回到童年早期,那時我母親給予的愛似乎是無盡的,我不知道當時確切的時間,大概是在她生病之前,也是在我開始彈奏舒曼之前。」

愛情會扭曲我們對時間的感知。瑪麗.波拿巴如此寫道:「每一個戀人,無論情況多麼悲慘,都會覺得自己來到了仙境。」她補充道:「這就是為什麼每個戀人都發誓永恆的愛。」當喬治和潘妮洛普墜入愛河時,他忘記了時間,那也是青春戀愛的一種狂喜。他並未浪費掉他們的二十多歲時的青春。他愛她,她也愛他,他延遲了關係的改變,直到他想通了。這完全是人之常情。

在有些會談裡,喬治會談論妻子疾病之外的其他時期,任何浮現在他腦海中的事情。他回憶起大學的日子、童年的夏天,這一切都在尋找自身存在的意義。也許他正在提醒自己在其他年紀時的身分,尋找他的自我感裡頭那條連貫的線。在回憶過往時,時間彷彿會讓他與世隔絕。我與他能非常敏銳地合拍,我們會進入一種有趣的空間。時間的排列由我們決定,我們可以一起去任何地方,回到過去,回到他的童年、青春期,回到我們選擇的任何人生階段。

我深深沉浸在與他合拍的共鳴裡,我們的關係使我們跳脫了時間,跳脫他生活中正在發生的

事情，或許還想像著我們可以讓他的童年經歷重新來過，或解除他的痛苦。在一些會談時段裡，我們感覺彷彿是共生的母親和兒子。

「你了解我，」他說。「你比任何人都了解我。我感覺自己像個孩子，而且是就最好的意義來說。啊啊。」他發出滿足和滿意的嘆息聲，臉上露出充滿希望的表情。

我們著迷的互動狀態讓我們回到了他人生的早期階段，我們討論了情感問題的歷史，但也必須處理當下的處境，他妻子的疾病有何意義，以及對他的人生意味著什麼。透過承認並探討他渴望成為一個孩子，讓我照顧他、控制並引導時間，然後逃避成年人的責任，時間成為了創造豐富內容的泉源。

「每當有人快要離世，總會出現一種距離感，我以前從未針對母親的情況思考過這一點，」他反思道。「對我來說，她是最終的權威，我開始體會到當初她如何離我越來越遠，她的疾病把她帶走了，就像現在它正在帶走潘妮洛普一樣。我一直試圖接觸她們，但我辦不到，我真的辦不到。」

這感覺像是一個清算時刻。「我越想控制時間，就越覺得失控。我無法對死亡，或是時間的流逝負起責任。」他說。「你知道，在希臘神話的某個版本裡，時間之神克羅諾斯（Cronus）吞噬了他的子女。」

「這很有趣，」我說。「如果克羅諾斯吞噬了他的子女，他也是最初讓他們得以存在的原

What We Want　　　　　　　　　　　　我們想要什麼？　346

因。因此,時間既創造又吞噬。時間使你和潘妮洛普相遇,你曾形容過你們的偶遇,那對你們兩人來說都是偶然。你們都感覺到這段關係拯救了彼此。即使時間也會吞噬我們,但它也使很多事情成為可能。」

「是的!即使時間能摧毀,它也確實能創造。它使我們相遇,使我們的女兒成為現在的樣子。現在潘妮洛普快要離開了,我無法保護她,也無法拯救她。但在某種程度上,我也在救贖她——她的女兒們將繼承她的遺產,也將繼承我的一些記憶。她永遠在我心中,但我無法抓住一切。她正在從我手中溜走。這是現實。」

我再次想起嬰兒會因為與某個物品或他們依戀的人分開而沮喪的現象。他們會哭泣,他們會乞求。而隨著時間過去,他們學到親人會回來,分離不意味著永久失去,儘管穿插著分離與挫折,那份關係仍會持續存在。然而有時候,失去的事實赤裸裸地呈現在眼前。不見的絨毛娃娃可能是無法被取代的,會有新的,但它們是不一樣的東西。分離可能是永久的,沒有重聚的時刻。失去是愛與生命中一個痛苦且無法否認的部分。

「我是一個荒謬主義者,」他告訴我。「我不喜歡混亂,但也不認為生命有什麼固有的秩序和意義。我相信我們賦予生活意義,這好比學習音樂和創作音樂,我們不只會找到一首最終的歌曲,會有無盡的曲調變化,無數的節奏和旋律,還有未曾聽過的旋律,而那可能更甜美。我不覺得潘妮洛普生病有任何原因,但事情發生了,我確實認為我們應該堅持賦予意義。而我所賦予

347　Chapter 12｜控制　　　　　　　　　　Control

的、我現在正在賦予的意義是——感覺被注意到、被聽到真好,異常地美好。治療是記憶和雜亂音符的儲存庫。謝謝你願意傾聽,真正的傾聽,謝謝你幫助我找到那些旋律。我在這裡傾聽著自己,有那麼多的音符,不單單有悲傷的,還有熱情洋溢的音符。我可以告訴你和女兒一起跳舞的事,那些美好與悲傷交織的時光。你知道,我曾擔心別人怎麼看我,如果我看起來很快樂,那麼我是不是有問題?難道我不該永遠一蹶不振嗎?喬治怎麼能在這樣的情況下感到開心,難道他不愛他的妻子了嗎?但我也擔心人們聽到我的故事會認為我是一首悲傷的歌曲。那個可憐的男人失去了妻子,還有兩個年幼的女兒。」他停下了獨白,思忖片刻。

「自從來到這裡,我不再擔心別人怎麼形容我了,我知道自己的情況。我不想要同情,我的生活不是一首單調的旋律,但如果別人無法真的了解我,我也無法控制他們會如何看待我。我知道你為我感到難過,但你並不認為我是個悲劇人物,即便你覺得這個故事含有悲劇元素。你會聆聽我全部的感受。我無法保護女兒不遭受失去母親的傷痛,這讓人很痛恨,但這些豐富的經歷也讓我感到安慰。我浪費了一些時光,我也把握了一些時光。我在這裡觀察著,傾聽一切如何匯集起來,而你在傾聽著我,這讓我有了繼續前進的動力。我知道你不是我的母親,也不是我的妻子,也不是任何替代品,但這就是讓我現在感到活著的地方。」

在沒有進行大量詮釋或挑戰的情況下,我僅僅透過傾聽他、看見他,並幫助他傾聽、看見自己,便幫助了喬治持續往前邁進。有時我的角色相當簡單,但我們的連結無法彌補失去的東西。

What We Want　　　　　　　　　　　　　　　　　　　　　　　　　我們想要什麼?　348

控制與你

我有個朋友在他妻子的生日派對上講了一個笑話:「對心理治療師來說,如果你遲到,你不友善;如果你提早,你焦慮。如果你準時,你有強迫症。」他的妻子是勞拉・桑德爾森(Laura Sandelson),是一位同事和親愛的朋友,她非常守時。這個笑話之所以好笑,是因為她對時間的態度從容不迫、理解清晰且健康。她很可靠,但也

給予自己一份禮物,就是放開心胸面對生命與經歷。他讓時間之河流逝,隨著潮水一起前行。

孤獨經歷。他終究還是倖存下來了。他跨越了一場悲劇與深深的傷痛經驗,邁向另一端,同時也

這段過程中感到不那麼孤單,或者更確切地說,我們的心理治療關係很矛盾地讓我得以加入他的

喬治優雅的心靈充分發揮了作用,儘管他仍以各種新方式表達強烈的思念,我也幫助了他在

終究,我無法保護喬治免受喪親之痛,潘妮洛普在三十六歲生日前去世了。

盡情生活。不過就目前來說,治療提醒了他,他還活著且活得有層次。

時間提供服務的定期會談之間的差異。我希望他能更盡情去生活,而不是盡情參與治療,卻沒有

會談的有限時間就是一個現實的原則,代表了我們的界限與限制,這是一個母親和一個僅在約定

349　Chapter 12 ｜控制　　　　　　　　　　　　　　　　　　　Control

很清楚如何度過她的每一天、每一年。在大大小小的事務上，她都已經找到了良好的時間管理法。與時間建立健康的關係能帶來一種控制感與舒適感。她對他人十分體貼，她的可靠是一個可愛、值得信賴的特質，但她知道如何排定優先順序。她不會在犧牲自己滿足感的情況下，去浪費時間取悅他人。時間對所有的凡人來說都是一個限制。在既定的範圍內做出明智的選擇，有助於讓我們活出自己想要的人生。這是一個永恆的校準過程，需要持續微調。

在時間的流逝與損失這一點上，沒有人能倖免於難。即使在我們停下來聞一聞花香的時刻，依然沒有任何東西能永遠持續。最終，我們所有人都會面臨這個難題。控制與時間之間總是有關聯，當我們失去一個親人，甚至當我們失去一張照片或一件心愛的物品，或是失去一份工作時，我們連自我感也一起失去了。我們不斷在處理失去與控制的問題，我們可能會強迫自己獲得超乎預期的成就，希望透過成就來標記時間的流逝。我們會焦慮地、雄心勃勃地計劃著。我們會逃避和拖延，我們也會難以放下。從小事上來看，我們的挫折忍耐度每天都在接受考驗，例如要排隊等候、被告知要稍等、要與客服周旋、要催促別人快一點等等。甚至與另一個人一起走路的速度，也與時間有很大關係。配合別人的步伐是一種挑戰，必須跟上走路速度很快的人，或者放慢腳步陪伴一個腳踩高跟鞋的人、不走直線的孩子或行動緩慢的親人。

對時間的控制問題會偷偷潛入關係的爭吵中；一方總是匆匆忙忙，另一方則常常拖延。一人習慣性遲到，另一人則焦慮地很準時。一人看太多電視，另一人忙個不停。夫妻和朋友之間也會

What We Want 我們想要什麼？ 350

因為計較誰的時間比較寶貴而爭吵，這在勞務的分配中是一個敏感點。當我們對配偶感到憤怒，並哀嘆我們為關係所付出的時間時，我們會更劇烈地感受到時間與控制之間的緊張關係。他佔據了我人生中好幾年的光陰！我已經答應給他未來的所有時間！我們在情緒上如何度過時間也塑造了關係的樣貌。

在那些平凡而短暫的絕望時刻，對時間失去控制可能會令人不知所措。當我們必須應付截止日期、孩子在尖叫並需要我們的關注、屋子裡一團糟，我們又急著將晚餐端上桌，我們便會感到受限和挫敗。當我們想要幫助一個朋友但工作壓力大，時間又不允許時，我們會感到我們想花點時間做我們喜愛的事，手邊卻有處理不完的行政工作時，我們會感到很無助。在這些時候，無論目標大或小，都似乎永遠無法實現。對一些人來說，工作是如此殘酷、壓力重重，導致沒有充分的心靈空間來好好思考我們的夢想與渴望。對許多人而言，祕密的夢想（譬如專注繪畫或參與慈善活動等）常會因為「沒有時間」而永遠被束之高閣。

時間到處掠奪我們。當鏡子顯示的臉不符合我們心中對自己面貌的形象時，我們看到了時間。滴答作響的時鐘也掠奪了年輕人，他們幻想自己是無敵的、前方擁有無止盡的時間。生物時鐘折磨著感情關係，帶給人們壓力，迫使人們盡早生育，不要拖延。雖然男人有更多時間可以生育，但是不用急的感覺可能是一種有害的幻覺。擁有無盡時間的幻想可能阻礙人們做出承諾、做出選擇、去盡情生活並珍惜當下的人生，因為他們相信有一天，人生會變成另一種模樣。人生正

在此時此刻發生，生命終將結束。

當然，時間也有療癒作用。它既是我們的朋友，也是我們的敵人。它可以讓可怕的爭執緩和下來，它能為我們帶來智慧、正確的觀點、寬恕和理解。在醫學上，許多治療都依賴著「時間的劑量」。

智慧是來自於生活經驗。我決定成為心理治療師的原因之一，是我希望擁有一個終身志業。我有幸與年屆高齡的知名傳奇人物，例如奧托・克恩伯格（Otto Kernberg）、亞伯特・艾利斯（Albert Ellis）、傑羅姆・布魯納（Jerome Bruner）、歐文・亞隆等人見過面。有一次，貝蒂・約瑟夫（Betty Joseph）抵達精神分析學會進行講座時，我曾替她開門。當時她已經八十多歲了，還穿著高跟鞋。她走路緩慢，但步伐有力。「你知道，我自己可以開門，但還是謝謝你，」她說。她的話讓我感到尷尬，但現在我倒是很喜歡，她是個勇敢又堅定的人。她擁有累積一生的深厚智慧，但她的心依然保持開放。當時她談到了暴食症和社群媒體。如果我有幸活到老，這就是老去應有的方式。在心理治療領域，年齡是受到尊重的。我記得我開始接受培訓時，對自己如此年輕感到十分不安。年輕並不被視為優勢。有時候，時間的流逝也有其好處。我們永遠無法完全掌控一件事，但無論還剩多少時間，我們都有選擇。

後記

了解我們想要和不想要什麼，能讓我們對選擇有更清晰的認識。我們可以從各式各樣的欲望裡挑選，並排定優先順序。我們可以更輕鬆、更愉快地過日子。

問問自己想要什麼，而且不斷地問，這件事雖然困難但極其必要。實際活出這些提問吧。

我們經常被自己的內在嚇到，害怕自己會淹沒在情感的深淵，害怕自己內心衝突的渴望會帶來巨大壓力，我們為自己的祕密感到羞愧，並為自己對人生、對自身的幻想模樣感到自豪。

我們若陷入「優越自卑綜合症」的痛苦困境裡，也許會逃避去處理有深刻意義的重要事項。我們也許活得很精彩，生活只是自然地發生在我們身上；也許活得很悲慘，失去希望。當我們陷入痛苦地帶，便可能一直受困在那些我們未曾活過的人生裡……

我們的隱祕願望並不像我們的把關行為那麼危險。若我們能正視自己，誠實且密切地關注自己，我們才能充滿生命力。我們可以做出自己的選擇，也可以放下塵封的怨恨，為新的體驗與發現騰出空間。這個世界充滿了獲得、消耗與浪費。如果我們與真實的內在世界脫節，可能會像夢遊般過日子。請讓自己盡情參與生活，仔細看看你現在正在過的生活。不要等待你想像中的、未

曾實現的生活發生。堅持盡可能全然、盡情地過著眼前這個生活。

想到要對自己的生活負責，我們便會莫名地感到害怕，但這正是我們擁有力量、影響力和創作權的所在。這是我們擁有自由的所在，即使這份自由也令人覺得壓迫。如何度過人生，這個驚人、寶貴的人生，完全取決於我們自己。怪罪阻礙、責怪他人，只會讓我們一無所獲。生活不是我們自願報名參加的比賽，但我們永遠可以做些什麼，即使只是仰望天空、留意細節、表達愛意。

驕傲和羞恥心是我們無法完全擺脫、愛惹麻煩的孿生兄弟，但是要注意它們威脅我們的方式。想想我們所有人隱藏和表現欲望的方式。無論選擇要看得多麼遠，我們都仍擁有巨大的深度。無論別人是否了解他們的內心世界，你都可以對身為人類所面臨的變幻無常有所感悟。在這些方面，相信自己對自身經驗的權威。保持好奇心。如果你能承認難受的情緒，便已經能夠應付它們了。留意做自己是什麼樣子，但是也要看看自己以外的事物。如果你發現自己深深執迷於想要的東西，退一步吧，從心中提煉出更大的渴望。你仍然可以想要某個東西，但是想想，當你渴望某個東西時，其更深層的意義為何，看看底下是什麼。

很多事情不會按照我們的期望去發展，也不在我們的控制範圍內，然而只要改變自己的態度和注意力，就能做出屬於自己的選擇，若能領悟到這一點，會是個相當驚人的發現。當我們真正努力追求自己的渴望，過程通常會充滿挑戰和意外，這需要毅力。我們深深渴望的事物通常令人

既興奮又恐懼。總是有更多事發生，還有更多事要了解、更多事要學習，還有許許多多的渴望。會談結束了，書結束了，回顧我們擁有的一切、我們經歷的一切，都是值得的。可能多年之後，治療中的某個時刻才會變得合理，才會帶來新的體悟與意義。心理治療所能做的一件最棒的事情是給予鼓勵。請對人類經驗抱持深深的好奇心。

藝術家喬治‧魯奧（Georges Rouault）曾寫道：「藝術家就像是一個划船的奴隸，划向遠方一個永遠無法抵達的彼岸。」我們都有一個永遠無法抵達的遠方彼岸，但是我們可以在接受自己總是在划船的同時，從生活中獲得許多豐富精彩的體驗。盡自己最大努力去思考欲望的故事。學習是永無止境的，人生經歷的細節值得注意。持續問自己想要什麼，當你看到遠方的彼岸時，要注意並欣賞你的所在之處、你從哪裡來，以及成為你自己的意義是什麼。

附錄

字彙解釋

前言

欲望／渴望（Desire）

字彙解釋的部分彙整了各種術語、定義、以及一些觀念與表達方式的討論。我在本書中從藝術、哲學、文學、以及我所創造的新詞借用了一些概念。在心理治療過程中，浮現的語言與象徵可能意義深刻、富有趣味，有時甚至帶來喜悅。當一般用語顯得不足，熟悉的詞彙也無法充分傳達出最深的感受與體驗時，治療的專業詞彙便能派上用場。有時，在與案主一同工作的過程中，我們會發展出私密的語言，類似一種帶有加密意義的方言，這在彼此的合作過程中能發揮大大的作用。

想要或希望某件事發生。從語源學來看，欲望和命運（destiny）幾乎是相同詞語。欲望源自拉丁文 desiderare，意思是為「渴望或祝願」，而 desiderare 本身來自 de sidere，意思是「來自星星」。

藝術家、哲學家和詩人常常對欲望的力量感同身受，他們對它的描繪是如此情感濃烈與熱情。這種看待欲望的方式提供了一個很好的策略，讓我們思考如何更盡情地生活。我們百分之百確定希望擁有生活中最深切的願望，就像是可以凝視卻無法抵達的星星。甚至，我們可以在追求這些飄渺幻想的過程中，找到這些東西嗎？有些幻想最好只停留在幻想中，我們可以

屬於塵世間的喜悅、滿足和意義。

未曾活過的人生（Unlived Life）

你有正在過的人生，也有未曾活過的人生，在那裡你儲藏了所有你原本可以成為的模樣、依然可以成為的模樣的幻想。你永遠無法實現生活的所有可能性，但「未曾活過的人生」中充滿了許多迷人的替代選擇：失敗的關鍵時刻、未發展的天賦、半途而廢的冒險、差點踏上的道路等等。在未曾活過的人生裡，過去和未來彎曲了時間的規則。在充滿幻想與華麗的情節，你演繹出許多理想的場景，卻沒有必須證明的負擔。精神分析學家亞當・菲利普斯（Adam Philips）捕捉了這種吸引力：「在我們未曾活過的人生裡，我們總是更滿意自己，那是感覺更不挫折的版本。」然而，相信你未曾活過的人生更美好，會讓你對正在過的生活感到憤恨。

請好好思考你以生活為代價，儲存在「未曾活過的人生」裡的渴望有哪些

「要是」和「總有一天」幻想（If Only and One Day Fantasies）

「要是」幻想是向後看的，充滿了對其他想像之人生版本的渴望。「要是」的場景可能與過去有關，但它們可能會不斷干擾我們對現在和未來的態度。

第一章

拒絕的簾幕（Curtain of Rejection）

拒絕的風險讓許多人不敢去追求人生的渴望。犯錯的威脅、羞辱和被拒絕的痛苦太過強烈，阻礙人們去冒險。然而，心理治療可以成為一個窺探簾幕背後情況、由內而外來理解的實驗場。

陌生化（Defamiliarization）

陌生化（或去熟悉化）是一種觀點的轉換。我們陷入困境時（所有人都會），往往會限縮我們的視角。狹隘使我們無法真正看清自己的所見，也無法真正聆聽自己所聽到的。對我們曾看過無數次卻從未真正去看的事物產生隔閡或陌生感，這是一種增加戲劇懸念的文學手法，這種技巧有助於喚醒我們對事物感到驚奇的能力。當我們和一個太過熟悉的人陷入情緒的僵局時，它尤其能幫助我們調整自身的觀點。我們自認為深入認識的事物，反而很難真正

第二章

必須強迫症（Musturbation）*

由亞伯特・艾利斯（Albert Ellis）所創造的詞彙。必須強迫症是指我們要求一件事「必須」要以特定方式進行，而其實不然。

二〇〇五年，我參加了艾利斯在紐約的每週現場講座。當時他已經八十多歲了，他的壞脾氣與咄咄逼人的風格實在令人印象深刻。勇敢的志願者會上台揭露自己的問題，他則會干預他們，對他們大聲喊叫。記得有一次，有位看起來相當脆弱的年輕女子上台，他對她大喊：『你在否認，你是在強迫自己必須應該怎樣！』另一次他說：『自慰就是拖延：你只是在害自己！』然後他讓全場觀眾跟著他覆誦這些話。他認為必須強迫症就像在自慰，讓人們陷入自己的世界，遠離經驗、現實和人我關係。

* 註：由Must（必須、應該）和Masterbation（自慰）組成。

了解。陌生化為我們的觀點注入一些空氣與距離，邀請我們去重新認識它。請與朋友或伴侶，或你的鏡中影像做這個練習。撥出十分鐘刻意去「不知」、處於當下，你將會發現一些新鮮、驚人的事。集中精神，看看你的好奇心引領你去哪裡。

做為防衛的洞見（Insight as a Defence）

我想出這個詞彙是因為：我終於看見自己正在做這件事。有些人喜歡思考和感受，建立連結，這可能是不改變的一個很好的藉口。我們得出各式各樣的領悟，我們意識到了某些模式、習慣和問題，接受反饋和解釋，充分表達。這就是「做為防衛的洞見」。我們可能相信藉由了解自己，就已經足夠了。有時候，如果我們不斷走錯路，我們需要的不僅僅是理解。

在治療中，你是那個談論生活狀況的人，你的治療師在會談中看見你，但不能指望他會知道或點出你為何動彈不得、如何藏在你的洞見背後。思考並逐步解決這個問題，會是個讓人入迷的過程。

狂熱癡戀（Limerence）

一種著迷、迷戀的依附狀態。這個詞彙是由心理學家多蘿西・坦諾夫（Dorothy Tennov）所創造的，其特徵包括沉思、興奮、全神貫注、幸福感、幻想以及被另一人強烈吸引。這通常會發生在戀愛的初期。「空氣有清新的味道，鳥兒在歌唱，喔，這純粹是生命的奇蹟！」這就是一分鐘內的感覺，但也有一絲的不安全感，它如此令人心醉神迷，以至於對一些人來說，這就像吸食海洛因一樣，具有高度成癮性。

What We Want 我們想要什麼？ 362

第三章

性慾喪失（Aphanisis）

性慾的消失。這個術語源自於一顆星星的消失。對他人來說，這可能感覺像是一種懲罰和拒絕。它發生的原因有很多，任何欲望的喪失都可能感覺像是某種形式的死亡，但當事人是可以倖存下來的。

任何正在狂熱癡戀的人都應該收到一張紙條，上面寫著：「好好享受，但警告你：不要根據此刻的感受做出任何人生的重大決定。」我要很抱歉地說，這種感覺不會永遠持續下去。你可能會反對，許多人確實持續不斷，並堅持認為這是一種永久狀態。但這不是。它可能會變成愛情，也可能會漸漸破滅。無論發生什麼，狂熱癡戀要嘛是不完整的，要嘛是暫時的，或者兩者皆是。唯一能讓狂熱迷戀持續的方式是：停留在幻想的層次，而現實生活的親密接觸極少或根本不存在，這就是所謂的「不完整」。

身分認同危機 vs 身分認同停滯（Identity Crisis vs Identity Stagnation）

艾瑞克・愛利克森（Erik Erikson）的發展概念強調了身分認同危機可能帶來的擴展，尤其是在青少年階段。身分認同危機雖然經常令人痛苦、煩惱，但是它為成長與改變創造了空

母親期（Matrescence）

從女人成為母親的身分認同挑戰。這個詞彙來自人類學家。產後憂鬱和焦慮只是適應母親身分時可能會面臨的挑戰的其中之一。成為母親的過程可能意味著不僅要誕生一個新生命，還誕生了一個新身分。哦，你會想，但我也想要保留一點成為母親之前的我，那個愛玩、愛冒險的一面。還有我專業的一面，那也很重要，將來也是如此，所以我必須保留那一部分。或者情況並非如此。我想全心全意做好母親的工作。等等，我甚至忘記提到我的伴侶！喔，有好多版本的自己，還有一個哭泣的嬰兒。

對於所有這些不同的自己，你可能會覺得沒有一個版本是完全合適的。你可能正在經歷間。我們可以在青春期後，甚至是老年時期經歷身分認同危機。儘管身分認同危機可能令人不舒服，卻能持續一生推動人們獲得新的發現並學習。當我們變得不自覺、自動化時，便可能會陷入「早閉型認同」（Identity foreclosure），只是機械化地過生活，扮演狹隘的角色，與內心最深處的自我脫節，我們可能會假裝沒看見，維持身分認同停滯可能會變成一種默默絕望的生活。危機的拉扯發出警報，迫使我們面對潛在問題。我們可以擁抱自己身分故事中改變與不確定性帶來的恐懼，或者是執著於那老舊、停滯不前的劇本。讓自己更新吧！

優越自卑綜合症（Sufferiority）

這是優越感（Superiority）與自卑感（Inferiority）的結合字，再額外加上一個「f」（取材自 suffer〔受苦〕）以傳達它帶來的苦惱。

這個詞彙形容一種驕傲與獨特混合著羞愧和不足的感覺。這個詞彙的靈感來自我在工作中看到的無數案例、自身經歷，以及我與記者艾瑞兒・奇波勞特（Arielle Tchiprout）的討論。我們分享意見而有同感，一致認為有一個簡潔的詞彙可以捕捉這種心態。有許多人都在追尋輝煌，在生活不盡如人意時感到可怕、沮喪（或在自己達不到要求時，這是最糟糕的）。我們對理想生活暗藏著渴望與幻想，而優越自卑綜合症可能會介入其中。很多時候，它感覺像是一種「二擇一」而不是「兩者兼有」的觀點。你要麼比其他人更好，要麼一無是處。你很難想像自己可能在某方面特別傑出，同時在其他方面卻有著深刻的缺陷。

在思考這些問題上，阿德勒的優越情結（Superiority complex）和自卑情結（Inferiority complex）提供了寶貴的基礎，但有一個顯著的重要區別：優越自卑綜合症往往是祕密的。

這些自大的信念常常已經被謙卑的義務所取代或犧牲。部分的僵局和衝突來自於從不承認，甚至不考慮什麼事是可能的和自己渴望的。因此對高估的恐懼通常是毫無根據的。新鮮的經歷和真實的可能性是你前進的方式，還要探索成為自己的意義，以及你對生活有何想望。你不需要決定自己是否很了不起或很糟糕。你可能兩者皆是，還有許多介於其中的特質。我們都是如此。你需要決定的是，問問自己真正想要的是什麼。

優越自卑綜合症可能是一種拖延、逃避可能承擔之責任的形式。你無法放下自己對榮耀的幻想、生活的展望，但是你還未能好好利用它們。你責怪、後悔、執迷，在過去尋找原因。要是這一刻不是這樣，現在的生活將是輝煌的。它也可能是達不到他人的期望，特別是當親人在我們身上堆砌許多遠大夢想時。

在優越自卑綜合症的負面螺旋中，自我投入（不是自我覺察）是不愉快的：你感覺一無是處，卻無時無刻不在想著自己。這可能是一種自我的極度削弱，自我的警世故事會讓你噤聲、動彈不得。當你不再想像他人對你的怠慢和攻擊時，你可能會轉而評判他人。這種折磨人的完美主義在阻礙你去發現自己的渴望，並看見可能性。去看見你的優越自卑綜合症吧。

自我力量（Ego Strength）

我使用這個字彙（借用自佛洛伊德）來指培養而來的韌性，自我感之中的耐力。自我力

量是我們從成長與挑戰中學習的一種情感能力。自我力量豐富了人生的意義，並讓我們在文化、社會和情感上發展出對自我與他人的理解力。自我力量是對治「優越自卑綜合症」（見上文）的一種方式，藉由將誇大部分與接受限制和缺陷的心態結合，進行整合、調整，找到灰色地帶。一個足夠強大的自我會面對矛盾的信息，從錯誤中學習，清晰地溝通。

選擇培養自愛的能力有助於建立自我力量。自尊（Self-esteem）通常涉及評判，而且可能是多變的，自重自愛（Self-respect）則可以出於原則而發展，它不是基於他人的認可。正如作家瓊‧迪迪安（Joan Didion）所描述的，「讓我們擺脫他人的期望，重新找回自我」。

當我們能自愛並擁有自我力量，便有能力為他人付出，但不至於迎合他人。堅固的自我中帶有尊嚴與理性，不是一種華而不實的幻想，也不是否定自我的無私。

打壓自我的存在（並將問題歸咎於自我，例如「自我太大」或「自我是壞的」）會對弱勢族群造成傷害，他們會對關心自我、認為自己很重要而感到羞恥。否認自我的壓力設立了一個虛假的輪轉，以隱晦的方式餵養了權力動態。如果曾有人對你說過一些羞辱自我的話（對話中的自我可能不是指你的，而是關於高尚人格的一般性說教），請注意為何對方會有這種感覺。自我、自戀和自大狂不同，它是關於準確性與安全性的，它是足夠的自愛自重，以此節制迎合他人的傾向。跟風仔傳遞來自上面的訊息，而且可能相信無我生活的無聊美

德。但為什麼要如此否定自己呢？自我意味著自己。

走神（Conversation Vacation）

這個詞彙是描述你和他人在一起時，你的思緒漂到別處的情況。你可能會看起來人在場，其實卻在做白日夢或思考其他事，即使你對別人說的話點頭表示贊同。在這些短暫的放假時間裡，你到哪裡去了？你是藉由離開在抗議嗎？在反抗？走神似乎是一種有趣的防衛機制，可以讓情況變得較容易忍受，或許是為了在「應該」和「想要」之間創造出一個妥協的空間。如果你發覺治療師短暫地出神，進入走神狀態，就說些什麼吧，指出當下發生的情況。治療師可能會否認發生過這樣的事，但之後會更加專注；也可能會承認他在你說話時心思去神遊太虛了，而這能幫助我們思考，看看在你們的關係中，治療師的「反移情」（Countertransference，指治療師將自己的感受投射在案主身上的現象）現象反映了什麼。談談這件事吧。

角色吸力（Role Suction）

指個人被要求在群體承擔特定的社會角色。該角色可以基於需求與幻想而來，有時會經由群體的投射而讓個人感受到。若想與群體之外的那個真實自我保持連結，「自我力量」能

假謙虛（Humblebrag）

這個熟悉的詞彙在心理上揭示了我們對自我相關問題的尷尬感。一方面，我們想炫耀，卻又不好意思承認這一點。假謙虛通常會以一種假抱怨、真自誇的形式出現。大膽炫耀或坦率承認實際的問題是件很困難的事。假謙虛是一種症狀，顯示我們在社會上被灌輸了矛盾的訊息。多數人都渴望受到認可或肯定，但我們認為不被允許自誇，甚至連請求人們關注我們想讓人們知道的事都不行。因此，我們不炫耀，而是偷渡自我讚美，希望能以隱蔽的方式讓人們注意到我們的優秀。不過這通常不太隱蔽，而且經常適得其反，這是不安全感的一種拙劣表達。

決定性時刻（Decisive Moments）

這是攝影師亨利・卡蒂耶—布列松（Henri Cartier-Bresson）提出的精彩概念，決定性時刻充滿了自主性與權威，是在歡慶我們的存在與自我創作，是解除困境與無法行動的解藥。決定性時刻是有意識、有意圖的選擇時刻。它們不是讓一切都神奇地變好或是立刻獲得

存在的個體性（Haecceity）

指「此性」（Thisness）。我記得在大學時一位哲學講師解釋此絕妙概念的那一刻：「它就是本質！」他驚嘆道，「這是讓每個人成為自己，而非別人的東西。千萬千萬不要忘記這一點！這是非凡的，我們每個人都是無可模仿的。一個絕妙的字彙。」他的熱情足以喚醒任何昏昏欲睡的學生。

這個中世紀的哲學概念是從亞里斯多德的希臘文 to ti esti（τὸ τί ἐστι）或「是所是／本改善的時刻，而是我們決定為自己挺身而出，協助塑造我們人生故事的情節。

我們無法囤積每一個細節。我們會失去、放手、錯過許多事，但是重要的是我們如何處理發生在自己身上的事。決定性時刻可能在你選擇接受治療或戒酒，或對一段關係、友誼或人生決定有所領悟時到來。這些時刻也可能在你暫停下來，去注意到一個成就、一種感覺、一個想法或一個領悟時到來。它們為什麼很重要？單純因為我們下定決心要堅持它們的重要性。當我們為自己做出決定時，即使那是內在的、私密的，也能感受到行動力與獲得力量所帶來的狂喜。就像捕捉特定瞬間與生命片段的照片，決定性時刻讓原本可能很普通並無足輕重的事，變成了重要時刻。它們是鮮明而具體的，保存了原本可能被忽視或遺忘的時間點。

有時它們只是無意間來臨，有時我們會主動找出它們。

質」翻譯而來。我只是將這個訊息傳遞下去：每一個生命都是無法模仿、獨一無二的。

第四章

現成物（Found Objects / Objets Trouvés）

這是借用自藝術領域的另一個詞彙，指正常來說不被認為是藝術材料的細節和物品，卻成為藝術品。

在治療關係中，我們將這些「現成物」組合起來，以不太可能的方式將事物聚集在一起，這可能具有修復與創造作用。它促成同化與接受。我們可能發現原本感覺完全無用的經驗蘊藏著寶藏。這個過程涉及一種敘事拼貼，治療師和案主將碎片拼湊在一起，黏合起來。這也涉及到一種名為「脫膠」（Décollage）過程，意思是分離黏膠、剪除。我們不需要留住每個細節，而是用一種有價值的方式去破壞、拆除並清理空間。在為創傷保留空間方面，「脫膠」特別有幫助，它能讓我們選擇想要的細節，而非必須囤積每一個時刻。

隨著時間的推移，治療師和案主可以連接不同的時刻，組合、調整、附加不同的碎片。也許你會追溯痛苦的源頭，發現有時，現成物是隨著時間過去而變成幽默來源的痛苦事件。也許過去記憶中某個看似平凡，某些時刻又具有威脅性的角色，而現在，這個人可以成為你生命故事的一部分，在這裡你擁有權威，可以重新塑造並詮釋特定細節的意義。

371　附錄　字彙解釋　　　　　　　　　　　　　Appendix

創傷綁定（Trauma Bonding）

指我們對帶來深刻傷害的關係所具有的特殊依戀。這是我們對那些侵蝕自我感的「神聖怪物」所保有的奇特忠誠。即使在某種程度上，我們知道自己處於一種不健康的互動關係，仍然會被對我們不好的事物所吸引。緊抓著翻轉局面的可能性是一種痴心妄想。創傷綁定使我們一直在等待奇蹟。我們可以透過睜開雙眼來解開自己的束縛。

未兌現之可能性（Unpotentiated）

可能性的力量和承諾。我們會在童年這段時期想像著許多選擇與可能性。當我們做出選擇時，就放棄了無數的其他選擇；但如果避免做出選擇，我們將會錯過生命的精華，空等意義出現。

間歇性強化（Intermittent Reinforcement）

我們勉力應付不確定性和稀缺性，但也沉溺於與莊家對抗，偶爾贏得小頭獎。最讓我們上癮的是不健康的戀情糾纏。我們持續對一個善變古怪的人感興趣，這折磨著我們。冷熱不定，我們在這些互動關係中始終無法獲得足夠的安全感。這是一種熟悉而棘手的互動模式；找到出口並尋求適當的支持吧！

亦敵亦友（Frenemyship）

這是一種充滿矛盾情緒的關係，通常是雙向的，而且往往伴隨著未被承認的競爭，這種競爭會在不同時機浮現。在亦敵亦友的關係裡，可能存在著真正的愛和溫柔，但也潛藏著一種對榮耀的幻想，其中充滿訓誨式條件，例如：「要是」對方能變成什麼樣子就好了，或是「有一天」那個人會領悟並欣賞某些事⋯⋯批判和自以為是的態度可能會壓過同理心。

足夠感（Enoughness）

對於什麼是夠好的主觀感受。一種充足、足夠的狀態。這個概念適用於我們對自己的感覺、對他人的期望，我們所給予的限制和界線，以及我們所接受的範圍。那些受到「優越自卑綜合症」困擾的人難以擁有足夠感。這樣的人甚至可能扮演起偵探，不顧一切的拼命想要證明、確認足夠感。這種「足夠感偵探」會在錯誤的地方尋找它，累積一堆不可靠的材料，將它們稱為證據。回饋和消費文化不斷推廣「更多」的觀念——包括數據和訊息、食物與物質主義、社群媒體、強迫性的尋求確認等方面，我們可能會過度填充自己，卻又感到不滿足。足夠感偵探會追蹤每一個假消息，浪費時間在不可靠的證人身上。這個案件永遠不會結案，因為心理上的足夠感是無法用這些方式去整編與衡量的。但是如果我們為了證明自己而去在某種程度上，成就將影響我們如何衡量自己的表現。

第五章

不被正視的欲望（Bootleg Desires）

一致性（Congruence）

價值觀與優先順序之間的一致。顯然，你的每一個渴望不一定與你的價值觀相容，而你做出的每一個選擇也不一定能與當時的情境和目的保持和諧，但一致性是一種平衡狀態，加上持續的微調，才能在人生不同階段調整、排定出對你最重要的事。

根植態度。

對我們所擁有的與我們是誰的滿足和喜悅感受，來自於尊重自己、相信我們一己的權威，以及接受錯誤和局限。

服務、取悅他人，會發現自己陷入情感的流沙裡，拼命掙扎。如果我們試圖將足夠感的驗證工作，外包給他人決定，是在妨礙自己。我們會變得極度渴望獲得「正向強化」，而我們吃的越多，感覺獲得的養分越少。我們會像染了毒癮的人，不斷等待著訊息，而且會覺得興奮感的持續時間變短了。越來越少的回報讓我們下定決心證明自己。我們的拒絕敏感症可能會引發一種面臨威脅與不安全感的偏執狀態，以及對足夠感的舊有印象、對自身角色與價值的

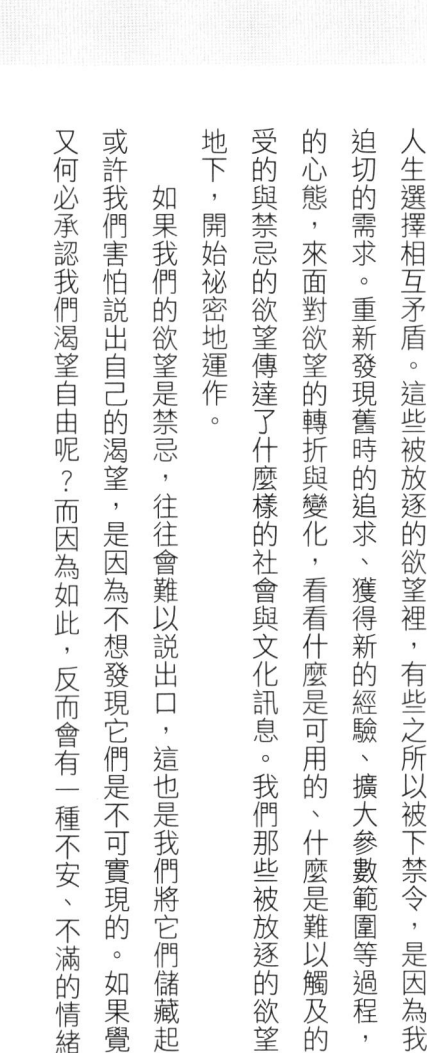

第六章

心理抗拒（Reactance）

這個詞彙描述我們不喜歡被告知該做什麼的反感感受。若我們覺得被迫做出一個選擇時，我們會唱反調，而這有時會對自己造成損害。對抗心理表達了我們叛逆的一面，以及對自由的渴望。問問自己，你的自我想要什麼，並思考什麼可以幫助你面對自己的這一部分。

這是一個象徵性的概念，形容那些被我們排斥的潛藏欲望：在腦海裡不顯眼，但從未消失的祕密渴望。不被正視的欲望暗中運作著。這些被放逐的欲望暗中運作著，有些之所以被下禁令，是因為我們當時與我們大多數的人生選擇相互矛盾。重新發現舊時的追求、獲得新的經驗、擴大參數範圍等過程，能建立一個開放的心態，來面對欲望的轉折與變化，看看什麼是可用的、什麼是難以觸及的，以及那些可接受的與禁忌的欲望傳達了什麼樣的社會與文化訊息。我們那些被放逐的欲望，有些會被埋入地下，開始祕密地運作。

如果我們的欲望是禁忌，往往會難以說出口，這也是我們將它們儲藏起來的原因之一。或許我們害怕說出自己的渴望，是因為不想發現它們是不可實現的。如果覺得自由不可能，又何必承認我們渴望自由呢？而因為如此，反而會有一種不安、不滿的情緒在心中發酵。

附錄　字彙解釋　　　　　　　　　　　　　　　Appendix

跟風仔（Sheeple）

指那些無論處於哪個團體都盲目從眾、盲目跟隨、夢遊般行動，缺乏思考或自覺的人。

第七章

萊斯比亞尺（Lesbian Rule）

這是亞里斯多德在《尼各馬可倫理學》（*The Nicomachean Ethics*）中的一個概念。源自萊斯博斯島（Lesbos）的一種彈性測量形式，石匠會用它來貼合不規則的曲線。亞里斯多德主張，我們不能只是運用規則和理論，而不去注意情勢的偶然性和細節。萊斯比亞尺的概念本質上是關於靈活性，以及對特殊情況的適應。我認為這也可以應用在治療上。我們不能只是堅持直線。每一段治療關係都有其特殊之處，在界限與框架包容並引導著這一過程的同時，我也試圖以開放、謙遜的方式去面對每個個體，擁抱對話的不確定性，為新發現和新體驗騰出空間。

我在大學時代研讀哲學時認識了萊斯比亞尺，對我來說，將它納入我的治療方法十分必要，因為它體現了我在探討人類時所強調的創造力。我欣賞各種指導方針與原則，以及結構基礎。但心理治療應該是一個我們可以閒晃、玩耍和共同創造一些私密東西的空間。它不能被制式化或腳本化，它必須允許驚喜和峰迴路轉的空間。這是治療創造力的一部分。

去適應曲線是一種美好而實際的生活方式。萊斯比亞尺也可以做為思考我們願望的指引。與其要求絕對，不如遵循萊斯比亞尺的概念，針對各種情況進行調整、妥協並靈活思考。

陰道痙攣（Vaginismus）

當身體突然對陰道侵入的壓力產生緊張反應時，就會出現「陰道痙攣」。情緒性的陰道痙攣是一種強大的比喻，可以用來思考我們與內在深處的自我、與他人的關係中的特異反應。有時我們會封閉自己，而有時候我們會出乎意料地被拒於門外。打個比喻來說，我們有時都會經歷情緒性的陰道痙攣，不讓別人進入我們的內心世界，或是被他人拒於門外。

女性力量削弱／女性去勢（Complisut）

女性被削弱力量的現象。可與男性被削弱（emasculate，閹割、去勢）相比，令人驚訝的是，這樣的詞語原本竟然不存在。

第九章

明褒暗貶（Complisuits）

我們常給出矛盾的訊息，以各種奇怪的方式與彼此溝通。我們會在挖苦人的同時，在表面上顯得友善。我們提出批評，但令人驚訝的是其中也包含了恭維的一面。明褒暗貶需要解釋與說明，因為很多時候我們在聽到明褒暗貶的話時會措手不及。明褒暗貶者的意圖可能很含糊，有時甚至話一說出口便遭到情感的否認。它與含沙射影的讚美不同，這種挖苦常常交雜著真心的讚美與批評。如何理解它的意義完全取決於我們自己。

多元之愛／共喜（Compersion）

「幸災樂禍」的相反，或說是其陽光面的孿生兄弟。共喜為他人所擁有的感到喜悅，看到他人蓬勃發展而感到快樂。當我們喜歡看到他人成功時所產生的一種樂觀情感。共喜類似於感謝，都是對美好生活的一種鼓舞人心的覺察，尤其是與我們在乎的人共享時。

代價高昂的勝利（Pyrrhic Victory）

任何代價高昂都得不償失。贏得了一場戰役卻輸掉了整個戰爭，或者輸掉了戰役且依然輸掉了戰爭。參與某些戰役對任何一方來說都會造成損害。代價高昂的勝利通常帶來

過勞侏儒怪（Rumpelstiltskin Burnout）

侏儒怪受到深深的誤解。他沒有界限，也不清楚自己想要什麼。他是一個希望取悅他人的人，是一個拯救者，為無才的公主提供自己的技能與服務，將稻草紡成金子。然而，他對自己未滿足的需求感到極度挫敗。這是一個關於工作過勞與模糊工作事項的悲劇故事，侏儒怪只在情緒泛濫、怨恨沸騰的絕望時刻會進行協商，而且還是在他做完工作之後。他的脾氣對他很不利。他被譴責，而且辛勤工作也得不到任何功勞。最後，當他真的承認自己想要什麼時，他崩潰了。表達出一向被他忽略的感受之後，他毀了，分裂成兩個。

《侏儒怪》是一個警世故事，提醒我們。當你自己甚至都不了解自己想要的是什麼時，不要期待別人會給你。如果你把稻草紡成金，不要期望人們會感激不盡⋯⋯要為自己發聲。

強烈的負面影響和負擔，人們被吸引而捲入其中，卻不完全清楚自己想從中獲得什麼，或是事態會如何發展。承認心中矛盾的渴望，有助於釐清並為旅程的方向重新定位。

如果你發現自己陷入了一場代價高昂的兩人戰役，請想想代價是什麼⋯⋯轉變思路吧⋯⋯轉為一場二重唱，如此你就可以踏出新的節奏。

第十章

移情作用（Transference）

案主在治療中對治療師所投射的情感。

比較偏執狂（Comparanoia）

這種偏執特徵與放大對比的強烈扭曲觀點有關。當我們陷入比較偏執狂的狀態時，會滿腦子都是焦慮的比較和對比念頭，便會傾向於誇大或輕視。當我們把自己和他人想像中的生活做比較。我們會編造各種故事，譬如他人如何看待我們，以及別人有而我們沒有什麼。我們持續不斷地證明自己的身分和地位，而焦點一直放在透過他人來確認自己是足夠的。下評斷的不穩定性可能會使我們分心，讓我們無法清晰思考自己的價值觀、優先順序和意圖。不斷比較誰擁有更多，是在掠奪自己。

幸災樂禍（Schadenfreude）

對他人的苦難感到快樂的惡意。我們偶爾都會這樣，尤其在得知某人的扎或失敗時，或是發現人們的悲傷時。誠實，至少對自己誠實，會是健康的做法。

第十一章

愛問鬼（Askhole）

指請求幫助卻在隨後又忽略或無視的人。我們偶爾都可能成為愛問鬼，命名並馴服它是很有用的方式。你可以說：「我會當一個愛問鬼，告訴你我的困境，我說我需要你的意見，但不要指望我會實際採納你的建議。」愛問鬼的對話可能會讓猝不及防的參與者感到疲憊不堪、沒有成就感。而「不問自答鬼」（Unaskedholes）這種人則是喜歡提供不必要的建議，指點該做什麼，但其實我們從未尋求他們的意見。

這些問題以有益的方式融入治療中，使人們能透過認知到何時需要建議，以及何時最好自己做出選擇，來處理自己內在的愛問鬼。治療是一個檢驗的空間，用於解開困境並發現洞見，而不是一個建議服務。這個概念反映出我們對尋求幫助和信任權威的勉強與矛盾態度。

幸福恐懼症（Cherophobia）

對幸福快樂的厭惡感。我們可能對生活之樂感到懷疑。奇怪的是，有些人可能難以相信愉快且進展順利的事，對喜悅的感受產生罪惡感，心中懷著疑慮，彷彿痛苦必定會隨之來臨或某種程度上更接近真相。有位案主在討論這個名詞時，用小天使向任何看似積極的事物射箭的畫面來比喻。

以坦率做為掩飾（Candour as a mask）

誠實是美好的，但這不代表它就是全部的故事。開放、真誠的態度可能在其大膽、直率的呈現中產生誤導作用。真相就隱藏在眼皮子底下。坦率也許是真實的，但它可能會讓人們忽視掉潛藏的掙扎。

底層懷舊（Nostalgie de la boue）

對墮落與退化的渴望，法語的意思是「懷念泥巴」，由詩人埃米爾・奧吉耶（Emile Augier）創造。就像一隻鴨子被放在有著天鵝的湖中，牠卻渴望回到自己的池塘，最終仍然回到原處。許多人都在以不同方式懷念著「泥巴」，那可能是黑暗、恐怖的感受，或是回歸到更加樸實、自然的感受。

愛的錐心之痛（Douleur exquise）

對痛苦的著迷，我們有時會從情感和身體上的痛苦感到愉悅。痛苦也可能是愉悅的。

不應該瘋婆子（Shouldn't Shrew）

這是我為一位案主的內在特定聲音所取的名字，但這也適用於許多人。命名可以幫助我

們找出並管理那些討厭的、喋喋不休的自我對話。

不應該瘋婆子會不請自來,評判所有的事情,不僅毫無幫助,還不斷責備。有些掃興、嚴厲,並對熱情或樂觀心存懷疑的人,彷彿不應該瘋婆子需要讓你感到洩氣似的。不應該瘋婆子表面上是為了讓你遠離麻煩,同時也確保你不要得意忘形、太過自我中心。它的出現是為了防止你走錯路,但也阻止你享受做自己的樂趣。在這一點上,你可能會認為它是你內在的評論家。當然,它們都有關聯,但不應該瘋婆子的特徵是針對喜悅和快樂的不贊同,以及對思想和感情的審查。不應該瘋婆子不提供任何實際可行的建議或指引,只會鼓勵你的羞恥感,讓你遲遲不敢做自己,甚至連在自己心中都不敢。

「不應該瘋婆子」是我在一次會議中受到卡倫・霍尼(Karen Horney)所創造的「應該的暴政」(Tyranny of the Should)這一概念的啟發,這是她在一九四〇年代所創造的一個精彩概念。自我否定才是真正的問題。我們應該是完美的、優秀的,但也應該克制享受我們所做的事,或者承認任何可能暴露自我的東西。我認為一個健康的自我,對於理解並獲得我們想要的東西是有價值和必要的,自我力量是值得培養的。這意味著你對自身的價值有健康的認知,了解自己的優點和發展方向,而且能為自己發聲。

迷人的曖昧（Mesmerizing Ambiguity）

我們愛著也恨著某人、某事，也許是我們自己，而且滿腦子全都是這些。我們既愛又恨一直念念不忘的時候，我們的頭腦試圖理解並將某件事物歸類，而當我們矛盾的感受拒絕安放在一個盒子裡的時候，我們可能會繼續沉迷。沉迷可能是一種拖延、拖拉的策略，是一種避免在現實生活中真正參與的自我懲罰方式。忍受這種矛盾訊息也可能帶來回報和滿足。特徵可能與「間歇性強化」重疊，但曖昧比上癮更具美感。

第十二章

預期性哀傷（Anticipatory Grief）

在某個人事物死亡之前哀悼。在這種狀態下，我們會焦慮地試圖做好心理準備，以因應我們已預見的、無可避免的失去，這是頭腦試圖超前哀傷、控制無法控制之事的一種方式。當死亡真正來臨時，我們經常還是會感到震驚與意外，預期性哀傷雖然著眼於未來，但並未領先於即將來臨之事。

預期性哀傷對一些人來說可能是一種心態，例如在星期日之前便對週末的結束感到沮喪和感傷，是為了預先為想念和分離做好準備。為生活的悲傷做好準備，可能會妨礙新鮮體驗進來，如同前面所述，著眼於未來或許不能讓我們領先，然而，它可以是一種極有幫助的提

對遠方的渴望（Sehnsucht）

一個常見的德文詞彙。Sehnsucht 的情感是強烈的、熱情的、充滿渴望的，通常是對無法獲得的事物和深刻浪漫的渴望。它也是一種浪漫的古典音樂類型。作家 C. S. 路易斯（C. S. Lewis）很喜歡這個概念，將其定義為「無法紓解的渴望」；他將「一廂情願」的概念顛倒過來，主張 Sehnsucht 是一種「深思熟慮的願望」。

「我相信自己從未擺脫對住家附近那片美麗樹林的渴望……我從父親逃到那裡，幾乎是在我學會走路前。」佛洛伊德在六十六歲時感覺到自己那份「奇怪、祕密的渴望」，可能是「……對一種截然不同之生活類型的渴望」。

對於某些人在人生不同階段所經歷到的強烈懷舊感，Sehnsucht 將有助於思考這種感受。這種懷念是對一些無法挽回、經常是無可挑剔之事物的渴望，具有極大的支配和影響力。Sehnsucht 表達了對最佳人生的想法，對許多人來說，即使我們並未明確地懷念童年的某個部分，也會有一些領悟的時刻、對另一種烏托邦生活產生渴望的時刻。

時間恐懼症（Chronophobia）

對時間的恐懼。有一些人希望時間加快或減慢，或是發現自己沉浸在未曾活過的人生裡，努力重新獲得某個重要時刻，或是我們希望有朝一日實現的某個幻想情境。心理治療幫助我們整理自身對年齡與身分的想法，檢討我們度過生活的方式，好讓我們可以優先考慮自己所重視的事。

神奇思維（Magical Thinking）

相信想法與感受能決定外在事件。孩子們通常會覺得自己導致了某件事的發生，即使長大後，殘存的信念和迷信可能會輕易滲透至成人的思維中。徹底接受現狀，有助於讓我們處理發生在身上的任何事，並且明白該負起的責任，以及無法控制的部分。身為一個成年人，覺察內在的神奇想法能幫助我們重新調整自己的期望。我們可以重新思考那些自責的經歷，並為卸下重擔感到開心。多麼令人欣慰啊，我們的內在世界實際上並未有決定一切的權力，識破這個權力幻象，有助於我們對一己內心最深處的想法感到自在。

彈性速度（Tempo Rubato）

被剝奪的時間。指的是在表現、演奏音樂時，彈性運用時間的藝術。

參考文獻

引言

Winnicott, D. W., The Maturational Processes and the Facilitating Environment: Studies in the Theory of Emotional Development, (Routledge, 1990).

前言

Bergis, Luke, Wanting, (Swift Press, 2021).

第一章 愛人與被愛

Shaw, George Bernard, The Complete Prefaces, Volume 2: 1914–1929, (Allen Lane, 1995).

Tennyson, Alfred, In Memoriam A. H. H., https://www.online-literature.com/tennyson/718/

Yalom, Irvin D., Staring at the Sun, (Piatkus, 2020)

Lunn, Natasha, Conversations on Love, (Viking, 2021).

Miller, Arthur, The Ride Down Mt. Morgan, (Methuen Drama, 1991).

第二章 欲望

Tolstoy, Leo, Anna Karenina, (Penguin Classics, 2003).

Williams, Tennessee, Spring Storm, (New Directions Publishing Corporation, 2000).

Lehmiller, Justin, https://www.sexandpsychology.com/blog/2020/7/17/how-we-see-ourselves-in-our-sexual-fantasies-and-what-it-means/

Dutka, Elaine, 'For Hines, "Noise/Funk" Redefines Tap', (Los Angeles (CA) Times, 12 March 1998).

Twain, Mark, The Complete Works of Mark Twain: All 13 Novels, Short Stories, Poetry and Essays, (General Press, 2016).

Torres, C. M. W., Holding on to Broken Glass: Understanding and Surviving Pathological Alienation, (America Star Books, 2016).

Wise, R. A., McDevitt, R. A., 'Drive and Reinforcement Circuitry in the Brain: Origins, Neurotransmitters, and Projection Fields', Neuropsychopharmacology (2018 Mar);43(4):680–689. doi: 10.1038/ npp.2017.228. Epub 2017 Oct 6. PMID: 28984293; PMCID: PMC5809792.

第三章　了解

Jung, Carl, Flying Saucers, (Routledge, 2002).

Miller, Alice, The Drama of the Gifted Child, (Basic Books, 2008).

Wright, Frank Lloyd, https://franklloydwright.org/redsquare/

And to find out about the erasure of women who worked on his projects: https://www.architectmagazine.com/design/culture/the-women-in-frank-lloyd-wrights-studio_o

Williams, Tennessee, Camino Real, (New Directions, 2010).

第四章　權力

Rücker, Friedrich, 'The Two Coins' (rendition of the third of the Maqamat by al-Hariri of Basra), quoted in Freud, Sigmund, Beyond the Pleasure Principle, (Penguin Modern Classics, 2003).

Wilde, Oscar, Lady Windermere's Fan, (Methuen Drama, 2002).

Russell, Bertrand, Power: A New Social Analysis, (Routledge, 2004).

Keltner, Dacher, The Power Paradox: How We Gain and Lose Influence, (Penguin, 2017) and https://greatergood.berkeley.edu/article/item/ power_paradox

Solnit, Rebecca, Whose Story Is This?, (Granta, 2019).

第五章 關注

Plath, James, ed., Conversations with John Updike, (University Press of Mississippi, 1994).

Aesop, The Complete Fables, (Penguin Classics, 1998).

Winnicott, D. W., The Maturational Processes and the Facilitating Environment: Studies in the Theory of Emotional Development, (Routledge, 1990).

Sontag, Susan, Vassar speech, 2003.

第六章 自由

Perel, Esther, https://www.estherperel.com/blog/letters-from-esther-2-security-and-freedom

Next Visions Podcast, Season 2, Episode 1, 'Belonging and Reinvention', with Charlotte Fox Weber and Erwin James, https://medium.com/ next-level-german-engineering/next-visions-podcast-season-two-406043d6b36e

Sartre, Jean-Paul, Critique of Dialectical Reason: Volume 1, (Verso, 2004).

Fromm, Erich, The Fear of Freedom, (Routledge, 2001).

Koch, Christof, Consciousness: Confessions of a Romantic Reductionist, (The MIT Press, 2017).

Rich, Adrienne, Arts of the Possible: Essays and Conversations, (W. W. Norton & Company, 2001).

第七章 創造

Pound, Ezra, https://www.theparisreview.org/authors/3793/ezra-pound

Auden, W. H., The Age of Anxiety, (Princeton University Press, 2011).

O'Brien, Edna, https://www.nytimes.com/1984/11/18/books/a-conversation-with-edna-obrien-the-body-contains-the-life-story.html

Richardson, John, A Life of Picasso, (assorted volumes).

Horney, Karen, 'Dedication', American Journal of Psychoanalysis (1942), 35, 99–100.

Murdoch, Iris, Existentialists and Mystics: Writings on Philosophy and Literature, (Penguin, 1999).

Luca, Maria, Integrative Theory and Practice in Psychological Therapies, (Open University Press, 2019).
Mead, Margaret, 'Work, Leisure, and Creativity', Daedelus (Winter, 1960).

第八章　歸屬感

Maslow, Abraham, 'A Theory of Human Motivation', Psychological Review(1943).
Markovic, Desa, https://www.academia.edu/16869802/Psychosexual_therapy_in_sexualised_culture_a_systemic_perspective
Uwannah, Victoria, https://examinedlife.co.uk/our_team/vicki-uwannah/
Mead, Margaret and Baldwin, James, A Rap on Race, (Michael Joseph, 1971).
Tallis, Frank, The Act of Living, (Basic Books, 2020).

第九章　獲勝

Colby, Kenneth Mark, 'On the Disagreement Between Freud and Adler', American Imago, Vol 8, No 3, (1951).
Adler, Alfred, Superiority and Social Interest, (W. W. Norton & Co, 1979).
Rosenberg, Marshall, Nonvionlent Communication, (Puddle Dancer Press, 2015).
Angel, Katherine, Tomorrow Sex Will Be Good Again, (Verso, 2021).
Chaplin, Charlie, quoted in conversation with the screenwriter Walter Bernstein, (New York, 2010).
de Beauvoir, Simone, All Men are Mortal, (W. & W. Norton & Company, 1992).
Mewshaw, Michael, Sympathy For the Devil: Four Decades of Friendship with Gore Vidal, (Farrar, Straus and Giroux, 2015).

第十章　連結

Angelou, Maya, I Know Why the Caged Bird Sings, (Virago, 1984).
Fox Weber, Nicholas, The Bauhaus Group: Six Masters of Modernism, (Yale University Press, 2011).

第十一章 我們不該想要的事物（以及我們應該想要的事物）

Bennetts, Leslie, The Feminine Mistake: Are We Giving up Too Much?, (Hachette Books, 2008).
Motz, Anna, If Love Could Kill: The Myth and Truth of Female Violence, (W&N, 2023).
Dimitri, Francesco, The Book of Hidden Things, (Titan Books, 2018).
Angel, Katherine, Tomorrow Sex Will Be Good Again, (Verso, 2021).
Maslow, Abraham, The Farther Reaches of Human Nature, (Penguin, 1994).

第十二章 控制

Bonaparte, Marie, 'Time and the Unconscious', International Journal of Psycho-Analysis (1940); v.21, p427–42.
Berrin, Celia, Marie Bonaparte: A Life, (Harcourt, 1982).
Eliot, T. S., Collected Poems, 1909-1962, (Faber Paper Covered Editions, 2002) and https://www.themarginalian.org/2015/11/18/t-s-eliot-reads-burnt-norton/
Rycroft, Charles, A Critical Dictionary of Psychoanalysis, Second Edition, (Penguin, 1995).
Lowenthal, David, The Past is a Foreign Country – Revisited, (Cambridge University Press, 2015).

後記

Fox Weber, Nicholas, Leland Bell, (Hudson Hills Press, 1988).

附錄

Didion, Joan, https://www.vogue.com/article/joan-didion-self-respect-essay-1961
Philips, Adam, Missing Out: In Praise of the Unlived Life, (Farrar, Straus and Giroux, 2013).

致謝

有許多人在這段過程中給予我支持和鼓勵。亞當‧甘特利特（Adam Gauntlett）：你才華橫溢，改變了我的生活。艾拉‧戈登（Ella Gordon）、亞歷克斯‧克拉克（Alex Clarke）、特里什‧陶德（Trish Todd）：你們是出色的編輯，也是非常棒的人。謝謝塞雷娜‧亞瑟（Serena Arthur）、伊麗絲‧傑克遜（Elise Jackson）、潔西卡‧法魯賈（Jessica Farrugia）以及 Wildfire 和 Atria 出版社所有人，你們以神奇的方式賦予本書生命。

我最棒的丈夫羅比‧史密斯（Robbie Smith）：你一直以無比耐心支持我，給予我寫作、表達恐慌與振奮之情的空間。感謝你在我缺席的時間裡，成為孩子的優秀父親。沒有你，我無法寫出這本書，也無法成為一個母親。你鼓勵我，接受我的一切。敏感且具有犀利洞察力的維爾德（Wilder）、深情、大膽且極為風趣的博（Beau），我深深愛著你們兩個。在這段時間裡，感謝你們包容了我不夠完整的陪伴。

我的父母教會我如何愛文字和愛人。感謝我傑出的母親，凱瑟琳‧韋伯（Katharine Weber）：你明快的風格與聰慧令人驚嘆。還有我心愛的父親，尼古拉斯‧福克斯‧韋伯（Nicholas Fox Weber）：我珍惜我們之間的深厚關係，你對生活的熱愛與熱情激勵著我。你們兩

家庭，謝謝你們的鼓勵。

萊斯莉・班尼茨（Leslie Bennetts），我的仙女教母：你在無數的時刻給予了我支持、空間、深刻的默契、慈悲心、幽默與智慧，你幫助了我成長，這個世界需要像你這樣的女性，你希望女性取得成功。JP弗林托夫（JP Flintoff）：深深感謝你幫助我思考無數的問題，還有你不變的鼓勵。菲利普・伍德（Philip Wood）：你如此明智、善良和敏銳，感謝你的臨床指導和你深深的體恤。勞拉・桑德爾森（Laura Sandelson）：你在各個方面都體現出真正朋友的本質，給予我洞見、樂趣、養分、聰明，極其善解人意。丹尼爾・桑德森（Daniel Sandelson）：你在關鍵時刻拯救了我，你理性、聰明，我心愛的朋友們，你們讓我的人生更上一層樓。

埃米特・德・蒙特雷（Emmett de Monterey）：你讓四分之一的生日天和每個星期二都成為一個慶祝日。另外，要感謝維奧萊塔和科斯塔斯（Violetta & Kostas）、艾瑪和保羅・厄溫（Emma & Paul Irwin）、喬安娜・格林（Joanna Green）、傑克・吉尼斯（Jack Guinness）、勞倫・埃文斯（Lauren Evans）、阿里埃勒・奇普羅特（Arielle Tchiprout）、娜塔莎・倫恩（Natasha

393　致謝　　　　　　　　　Acknowledgements

Lunn)、凱特・塞維利亞（Cate Sevilla）、夏洛特・辛克萊爾（Charlotte Sinclair）、安娜・莫茲（Anna Morz）、保拉・菲洛蒂科（Paola Filotico）、弗朗切斯科・迪米特里（Francesco Dimitri）、莫戈恩（Morgwn Rimmel）、卡萊布・克萊恩（Caleb Crain）、弗蘭克・塔利斯（Frank Tallis）、尼克・波利特（Nick Pollitt）、維琪・烏瓦納（Vicki Uwannah）、凱特・德賴堡（Kate Dryburgh）、阿尼爾・科薩爾（Anil Kosar）、卡莉・穆薩（Carly Moosah）、凱蒂・布羅克（Katie Brock）、弗洛拉・金（Flora King）、瑪蒂爾達・朗塞斯・休斯（Mathilde Langseth Hughes）、戴佳・劉易斯・張伯倫（Deja Lewis Chamberlain）、喬治・吉布森（George Gibson）、希瑟・桑頓（Heather Thornton）、克里斯蒂娜・麥克林（Kristina McLean）、托尼亞・梅利（Tonya Meli）、約翰・麥克唐納（John Macdonald）、杰米瑪・默里（Jemima Murray）、莉齊・多林（Lizzie Dolin）和凱瑟琳・安吉爾（Katherine Angel）。

凱莉・赫恩（Kelly Hearn）、「檢視人生」（Examined Life）的共同創辦人和我的朋友，你是一位強力賦予人力量的女性。感謝「生命學院」（The School of Life）的每一個人和艾倫・狄波頓（Alain de Botton）以及我傑出的老師瑪麗亞・盧卡（Maria Luca）、戴莎・馬科維奇（Desa Markovic）、卡倫・羅（Karen Rowe）⋯你們對我的成長有著深遠的影響。

「約瑟夫和安妮・阿爾伯斯基金會」（Josef and Anni Albers Foundation）和 Le Korsa的所有人⋯我珍惜與你們的連結。謝謝你，瑪雅・雅各布斯（Maya Jacobs）、克里斯汀（Kristine）、所

有樂於助人並支持我的母親們和朋友們,以及我一路上遇見並從學習的人。還有那些來找我接受心理治療的人。能從事我的工作,我感到很榮幸。

心｜視野　心視野系列 141

我們想要什麼？
一個心理師與促成改變的十二場談話，看見內在渴望，擺脫失序人生
What We Want

作　　　　者	夏洛特・福斯・韋伯 Charlotte Fox Weber
譯　　　　者	蔡孟璇
封 面 設 計	Dinner illustration
內 文 排 版	顏麟驊
責 任 編 輯	洪尚鈴
行 銷 企 劃	蔡雨庭、黃安汝
出版一部總編輯	紀欣怡

出　　版　　者	采實文化事業股份有限公司
業 務 發 行	張世明・林踏欣・林坤蓉・王貞玉
國 際 版 權	劉靜茹
印 務 採 購	曾玉霞
會 計 行 政	李韶婉・許俽瑀・張婕莛
法 律 顧 問	第一國際法律事務所　余淑杏律師
電 子 信 箱	acme@acmebook.com.tw
采 實 官 網	www.acmebook.com.tw
采 實 臉 書	www.facebook.com/acmebook01

I　S　B　N	978-626-349-773-3
定　　　　價	480 元
初 版 一 刷	2024 年 9 月
劃 撥 帳 號	50148859
劃 撥 戶 名	采實文化事業股份有限公司
	104 臺北市中山區南京東路二段 95 號 9 樓
	電話：（02）2511-9798　傳真：（02）2571-3298

國家圖書館出版品預行編目資料

我們想要什麼？：一個心理師與促成改變的十二場談話，看見內在渴望，擺脫失序人生／夏洛特・福斯・韋伯（Charlotte Fox Weber）著；蔡孟璇譯. -- 初版. -- 臺北市：采實文化事業股份有限公司，2024.09
400 面；14.8×21 公分. --（心視野系列；141）
譯自：What we want.
ISBN 978-626-349-773-3（平裝）

1. CST：心理諮商　2. CST：個案研究
178.4　　　　　　　　　　　　　　　113011292

What We Want
Copyright © Charlotte Fox Weber, 2022
This edition is published by arrangement with Peters, Fraser and Dunlop Ltd. through Andrew Nurnberg Associates International Limited.
Complex Chinese Translation copyright © 2024 by ACME Publishing Co., Ltd.
All rights reserved.

采實出版集團
ACME PUBLISHING GROUP
版權所有，未經同意不得
重製、轉載、翻印

HEART
心 | 視野

HEART
心│視野